国家社会科学基金青年项目（11CTY028）
贵州师范大学博士科研启动项目
贵州省民委—贵州师范大学少数民族传统体育研究专项资金重点
项目（黔族专2013003）资助

结构与资本

新范式下转型时期体育消费的
深度解读

代　刚◎著

中国社会科学出版社

图书在版编目（CIP）数据

结构与资本：新范式下转型时期体育消费的深度解读/
代刚著 . —北京：中国社会科学出版社，2016.10
ISBN 978 - 7 - 5161 - 8894 - 1

Ⅰ . ①结…　Ⅱ . ①代…　Ⅲ . ①体育—消费者行为论—
研究—中国　Ⅳ . ①G80 - 05

中国版本图书馆 CIP 数据核字（2016）第 217290 号

出 版 人	赵剑英
责任编辑	刘晓红
责任校对	周晓东
责任印制	戴　宽

出　　　版	中国社会科学出版社
社　　　址	北京鼓楼西大街甲 158 号
邮　　　编	100720
网　　　址	http：//www. csspw. cn
发 行 部	010 - 84083685
门 市 部	010 - 84029450
经　　　销	新华书店及其他书店

印刷装订	三河市君旺印务有限公司
版　　　次	2016 年 10 月第 1 版
印　　　次	2016 年 10 月第 1 次印刷

开　　　本	710×1000　1/16
印　　　张	19
插　　　页	2
字　　　数	301 千字
定　　　价	69.00 元

凡购买中国社会科学出版社图书，如有质量问题请与本社营销中心联系调换
电话：010 - 84083683

前　言

随着经济与社会的发展，人们收入水平的不断提高，体育消费已经成为中国消费者日常生活中重要的组成部分。但是，关于体育消费，无论是国内还是国外相关研究，主要是从消费经济学范式、传统社会学范式以及消费文化学范式这三种研究范式下进行论述的，没有充分考虑到现阶段中国社会正进入一个非常重要的社会转型时期，各种结构变动、利益调整以及观念转换正不断地汇聚其中，逐渐形成了一种以结构性变动为特征的社会结构力量，这种力量正在悄然地改变着人们的行为方式、生活方式以及价值体系。这时，如果只是单一地使用一种范式进行解读显然是不够的，尤其是深度不够。因此，有必要在这些范式的基础上，进一步提炼与整合符合现阶段中国国情的新范式，这样才能从深层次上把握人们的消费行为变化并反映出社会转型的特征。

可是，要想提炼出一个新范式并非易事，既需要有理论上的支撑与转化，也需要有方法上的改进与创新。思前想后，既然现阶段中国社会转型特征突出"结构性"，那么，结构应该是把脉体育消费的主要分析框架，除此之外，法国著名社会学家布迪厄也主张，承认资本可以呈现各种各样的形式是解释分化了的社会结构和动态密不可分的部分。也就是说，资本与社会结构之间有着必然的联系，当社会结构发生改变的时候，包含文化资本、社会资本以及经济资本各种资本形态也会在不同社会阶层中出现分化，并显现出与结构相同的力量。有时，这种分化的资本形态相对于社会结构更直观、更容易理解。

因此，最终整合帕森斯的结构—功能主义、吉登斯的结构化理论以及布迪厄的区隔理论三大理论，以及跨学科研究方法的拓展与应用，从结构与资本这一新组合的研究视域下对社会转型时期的体育消费特征进行了解读。解读发现：

（1）广义的体育消费是指消费者在选择、购买、使用和处理体育产品与服务过程中所引起的一切现象和关系的总和。狭义的概念则主要涉及两种概念体系：一种是作为行为过程的概念体系来反映一种心理或经济现象，另一种是作为活动过程的概念体系来反映一种集经济、心理、文化和社会等于一体综合性现象，后者的边界较之前者要宽泛，研究的内容也更丰富。比如，狭义的体育消费可以指消费者选择、购买、使用和处理体育产品与服务的一种决策过程和身体活动；还可以是指消费者选择、购买、使用和处理体育产品与服务的一种经济现象和身体活动；还可以是指消费者选择、购买、使用和处理体育产品与服务的一种社会现象和身体活动；还可以是指消费者选择、购买、使用和处理体育产品与服务的一种文化现象和身体活动。

（2）与传统的体育消费者"行为"过程不同，作为一种活动过程的体育消费，更加强调体育消费者的价值判断，强调体育消费环境的嵌入。也就是说，经济资本驱动、货币支出是其实现的前提条件，反映了体育消费的商品或物质特性；体育参与是其实现的核心表达，反映了体育消费的效用实现特性；休闲消费则是其实现的边界表达，反映了体育消费的内容特性。当把这些特性统合在一起来分析，可以发现体育消费是一种"过程性"的概念，这时，它的整个发生过程至少要涉及三个层面：一是名义体育消费，指的是通过一定的货币支出购买所得的实物型和非实物型体育消费资料的消费实践过程；二是实质体育消费，指的是消费主体在体育参与过程中通过一定的身体参与和时间消耗促使不同体育消费资料获得功能性解放，满足主体需求的消费实践过程；三是体育消费表现为从名义体育消费到实质体育消费的转变过程。为准确而统一地反映出体育消费的这些特性，本书引入了"密集度"的概念，在进行了相应的科学分析之后，将体育消费区分为物品密集型和时间密集型体育消费两种类型进行操作性定义，前者倾向于收费类型的项目如网球、滑雪等，后者倾向于不收费类型的项目如慢跑、乒乓球、篮球等活动项目。

（3）在这一"过程性"的操作性概念之中，体育消费还表现为一种"结构性"的概念体系。也就是说，它包含体育消费资料、体育消费意识、体育消费方式以及体育消费行为四种结构要素。这四种结构要素不仅在微观层面上决定其形成与生长的过程，在宏观层面上也体现其在社会转型时期的结构特征，使其在不同社会结构变量和资本组合变量的嵌入作用影响下不仅表现为一种"阶层消费"的现实性特征，也表现为"社会建构性"的功能性特征，也就是说，由结构与资本组成的社会结构性变量共同影响、共同建构着体育消费实践活动的产生与发展。同时，这些被建构的、被生产的体育消费实践活动反过来又作为一种符号与象征来表征、区分与建构阶层地位，使其又表现为一种"建构社会性"特征。如果将这些特征统合在一起就集中反映了"社会结构"、"资本"以及"社会行动者"之间的内在有机联系，明确了作为一种理论创新的"结构—资本理论"可用于分析转型时期体育消费的适用性与合理性。

诚然，这里所提出的结构与资本理论范式仍然有很多值得商榷的地方，特别是称为理论范式会有很大的争议，但是已有成为一定理论基础的雏形，只需进一步加强实践规范性，就可以成为一种近乎固定问题和解题方法，从而不仅可以解题体育消费的结构特征，同时也可以解题其他消费形式的结构特征，或者是其他有关的社会、经济问题。下一步的研究主要是拓展此理论范式的适用性与应用性，检验其科学性与合法性，从而进一步完善结构—资本理论，建立相关的研究体系。真心希望国内各位学者能够提出宝贵建议，参与到这一理论范式的讨论中来，开发与完善这一理论范式下各类消费问题的深度解读。

最后，衷心感谢笔者的硕士、博士生导师们对于本书出版的大力支持，感谢中国社会科学出版社对于本书内容以及观点的认可。另外，在本书中所参阅的国内外大量优秀论文与著作都已在参考文献中列出，但仍难免有疏漏之处，敬请谅解，批评指正。

代　刚
2016 年 5 月 6 日

目　录

第一章　导论

第一节　问题的提出

在中国，自20世纪90年代中期以来，伴随着从生活必需品时代到耐用消费品时代的社会转型，中国社会正在经历着一场规模宏大的"消费革命"，正如 Derborh S. Davis 在《中国城市消费革命》一书中所说："不到十年的时间里，数百万人有了新的通信方式，新的社会语汇，以及通过新的商业化途径产生的新颖的休闲方式。"可以说，通过这场"消费革命"，可以深切地感受到人们的生活水平正逐步提高，以教育和教育文化水平为特征的文化资本存量正在不断提升，以经济收入为特征的经济资本存量也在不断扩充，同时，这场"消费革命"也在彻底改变着人们的生活方式，改变了传统的社会经济结构，人们凭借文化资本与经济资本的积累，在饮食、交通、教育、住房、休闲娱乐等各方面的支出都发生了根本性的变化，消费结构乃至整个社会结构都在逐步分化，一种以结构与资本耦合为特征的、全新的、影响深远的结构性变动正逐步显现。

不可否认，处于这场"消费革命"之中或者说是处于这一新的结构性变动之中，体育消费作为一种社会文化实践活动也正在扮演着重要的角色，来自中国统计年鉴的数据表明，自1996年以来城镇居民家庭平均每百户年底以健身器材为主的体育消费耐用品拥有量逐渐上升，到2006年，需求增长约1.2倍，虽然钢琴拥有量增长1.71倍，但中高档乐器仅增长2.1%，如果相对于1992年的需求来说，反而下降了14.9%，这说明体育消费正逐渐在休闲娱乐领域扮演着重要角色。当然，还有那些地处西南地区的少数民族体育消费文化，比如贵州苗族独木龙舟文化、云南怒江独龙族卡雀哇节、四川凉山彝族的火把节等都以其久远的体育文化、独特的体育文化形式、宏大的体育文化实践活动在国内外享有盛誉，堪比摩洛哥德迦玛·艾尔法纳广场的"氛围遗产"，每年都吸引着成千上万的游客慕名而来，并由此形成了一个规模宏大、影响深远的体育消费文化市场。

但是，说到底，这些体育消费实践活动是如何演绎出各种结构性要素，并契合于这场结构性变动之中，就需要应用相应的理论范式进行解读，特别是能够解读那些已经与文化紧密联系在一起的体育消费实践活动。如果现有的理论范式解读不了，就需要引入新的理论范式进行解读。毕竟，如鲍德里亚在《消费社会》中所提到的"帕尔利二号一样，那里有巨大的购物中心，艺术和娱乐、日常生活都混为一体，每个住宅群从游泳池俱乐部向四周延伸，游泳池俱乐部成了吸引力的中心，生产着各种各样的时尚与品位"。

所以，只有准确把握这种与文化联系在一起的生产过程，以及各种结构要素是如何联系在一起，被生产或者是生产着什么，才能真正了解这种结构性变动背后所隐含的各种意义，才能真正获知一些"炫耀性消费"、"体验消费"、"时尚消费"等消费现象的产生与发展过程，并厘清人们的行为方式、生活方式、价值体系是否随着社会结构转型正在发生变化。毕竟，中国社会从"传统"向"现代"社会转型过程中，中国社会因在历史背景、文化背景、资源背景等方面的特殊性，使中国社会结构的转型表现出若干不同于一般发展进程的特点，[①] 特别是城乡结构从二元走向一元过程中，原有的社会阶层壁垒被打破，社会阶层结构不断变化，阶层之间的流动性不断增强，这使得不同社会阶层的消费行为、消费意识以及消费方式正悄然发生着改变，所表现的变化特征也是复杂的、多元化的。所以，当人们的行为方式、生活方式、价值体系随着社会结构转型发生变化时，需考虑到体育消费是否在不同利益群体之间出现阶层分化，分化特征是什么？是否还有其他的特征在与社会结构发生作用的过程中表现出来，具体的表现过程怎样？如何采用适宜的研

---

① 李培林：《另一只看不见的手——社会结构转型》，社会科学文献出版社 2005 年版。

究范式对转型时期的体育消费进行结构性的考察与解读，这些是本书研究的逻辑起点。

第二节 研究的意义

一 理论意义

（1）采用适宜的研究范式对转型时期的体育消费进行结构性的考察与解读，可以为进一步理解体育消费与社会结构之间的相互作用关系，特别是为反映社会转型时期阶层结构变化的特征提供有力的支持，这对深刻思考社会结构这一重要的社会学解释变量，丰富社会转型理论有着重要的参考价值。

（2）采用综合的研究方法和跨学科的理论分析不同社会阶层的体育消费意识、体育消费行为以及体育消费方式的变化过程，对认识体育消费意识、体育消费行为以及体育消费方式之间的内在有机联系，全面把握转型时期的体育消费特征，构建体育消费研究理论体系提供重要的参考价值，而且有利于推动社会学、经济学、心理学、人类学、体育学等多学科交叉研究，丰富交叉学科的研究成果，对实现科学研究综合化、推进新兴的体育经济学、体育营销学、体育传媒等跨学科建设有着重要的作用。

二 现实意义

1. 有助于构建体育消费与体育产业的互动关系，拉动经济的快速增长

在拉动经济增长的"三驾马车"（消费、投资、净出口）中，消费是最重要的。[①] 改革开放以来，随着中国社会和经济的发展，广大人民群众的体育健身、娱乐、休闲需求日益增长，以运动服装和运动器械为代表的实物型体育消费快速上升，体育消费市场规模也随之逐渐扩大，使得一大批如李宁、德尔惠、安踏、双星等体育用品品牌相继出现，产

---

① 许永兵：《消费行为与经济增长——以中国城镇居民为例的实证研究》，中国社会科学出版社 2007 年版。

品类型也从单一化产品发展为运动服装、运动鞋、运动器材等多系列产品并驾齐驱，发展速度与规模与日俱增。据业内专家测算，中国运动时尚用品市场近几年一直以 30% 左右的速度高速增长，2003 年市场规模为 200 亿元，2004 年为 260 亿元，2005 年达 340 亿元，2006 年则首度冲破 400 亿元大关。与此同时，为满足日益增长的体育消费者多元化需求，诸如健身娱乐、竞赛表演、体育赛事管理、咨询培训和体育经纪等体育服务性产业在体育用品行业快速发展的带动下也呈现出勃勃生机的景象，体育产业逐渐成为一个国家和地区的"朝阳产业"，并对其经济总量和结构产生影响。因此，在社会结构转型时期，伴随着大众消费需求多元化、体育专业化的影响，深入探讨体育消费的特征、结构变化趋势不仅有助于准确把握体育消费与体育产业的互动关系，进一步开拓体育消费市场，完善体育商品生产、销售、消费的体育产业链，也能带动第一、第二产业相关行业的发展，进而优化产业结构，推动产业升级，拉动经济的快速增长。

2. 有助于增强居民的体育消费意识，推进"全民健身计划"实施进程

消费方式的变革是生产力发展、社会进步的明证。在新经济时代下，标准化的学校体育场地设施、普及化的社区体育健身设施、多元化的体育健身场所等体育消费空间的确立为人们广泛参与体育活动提供着较多的便利，人们的体育消费方式也由单一的公共产品供给和单位、集体福利性消费向个人消费和家庭式消费转变。当越来越多的"健身器械"走进千家万户，越来越多的人走进健身房、旱冰场、网球场、高尔夫球场时，这些变化不仅标志着人们体育消费方式的转变，更重要的是体育消费观念的不断更新。体育消费观念决定着体育消费方式。正是在"追求健康、追求时尚"为主题的体育消费观念驱动下，中国各年龄阶段的城镇居民体育健身意识不断增强，中老年人充分利用社区体育消费空间参与气功、慢跑、散步、健身舞等益寿型体育活动，青少年充分利用城市公共体育消费空间参与轮滑、街头篮球、街舞、小轮车跳跃等自我表演型体育活动，城市中的各个角落里都涌现出"全民健身热潮"。所以，准确把握社会转型时期城镇居民体育消费观念的更新，特别是体育消费观念阶层化的差异，有助于合理引导并充分增强居民的体育健身

意识，推进"全民健身计划"的实施进程。

3. 有助于丰富居民的闲暇生活，推进体育社会化的进程

来自 1996 年和 2001 年北京市居民闲暇时间分布调查发现，城市居民闲暇时间主要集中在看电视、游园散步、休息、探访接待亲友、阅读报纸、体育锻炼等活动上，活动内容比较单调、活动种类不丰富、趣味不高雅，以闲暇时间存在的社会资源还远远未得到合理的利用。[①] 相对而言，体育消费活动项目种类繁多，趣味性比较强，更容易得到人们的青睐。而体育消费研究涉及体育消费选择问题，根据不同年龄、性别、阶层中人们休闲生活的特点，有针对性地合理开发这方面的资源，提供丰富的消遣、娱乐和"开心"的产品、设施和服务，不仅可以丰富居民的闲暇生活，也可以作为社会的"安全阀"，舒缓、释放和排解人们对工作或其他日常负担所造成的压力、紧张和厌烦情绪，推进体育社会化进程，维持社会稳定。

4. 有助于推动我国休闲娱乐商业化的发展，扩大就业结构

休闲娱乐商业化的直接推动力来自消费者总是不断地寻求新的休闲体验——新的玩具、新的旅游景点、新的娱乐方式等多元化的消费需求。为了更好地满足多种体验的消费者的需求，为了获取更大的商业利润，休闲业中一些大的经营商对一些休闲活动进行重新组合，开始兴建规模宏大的娱乐中心，该中心包括多功能电影院、保龄球馆、商店、外卖快餐、酒吧和俱乐部；在旅游方面，包括带酒吧的宾馆、饭店、体育中心和购物中心等。在休闲娱乐商业活动从零散型到密集型转变的过程中，体育消费需求一直占据着重要的地位，1994—1999 年英国的博彩和健身消费增长了 77%，而中国的体育健身消费需求也在持续增长，特别是以迎接 2008 年奥运会为契机所带动的全民健身热潮更是如火如荼。在社会结构转型时期，研究体育消费问题涉及大众休育消费模式不仅可以为休闲娱乐商业化模式的适应性转变提供一定的参考价值，也可以间接推动因休闲娱乐商业化扩大所带来的就业结构的升级，对扩大社会就业，解决剩余劳动力问题具有较大的社会现实意义。

---

① 张景安、马惠娣：《中国公众休闲状况调查》，中国经济出版社 2004 年版，第 24 页。

5. 有助于促进城乡一体化建设，推动社会结构转型

由中国统计年鉴数据表明，1985—2006 年城镇与农村居民人均娱乐费用呈现逐年上升的趋势，但是进入 20 世纪 90 年代以来城镇居民的娱乐消费支出的增长要远大于农村居民的娱乐消费支出增长，曲线偏离比较大，差距比较明显。而这种"城乡消费差距"在体育消费方面更为明显。1994—1998 年，中国城市人口体育边际消费倾向是 1.5，即城市人口每增加 1%，其体育消费就增加 1.5%，而我国农村居民的体育消费，除了发达地区以外，几乎没有体育消费可言。[①] 但是，随着中国社会结构转型，以北京的"浙江村"、"韩村河"，闽南的"美法村"、"塘东村"为代表的"城中村"的出现，使得农村消费空间升级，城乡二元消费格局面临挑战，那么这种新二元结构消费模式在原有城乡二元结构消费中的分化必将带动体育消费需求的持续增长。所以，深入研究城镇居民、农村居民或者是"城中村"体育消费模式的分化特点，科学总结城镇与农村居民整体消费模式的互动关系，有助于因地制宜，合理引导农村居民的体育消费需求，更新他们的体育消费观念，从而可以有效弥补农村与城镇居民的体育消费差距，这对于促进城乡一体化建设，推进社会结构顺利转型有着重要的现实意义。

---

① 鲍明晓：《体育产业——新的经济增长点》，人民体育出版社 2000 年版，第 80 页。

第二章　文献综述与范式总结

通过运用文献资料法梳理与分析国内外有关体育消费方面的研究，发现此领域主要涉及以下六个方面的内容：一是体育消费的经济学概念。二是不同地区、不同性别、不同年龄、不同社会群体的体育消费"现状调查"。三是体育消费与体育产业的关系。四是体育消费文化的研究。五是小城镇的体育消费研究。六是体育消费者行为研究。这些内容虽说大都独立表达，解释的途径与方法各不相同，但是细细剖析，却又在同一学科领域相互交叉，具有共同性特征，应用着相同的、比较成熟的解释工具，演绎出消费经济学、传统社会学和消费文化学三种不同的研究范式，从而指明了以体育消费命题作为研究对象的方式与视角。

第一节　消费经济学范式

一　体育消费的经济学概念综述

体育消费的"经济学"概念可以说是消费经济学范式中最基本的体现。因为，消费经济学的主要研究内容就是如何组织消费品以适应人们的各种需要，以及在消费过程所形成的人与物、人与人之间的经济关系，也就是消费关系。这种消费关系的实现往往伴随着货币支出、商品效用实现的过程，而体育消费的"经济学"概念很好地体现这一过程。

如表 2 - 1 所示，国内学者主要从两方面对体育消费的概念进行了界定，一是将体育消费作为一种货币量的支出界说。具体论述为人们在体育消费实践过程中的个人或家庭的消费支出。消费支出既包括购买不同实物性质的体育产品的费用，也包括用于支付具有非实物性质的体育劳务或服务等相关费用。在这里，尽管存在这两类区分，但需要注意的是后者的消费支出往往也是以一些如门票、会员卡、各种消费凭证等实物性标识为中介体现出来的，也就是说，非实物性质的体育劳务或服务在形式上也有实物性质的特征，两者并不是完全没有联系的，所以，用实物性与非实物性来区分仍然有待于进一步商榷。二是将体育消费作为一种体育消费资料的消耗与使用界说。具体论述为人们在体育消费实践过程中，对不同性质的体育消费资料的消耗与使用。在这里，不同性质的体育消费资料既包括各种实物性质的体育用品，也包括各种劳务性质的体育培训服务、竞技表演服务等，而消耗与使用的就是这些体育产品与服务。

表 2 − 1   不同学者对体育消费的界定分类统计

学　者	观　点	界定分类	
		1	2
杨小林（1989）	以体育劳务品为消费对象的一种消费活动		√
徐钟仁（1989）	体育物质产品、体育劳务产品和体育信息产品总和的消耗		√
钟天朗（1990）	人们在体育活动方面的个人消费支出	√	
张岩（1993）	人们参与体育活动和观赏运动竞赛而对消费资料的使用和消耗；为参加体育活动或观赏运动竞赛而需要外出旅行所支付的交通费、住宿费及购买食品、饮料等的费用	√	√
邵淑月（1996）	人们在参与和观赏体育活动方面的个人及其家庭的消费支出	√	
朱柏宁（1998）	不同方式消耗体育资料和劳务的过程		√
刘亮（1999）	体育消费既包括以通过支付货币方式用于体育消费支出的形式，也涵盖了参与体育活动所付出的劳务项目（时间、精力、体力等），从而把自我投射到各种体育形式的消费过程	√	√
连桂红（1998）	人们参与体验活动和观赏运动竞赛而对体育资料的使用和消耗		√
吴晓梅（2001）	为满足居民个人生活和健身需要而耗费的体育物质产品、体育劳务产品和体育信息产品		√
贾振佳（2002）	人们在体育活动方面个人消费支出。它包括人们观看各类体育比赛、体育表演及从事各种各样和体育相关的个人消费活动的一切消费支出	√	

续表

学　者	观　点	界定分类	
		1	2
刘志强（2004）	人们参与体育活动和观赏运动竞赛而对体育资料的使用和消耗		√
段辉巧（2006）	为满足居民个人生活和健身需要而耗费的体育物质产品，体育劳务产品和体育信息产品		√
丁明叶（2006）	人们在参与和观赏体育活动方面的个人及其家庭，以及社会的消费支出	√	
聂辉建（2007）	人们参与体育活动和观赏竞赛而对消费资料的使用和消耗		√

注：1＝货币量的支出界说；2＝体育消费资料的消耗与使用界说。

从这两个定义中可以看到，概念中的货币支出是作为一种组织动力，组织体育产品与服务满足人们的各种需要，货币支出越多，人们购买的体育产品和服务也就越多，从而体现出体育消费的物质或商品特性，而消耗与使用则是作为体育产品与服务的效用实现过程，在这一过程中人们的需求不同所获的满意程度也就不同，比如有的只追求健康，有的不仅追求健康，还要追求身份表达，获得社会交往的机会，这些差异往往与人们的阶层地位、消费意识、消费水平以及消费方式有着紧密的联系，反映了不同消费者之间的消费关系。可以说，这两方面的内容不仅阐明了体育消费的经济学概念，也表达出消费经济学范式中的人与物、人与人之间的消费关系。尽管如此，仍需要注意的是这两方面的内容是作为统一的整体来进行表达的，因为，如果货币支出之后没有进一步地对所购买的体育产品或体育消费资料进行消耗或使用，就无法实现体育产品的最大效用，从某种意义上来说这只是名义上的体育消费。同样地，如果未涉及个人或家庭消费支出所购买的体育消费资料，比如单纯公共体育设施或器材的消耗是缺乏排他性与竞争性的，严格来说也就否认了体育消费作为一种经济活动的存在价值。因此，从系统的、整体的角度去思考，笔者认为，体育消费的"经济学"概念在消费经济范式中的体现至少应包含三个层面的意思：一是名义体育消费，指的是通过一定的货币支出购买所得的实物型和非实物型体育消费资料的消费实践活动；二是实质体育消费，指的是消费主体在体育参与过程中通过一定的身体参与和时间消耗促使不同体育消费资料获得功能性解放，满足主体需求的实践活动；三是体育消费应表现为从名义体育消费到实质体育消费的转变过程。具体到关于这三个层面的系统分析，将在第三章内容中详述。

二 体育消费与体育产业的关系综述

在消费经济学研究范式中，消费力、消费结构、消费函数、消费方式和消费水平等一直是其重要的解释性工具，而这些工具在体育消费研究中也得到了很好的应用，特别是在宏观层面上来探讨体育消费与体育产业之间的关系研究中应用得最为广泛。比如凌翔（1993）认为，体育消费关系结构是由体育消费商品、体育消费手段和体育消费能力组成的。如果从供方来看，制约体育产业发展的主要有两大因素：一是体育产业提供产品的数量和质量。二是体育消费手段。如果从需求方来看体育产业发展的制约因素是体育消费能力。[①] 在这里，体育消费能力就是范式中所提到的消费力，它主要受三个方面的因素影响：体育消费需求、体育消费经济支付能力及享受体育消费资料可支配的时间。在这其中，体育消费需求起主导作用，它引导着体育消费经济支付的数量和体育消费时间的支出。朱汉义（2006）认为，体育消费结构是指人们在体育消费过程中所消费的不同类型的体育消费资料的比例关系。进而，依此进行分析之后发现，我国的体育消费结构单一，主要是以运动服装鞋袜等体育实物消费资料为主，占总体育消费支出比例的81.0%，因此，我国体育产业发展的现实选择仍然要以体育用品业作为我国体育产业的基础产业，积极努力将体育健身娱乐业作为我国体育产业发展的主导产业。[②] 于振峰等（1998），李雷、张再宁（2001），王文峰、郭纹廷（2005），姜德卫（2003），陈宏（2004）和王卫国、宋建梅（2007）从体育消费现状入手分析，主要包括体育消费市场规模、影响体育消费因素、体育消费支出结构、体育消费方式、体育消费水平等方面来探讨体育消费与体育产业之间的关系，并认为基于目前国内体育消费现状，体育产业市场分布不均衡，有待于进一步加强与开发，具体实施策略是体育产业要紧紧围绕居民的体育消费水平、消费结构以及消费方式来进行

---

① 凌翔：《从体育消费关系结构谈体育产业发展模式》，《上海体育学院学报》1993 年第 3 期。

② 朱汉义：《从我国体育消费看体育产业结构的现实选择》，《中国体育科技》2006 年第 3 期。

合理布局，不仅要满足其体育消费需求，还要激发其消费需求，做到因地制宜、有的放矢，不断培育新型的体育消费市场，布局多层次、多形式的体育产业格局与体系，激发居民的体育消费欲望，促进体育消费的大幅度增长。①②③④⑤⑥ 除此之外，在消费函数应用方面，何建文（2007）基于效用函数和最优化模型的拉格朗日函数，建立了跨域体育消费的基本模型⑦，这对于不同地区因地制宜、结合自身实际选择发展适合自身特点的体育产业吸引体育消费者进行跨域消费有着较高的参考价值。

应该说，通过阐明体育消费力、体育消费结构层次、体育消费函数等这些解释性工具的不同应用途径对于剖析体育消费与体育产业之间的作用关系，了解不同居民体育消费水平和体育消费质量的差异，评估消费关系的具体变化等方面具有较大的指导意义。但是，相关解释性概念的界定仍有待进一步研究。以体育消费水平为例，马渝、欧阳柳青（2002）从体育消费支出的金额入手分析，将居民的体育消费水平划分为四个层次，即第一层为体育微消费，全家年平均体育消费额为 50 元以下；第二层为体育弱消费，全家年平均体育消费额为 51—100 元；第三层为体育旺消费，全家年平均体育消费额为 101—500 元；第四层为体育高消费，全家年平均体育消费额为 501 元。⑧ 这样的划分并没有指明科学的划分依据，并且也没有考虑到社会生产力的发展水平的影响，其适用性

---

① 于振峰等：《我国现阶段大众体育消费与体育产业关系的研究》，《成都体育学院学报》1998 年第 4 期。

② 李雷、张再宁：《体育消费与体育产业间关系的研究》，《南京体育学院学报》2001 年第 2 期。

③ 王文峰、郭纹廷：《体育消费、体育产业化发展与经济增长》，《生产力研究》2005 年第 1 期。

④ 姜德卫：《烟台市城镇居民体育消费水平与体育产业发展的现状分析》，《山东体育科技》2003 年第 2 期。

⑤ 陈宏：《对我国现代体育消费状况与体育产业发展的思考》，《四川体育科学》2004 年第 1 期。

⑥ 王卫国、宋建梅：《浅议体育消费对体育产业之影响》，《会计之友》2007 年第 10 期。

⑦ 何建文：《跨域体育消费理论基本模型与发展探究》，《北京体育大学学报》2007 年第 3 期。

⑧ 马渝、欧阳柳青：《我国居民体育消费水平的现状调查与分析》，《武汉体育学院学报》2002 年第 5 期。

也就大打折扣。同样地，体育消费结构这一解释性工具也存在相似的问题，因此，要想科学地界定不仅要考虑到消费经济学范式中对于消费结构的定义原则，还要结合体育消费的实际特点，根据不同体育消费内容的特点进行科学归类，特别是要科学归纳一些随着社会经济的发展而涌现出来的一些新颖的体育消费内容，这样才能更准确地反映出体育消费的结构层次，这不仅仅是理论上的深刻辨析，更是研究方法上的突破与发展。

另外，与这些传统的消费经济学解释性工具不同，消费经济学范式中的营销学视角对于探讨体育消费与体育产业之间内在作用机制也有着重要的启示。国内相关研究如王燕军、王冬梅（2006）从体育产品的体验式营销、扩散式营销以及锁定式营销入手分析，剖析了体育消费与体育产业发展的机理，提出了体育消费与体育产业发展的乘数效应以及促进其相互发展的相关措施①，这可以说是转换研究思路，应用市场营销策略分析的一次尝试。这种分析视角是集成了微观层面的体育消费者行为研究，从宏观与微观两个方面通过分析与构建涉及市场与产品创意、体育消费者行为、市场研究、市场信息系统、市场细分以及体育产品定位与概念所组成的系统工程研究，不仅对于剖析体育消费与体育产业之间的关系研究，而且对于拓展体育消费市场有着重要的实际应用价值。

三 体育消费者行为研究的综述

在微观层面上，消费经济学范式中所涉及的研究主要是"体育消费者行为"研究，也就是包括体育消费者的动机、目标和介入，体育消费自我及个性，体育消费者的满意态度和决策以及营销策略之间的关系研究等。国内的相关研究在此方面的研究较少，国外的相关研究较多，主要偏重于对体育消费动机量表的开发、编制和修订。比如：Wann（1995）、Milne 和 McDonald（1999）、Trail 和 James（2001）、Funk 等（2001）就相继开发了 SFMS（球迷动机量表）②、O - MSC（体育消费

① 王燕军、王冬梅：《体育消费与体育产业发展互动的内在机理分析》，《武汉理工大学学报》（信息与管理工程版）2006 年第 8 期。

② Wann, D. l., "Preliminary Validation of the Sport Fan Motivation Scale", *Journal of Sport & Social Issues*, 1995（20）：377 - 396.

动机量表)①、MSSC（观赏性体育消费动机量表)②、运动兴趣目录（SII）。③ 这其中以 Trail 和 James（2010）的研究最为突出，他们不仅开发了包含 9 个测量维度（成就动机、知识、审美情趣、戏剧化、偏离行为、家庭、身体吸引、身体技能、社会）动机量表，而且在此之前 Trail 等（2000）就提出了基于体育消费动机测量的观赏性体育消费行为模型。④ 如图 2 - 1 所示，体育消费者的个人消费动机将直接或间接地

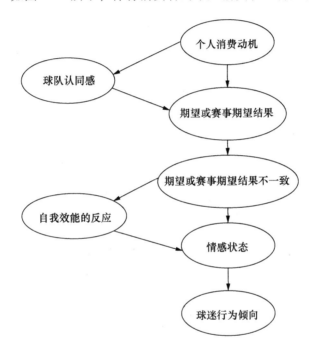

图 2 - 1　基于体育消费动机的体育消费者观赏性消费行为理论模型

①　Milne, G. R., & McDonald, M. A., *Sport Marketing: Managing the Exchange Process*, Sudbury, MA: Jones and Bartlett Publishers, 1999.

②　Trail, G. T., & James J. D., "The Motivation Scale for Sport Consumption: Assessment of the Scale's Psychometric Properties", *Journal of Sport Behavior*, 2001, 24 (1): 108 - 127.

③　Funk, D. C., Mahony, D. F., Nakazawa, M., & Hirakawa, S., "Development of Sport Interest Inventory (SII): Implications for Measuring Unique Consumer Motives at Sporting Events", *International Journal of Sports Marketing and Sponsorship*, 2001 (3): 291 - 316.

④　Trail, G. T., Anderson, D. F., & Fink, J. S., "A Theoretical Model of Sport Spectator Consumption Behavior", *International Journal of Sport Management*, 2000 (1): 154 - 180.

通过对球队的认同感这一变量间接影响着消费者期望的比赛结果，当期望的比赛结果出现不一致时会直接影响消费者的情绪状态或通过自我效能反应的间接影响作用，最终导致消费者的行为倾向发生改变。其实，最终来看体育消费者动机是观赏性体育消费者行为倾向发生改变的关键因素。在这里，通过模型的建立与动机量表的编制可用于准确测量与分析体育消费者行为的变化，这对于及时捕捉市场信息，科学制定营销策略，准确定位体育产品的概念有着重要的直接帮助，同时也大大拓展了消费经济学范式的应用途径与方法。

第二节 传统社会学范式

不同于消费经济学范式，只是立足于消费市场，其学科目标是经营、管理和市场营销。传统社会学研究范式主张从社会组织的形式中去研究集体消费的过程，也就是研究消费的社会方式与消费者的个人自由、福利与平等之间的关系。一般而言，这种范式下的研究倾向于大规模的调查分析，并且大都集中于城镇居民体育消费的现状调查，其核心的解释性概念有"家庭"、"社会阶层"、"社会群体"以及"社会结构"等。当然，也有涉及社会转型过程中出现的"城中村"、"小城镇"和"新农村"等社会阶层群体体育消费过程的调查分析。

一 城镇体育消费现状调查综述

现状调查研究可以说是传统社会学研究范式中的典范，它不仅清楚地描绘了不同社会群体的集体消费过程，而且通过对比分析可以真实地反映出不同消费者的个人自由、福利与平等，有利于因地制宜、采取及时措施减少社会矛盾。从国内查阅的文献来看，体育消费的"现状调查"主要表现为以不同地区为代表的社会调查，调查对象为城镇居民，调查方法主要是问卷调查法。如于振峰等（2001）北京调查[①]、韩鲁安

---

① 于振峰、王庆伟、许高航等：《北京市居民体育消费现状调查研究》，《体育科学》2001 年第 1 期。

等（1999）天津调查①、于波（2007）浙江省调查②、王爱丰等
（2001）江苏省调查③、谈群林（2006）广东省调查④、许俊柱等
（2003）安徽省调查⑤、赵小林等（2006）河北省调查⑥、汪明旗等
（2006）江西省调查⑦、李新（2005）青海省调查⑧、许磊（2006）宁
夏回族自治区调查⑨等。如表 2 - 2 所示，这些调查研究内容主要集中于
四个方面：一是人口学统计变量包括居民的性别、年龄、职业、文化程
度、个人月收入及家庭月平均收入水平等；二是体育消费的内容、地点
与场所、时间以及消费支出情况；三是城镇居民体育消费观念以及动机
调查；四是分析影响城镇居民体育消费的因素。不可否认，体育消费的
"现状调查"对于了解、分析和研究社会生活中具有不同背景的人们的
体育消费行为、体育消费观念以及体育消费方式等有着重要的作用，正
如美国社会学家艾尔·巴比所说："一个认真抽取的概率样本，加上一
个标准化的问卷，可以提供对某一学生群体、某个城市、某个国家或其
他大总体的精确描述。"

不仅如此，传统社会学研究范式下的体育消费研究，也注重剖析社
会组织形式下体育消费的整体建构过程。以国外经验为例，José Viseu
（2000）通过邮寄的方式，从月收入、闲暇时间、体育供给、营利性与
非营利性机构（俱乐部、学校、家庭、慈善组织等）、动机（工具性和

---

① 韩鲁安、杨春青、薛云：《天津市部分居民体育娱乐消费现状的调查与研究》，《天津
体育学院学报》1999 年第 4 期。

② 于波：《浙江省城镇居民体育消费现状调查研究》，《科技信息》2007 年第 3 期。

③ 王爱丰、王正伦等：《江苏省城镇居民体育消费现状的研究》，《体育与科学》2001 年
第 1 期。

④ 谈群林：《广东省居民体育健身娱乐消费现状调查研究》，《体育世界·学术》2006 年
第 6 期。

⑤ 许俊柱、牛芳、尹军：《对安徽省城市居民体育消费现状的调查及对策研究》，《四川
体育科学》2003 年第 1 期。

⑥ 赵小林、郑学会：《河北省乡镇居民体育消费现状调查与分析》，《商场现代化》2006
年第 25 期。

⑦ 汪明旗、饶爱蓉：《江西省城市居民体育消费现状调查研究》，《首都体育学院学报》
2006 年第 3 期。

⑧ 李新：《青海省城镇居民体育消费现状调查及对策研究》，《北京体育大学学报》2005
年第 5 期。

⑨ 许磊：《宁夏中型城市居民体育消费现状及对策研究》，《体育世界·学术》2006 年第
8 期。

非工具性效用期待）、人口统计学变量（年龄、教育、居住环境、城市类型、民族、子女数量等）、体育参与总共七个主要影响变量对葡萄牙的不同社会群体的体育消费支出（运动服装、运动鞋、运动设备、体育财产、体育伤害处理、体育营养、体育保险、体育博彩业、体育产品公司股票、参加健身消费的交通方式、体育旅游、对营利性机构的消费支出、对非营利性机构的消费支出、个人锻炼、个人体育发展、观赏性体育消费参与以及交通方式、体育信息、体育广播、体育杂志与书刊）现状进行了调查，并构建了体育消费影响因素模型。①

表 2 - 2　　　　　　　　不同地区体育消费现状调查

省份	调查内容
于振峰等（2001）北京调查	①北京市居民的性别、年龄、职业、文化程度、个人及家庭月收入水平 ②北京市居民的体育价值观 ③北京市居民喜欢参与的体育项目 ④北京市居民的体育消费观点 ⑤北京市居民体育投入形式 ⑥影响北京市城镇居民体育消费的因素
韩鲁安等（1999）天津调查	被调查居民户的家庭人口数量与构成、性别、年龄、职业、受教育程度、收入水平、消费结构与消费水平、闲暇时间、婚姻状况及参加体育娱乐活动的消费情况
于波（2007）浙江省调查	①不同年龄段体育锻炼的参与率 ②城镇居民参与体育锻炼的动机及其参与形式 ③与体育锻炼相关的文化生活 ④体育消费年支出情况 ⑤城镇居民体育消费结构 ⑥影响浙江省城镇居民体育消费的因素（经济、时间、社会、个人）

① José, Viseu., "The Sport Consumption in Portugal: Survey Presentation and Discussion", *Paper printed at the 8th International Congress of the European Association of Sport Management*, 7 - 9 September 2000, Università degli Studi di San Marino, Dipartimento di Economia e Tecnologia, Republic of San Marino Italy.

续表

省份	调查内容
王爱丰等 （2001） 江苏省调查	①江苏省城镇居民生活消费水平及消费构成 ②江苏省城镇居民的体育消费水平 ③现阶段江苏省城镇居民的体育消费结构 ④江苏省不同地域城镇居民体育消费水平的比较 ⑤现阶段江苏省城镇居民体育消费动机 ⑥影响江苏省城镇居民体育消费水平的相关因素 ⑦现阶段江苏省城镇居民的体育消费方式以及体育消费变化趋势
谈群林 （2006） 广东省调查	①居民参与体育健身娱乐消费的动机 ②体育健身娱乐消费内容 ③参与体育健身娱乐消费的时间和场所选择状况 ④参与体育健身娱乐消费的次数与（运动量）数量情况 ⑤体育健身娱乐消费者的支付能力状况
许俊柱等 （2003） 安徽省调查	①城市居民体育消费比重及恩格尔系数分析 ②安徽省部分城市居民体育消费现状分析（实物形式的体育消费、体育信息消费、体育劳务消费） ③影响和制约安徽省城市居民体育消费的因素分析（经济收入、闲暇时间、体育场馆设施）
赵小林等 （2006） 河北省调查	①从消费内容入手调查观赏型体育消费与实物型体育消费年支出情况 ②不同年龄层次乡镇居民体育消费的目的 ③影响河北省乡镇居民体育消费的主要因素（经济因素、闲暇时间、体育设施）
汪明旗等 （2006） 江西省调查	①不同经济收入居民观赏型体育消费支出情况 ②体育健身消费形式（各运动项目的年支出情况） ③不同年龄层的各项消费支出 ④家庭体育消费情况影响居民体育消费的因素（国家经济水平、闲暇时间、体育运动水平和体育社会化程度）
李新 （2005） 青海省调查	①青海省城镇居民的年体育消费额情况 ②青海省城镇居民的年体育消费项目 ③青海省城镇居民不同人群能够接受的体育消费价格 ④青海省城镇居民不同人群消费方式 ⑤影响青海省城镇居民体育消费的主要因素（居民收入水平的影响、价格因素、消费者偏好、经济结构调整、政策调整、价值观念）

续表

省份	调查内容
许磊 (2006) 宁夏回族 自治区调查	①宁夏回族自治区中型城市居民参加体育活动的项目 ②性别、年龄、职业的消费差异 ③宁夏回族自治区中型城市居民所能接受的价格 ④影响参加体育消费的因素（收入、价格、时间、服务、交通与观念）

如图2-2所示，在模型中直接影响体育消费支出的因素是体育官方和体育组织的政策性导向、闲暇时间、收入以及体育锻炼习惯，而人口统计学变量与体育消费动机是间接影响因素，只有通过影响体育消费习惯来间接影响体育消费的支出。在这里，研究的过程按照以假设演绎为主的逻辑程序对各变量之间的内在有机联系进行系统分析，抽离出影响人们的体育消费行为、体育消费观念以及体育消费方式等方面的重要解释性变量，建立了简明、直观的模型，从而可以清晰地、科学地了解到一些核心的概念或变量真正的解释效力。

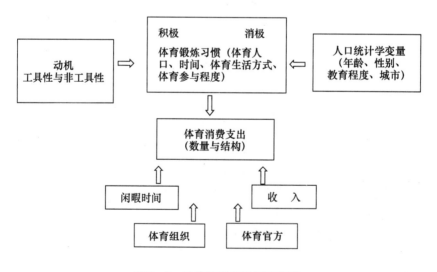

图2-2 体育消费影响因素模型

二 小城镇体育消费现状调查综述

小城镇消费研究一直以来是传统社会学研究范式中关注的焦点，特别是随着中国社会结构转型，以北京的"浙江村"、"韩村河"，闽南的"美法村"、"塘东村"为代表的"城中村"的出现，使得城乡二元消费格局面临挑战，农村消费空间有进一步升级的动力，一种新二元结构消费模式在原有城乡二元结构消费中的逐渐分化并表现出不同于一般消费的特征，因此，秉承这样的研究思路，不少体育学者也从这一领域对体育消费问题进行了相关研究。张铁明、谭延敏（2005）河北省调查研究表明，河北省小城镇居民闲暇时间参加体育活动少，体育设施严重不足，缺少统一的组织与管理，锻炼群体两头高中间低，体育锻炼与收入水平、年龄、文化程度呈正相关。谭延敏、张铁明、刘志红、董启林（2007）从小城镇居民喜爱的运动项目及其原因、参加体育锻炼的次数、每次的持续时间以及活动场所的选择、参加体育锻炼的目的、体育消费水平和消费形式、对小城镇体育发展的意见、要求和建议等方面，对以完全建立在农村基础上的小城镇4400名居民进行了问卷调查研究。研究结果表明：社会各阶层的体育消费均倾向于不消费。消费类型趋向于实物性消费；绝大部分居民的年体育消费随着阶层的降低呈现下降趋势；"花钱买健康"的观念在不同社会阶层的差异明显。并进一步提出了扩大社会上层体育消费的影响，提高社会中上层和中层体育消费水平和引导社会中下层和下层体育消费理念的发展对策。[①] 在这里，相关的研究虽然注意到了社会阶层这一解释变量对于体育消费的影响，但是并没有考虑到包含阶层结构、家庭结构、社区结构、人口结构等综合社会结构变量在体育消费发生和建构过程中的重要作用，这有待进一步展开研究，因为探究消费与社会结构、社会分层之间的相互关系及其相互作用研究是传统社会学研究范式在社会转型背景下的研究动向。

第三节　消费文化学范式

基于研究方法的不同，消费文化学范式较少涉及消费经济学范式与

---

① 谭延敏、张铁明、刘志红、董启林：《小城镇不同社会阶层居民体育消费特征及发展对策研究》，《南京体育学院学报》2007年第3期。

传统社会学范式的定量研究，主要解释性概念工具包括黜奢崇俭的儒家文化理论和后现代主义视角下，法国社会学家鲍德里亚用区分、类同、自我和编码等词汇所表达的消费符号逻辑，主要用于身份的认同与建构。当然，也有英国社会学家费瑟斯通用品位、风格和生活方式所诠释的消费文化理念，宣扬着现代享乐式体育消费所带来的自我安慰、舒泄与个性表达以及法国社会学家布迪厄用习性、品位、文化资本等范畴对各社会阶层文化消费的研究。在此影响下，体育消费文化研究主要是涉及体育文化、现代消费文化、中国传统文化等多层次文化内涵的研究。从国内相关文献来看，大体主要集中于两个方面的内容：第一，中国传统文化与体育消费文化的关系研究；第二，现代文化与体育消费文化的关系研究。

一 传统文化与体育消费文化的关系综述

关于中国传统文化与体育消费文化的关系研究。主要解释性工具为儒家和民族文化理论，意在表述黜奢崇俭的中国传统文化对体育消费文化的影响，使得体育消费文化具有传统性与现代性的双重属性。喻坚（2001）认为，我国的体育消费文化特点主要表现为黜奢崇俭、宗亲趋同、礼仪人情、地位名分四个方面，有合理的内核，是必须要继承的，但是要构建中国特色的体育消费文化，还应该广泛吸纳世界各国尤其是发达国家先进的体育消费观念和体育消费行为。[1] 韩雪（2001）认为，内向与含蓄的中华民族性格倾向、重静轻动、天人合一的民族思维方式、尚伦理和尚亲情的民风民俗等中国传统文化内涵直接影响着人们的消费心理，使得人们在现代体育消费过程中带有一定的文化选择性。[2]

二 现代文化与体育消费文化的关系综述

关于现代文化与体育消费文化的关系研究，主要解释性工具为后现代视角下鲍德里亚的符号消费理论，意在表述体育消费文化是一种符号消费，目的是建构身份、重塑自我。如张永军、张树军（2006）认为，体育消费可以执行以下两种重要的文化心理功能，一方面是自我认同与社会认同，另一方面是通过对消费过程中意义互动模式的构建，使得消

---

① 喻坚：《对我国体育消费文化的研究》，《体育文化导刊》2001 年第 4 期。
② 韩雪：《论体育消费心理文化》，《上海体育学院学报》2001 年第 5 期。

费者的主体地位和体育消费的创造性功能增强，从而完成意义表达和自我建构的过程。① 李文波（2004）和牛晓梅（2007）都认为在大众消费社会里，休闲体育运动已经成为文化记号和被消费的对象，是大众文化之符号消费的一种，成了符号消费的对象，即被消费的休闲。在此，人们关注的是符号的所指，符号的意义在于显现差异，也就是休闲体育运动是一种建构差异的符号消费。②③

第四节　结构与资本范式

综合国内外有关体育消费研究现状，可以发现，关于体育消费的研究存在两方面的问题：第一，在理论上没有能够全面、深刻地剖析体育消费的内涵与外延，忽视了体育消费区别于其他消费的特征描述，比如体育消费与休闲消费的关系、体育消费与体育参与、体育消费与消费等相关概念的阐释，导致体育消费的概念界定比较模糊。第二，分析体育消费问题的研究范式比较机械与单一、彼此之间缺乏有机联系，创新点不多。研究中主要涉及三个研究"范式"：一是"传统社会学"范式。涉及的研究层面为不同阶层、性别和种族参与体育运动的消费方式，态度和决策、公共体育消费、体育消费政策与体育消费者权益、家庭体育消费以及小城镇体育消费等。解释性概念工具是传统社会学的概念，包括"家庭"、"社会阶层"、"社会群体"、"参照群体"、"文化"、"亚文化"等。二是"消费经济学"范式。宏观研究的层面为体育消费与体育产业、体育市场以及体育经济的相互关系。微观研究的层面为体育消费行为与体育市场营销战略的制定。主要包括倾向于消费心理学领域研

---

① 张永军、张树军：《试论体育消费的文化心理功能》，《天津体育学院学报》2006年第6期。

② 李文波：《休闲体育消费研究：一种文化与社会学的解读》，《江西社会科学》2004年第9期。

③ 牛晓梅：《论大众消费文化视野下的休闲体育消费》，《广州体育学院学报》2007年第4期。

究的体育消费者的动机、目标和介入，体育消费自我及个性，体育消费者的满意态度和决策等；具有一定消费社会学性质研究的社会阶层与体育消费、参照群体与体育消费、人际传播特点与体育消费等。解释性概念工具是传统经济学的概念，包括"消费力"、"消费结构"、"消费函数"等。三是"消费文化学"范式。研究的层面包括体育消费文化与中国传统文化意识的相互关系、体育消费文化的特点以及体育消费文化的价值等。解释性概念工具主要包括黜奢崇俭的儒家文化理论和后现代主义视角下，法国社会学家鲍德里亚用区分、类同、自我和编码等词汇所表达的消费符号逻辑，主要用于身份的认同与建构。当然，也有英国社会学家费瑟斯通用品位、风格和生活方式所诠释的消费文化理念，宣扬着现代享乐式体育消费所带来的自我安慰、舒泄与个性表达以及法国社会学家布迪厄用习性、品位、文化资本等范畴对各社会阶层文化消费的研究，体育消费的内容选择表征着各阶层的社会地位等。

从总体特征来看，我国的体育消费研究就三个研究范式内容都有广泛涉及，以传统社会学和消费文化学范式的研究居多，消费经济学范式的研究较少，分布特征不均匀，并且各研究范式的深度略显不足，特别是在"消费经济学"范式的微观研究层面最为明显，既缺乏规范的、科学的体育消费者动机和满意度测量研究，也缺乏应用经济学理论的效用函数建立经济学模型来分析体育消费问题，相比较国外研究有一定的差距。因此，基于国内外体育消费研究存在的上述问题，本书将在我国现阶段社会转型的背景下，通过广泛吸取"传统社会学"范式、"消费经济学"范式和"消费文化学"范式中的科学合理成分，构建出全新的研究范式，也就是用结构与资本研究范式来概括这三种成熟范式中的相关内容，从而用于系统地分析社会转型时期中国居民的体育消费分化特征及其影响因素，达成对于我国社会转型时期体育消费的深度解读。

一 资本：探秘体育消费的解释工具

早期资本的概念产生于货币借贷关系，表示贷款的本金与利息相对应。自从亚当·斯密的《国富论》出版以后，资本界定为生产手段的集合体，资本开始和土地、劳动并列成为生产的三大要素，成为经济理论中的最基本概念。到了 19 世纪中叶，马克思在其历史巨著《资本论》中，从阶级关系的视角下对"资本"的内涵和外延进行了深刻而充实的分析，并认为资本是掌握在资本家手里的生产资料和用来雇用工人的货币。于是，资本不仅成为用来分析商品经济规律的经济学概念，也成为用来研究资本主义运动的阶级属性概念，从而逐渐成为涵盖政治学、经济学研究领域的核心解释工具。然而，随着人类社会经济的快速发展，资本的双重属性概念已经不能充分表现出应有的解释性效力，资本"大家庭"面临着进一步扩大和更新的需求。在20世纪60年代，经济学家舒尔茨、贝克尔等在新古典经济学的分析框架下进一步扩展了资本的概念，创立了人力资本理论。该理论的核心思想是通过增加人身上的知识、技能经历、经验和熟练程度、健康和道德素质等资源投资来影响其未来货币收入和心理收入的活动。20世纪80年代后，社会学家布迪厄、科尔曼、普坎南和福山等又在人力资本理论的基础上提出了社会和文化资本理论。社会、文化资本的提出是对马克思的资本理论进行非经济学解读之后提出的一个社会学概念，是对社会、文化生活中各种现象的浓缩，并通过"资本"的经济学隐喻来反映现实社会中各不同阶层之间的不平等关系。对于社会资本和文化资本概念的理解，我们可以从布迪厄的"资本论"中找到答案。布迪厄把资本划分成经济资本、社会资本（或社会关系资本）和文化资本三种形式。经济资本以金钱为符号，以产权为制度化形式。社会资本（社会关系资本）以社会声望、社会头衔为符号，以社会规约为制度化形式。而"文化资本"则以作品、文凭、学衔为符号，以学位为制度化形态。在其中尤以"文化资本"概念最为重要。

由此，通过梳理资本概念演绎的历史脉络，可以发现资本最基本的解释性效力是分析商品经济过程中"能够创造新价值的价值"或"能够带来价值增值的价值"的经济规律，表现出单纯的经济属性，能够体现出"消费经济学"范式下的相关内容，可以作为研究体育消费问题的核心解释工具。正如，Robert Bocock 在其著作《消费》中提到的，"尽管资本主义进入了后现代发展的新阶段，资本这个概念仍然是必要的，在这个时期当中，资本仍然是分析消费与消费文化的必要概念。上市的消费品、经验与服务，仍然必须以投资为前提，就是说要为投资人谋取利润。"① 除此之外，现阶段的资本形态也在不断地发生着改变，原有的、单一的经济形态逐渐成长为一种集合文化资本、社会资本以及经济资本等多元形态。通过对于这些多元形态的把握与感知，可以更好地了解现代消费过程中的非经济学要素对于现代体育消费的影响，这样就可以进一步加强认识我国社会转型时期的体育消费特征及其影响因素。

二 结构：把脉体育消费的分析框架

社会的各个领域是一个有机联系的整体，是由多种要素和多个部位构成的组合体，因此，准确理解社会结构及其内在逻辑有助于提高我们对社会的总体性认识与把握，有利于拓展体育消费研究的视野，进而从宏观层次上确定体育消费研究的分析框架。虽然"社会结构"是社会学研究中广泛使用的一个重要概念，但是不同的社会学理论对社会结构的含义进行解释时表现出不同的视角，如社会结构被理解为社会关系的一个特征、一套分析范畴或者一套真实而潜在的关系等。本书无意纠缠于社会结构的内涵探究，仅仅以帕森斯和吉登斯的代表性观点，引入"嵌入性"视角，一方面是为了在社会行动者的体育消费过程中"嵌入"社会结构变量，另一方面想进一步阐明体育消费这一社会行动与社会结构之间的相互建构关系。

帕森斯的着眼点是用地位、角色和规范来解释社会互动的稳定模式和结构关系。在帕森斯看来，规范由一系列价值模式组成，作为行为的导向、根据和标准，可以约束行为的边界。规范作为众人认同的准则，一旦具有了稳定的效力，就成为社会性的共识。对行动者来说，社会规范和个人需求之间，必定有协调的问题。帕森斯称，这种协调是社会行动最基本的动力法则。人的行动不仅要满足个人需求，同时还要满足处境要求，将各种满足协调起来避免冲突的关键，是社会化和内在化过程。通过学习和模仿，人们逐渐认同社会角色，将社会价值和角色期望转化为自己需求结构的一部分，从而约束自己，并对其他角色提出要求。在一个成功的社会化过程里，社会价值内化于行动者，成为他的自觉意识。角色将社会秩序的需要和人的需要融为一体，因而在追求个人

---

① Robert Bocock 著：《消费》，张君玫、黄鹏译，巨流图书公司 1995 年版，第 53 页。

需要时，人们也在维护社会秩序，即将个人行为与社会的秩序化行动统一起来。这样，社会价值的支配作用转化为行动者的自觉，似乎它并不是一个外部的支配结构，而是角色互动的结果。[①] 安东尼·吉登斯认为："结构指的是一种各种关系脱离了时空所构成的虚拟的秩序。只有在处于具体情境中的人类主体从运用各种知识完成的活动中获得了具体发现，结构才能得以存在。正是通过这种活动，结构被再生产为根植在时空跨度中社会系统的结构性特征。"[②] 按照吉登斯的结构化理论来看，结构是一种循环反复地卷入社会系统生产的规则和资源，结构作为记忆痕迹，作为人类认知能力的生物基础而存在，具体体现在行动之中。所以，社会结构内在于社会行动中，通过社会行动体现出来，也正因为如此，社会结构和社会行动相互影响，结构化是一个双重过程，规则和资源被用来组织跨时空的互动，并通过这种方式来生产或改变这些规则和资源。社会结构是由社会行动者的行动建构起来的，同时又是行动得以建构的条件和中介。也就是说，社会结构不仅约束社会行动者的行动，社会行动者的行动同时也在建构着社会结构。

综合来看，社会结构的"互动"特征是帕森斯和吉登斯所共同认可的观点，只不过前者更看重社会行动者背后的制度化和规范化的力量，而后者更注重社会行动者的主观能动性。在这种"互动"特征的作用下，嵌入性的社会结构变量与社会转型时期体育消费之间的建构关系就变得想当然，但是仍然有必要进一步分析社会结构变量在社会转型时期体育消费实践活动中的"嵌入性"，也就是社会结构变量是如何发挥这一重要作用的，推动并建构社会转型时期的体育消费活动，其特征是什么。这可以说是一个整体的、宏观的研究框架，不仅仅需要一个抽样调查研究，更需要一个具体的个案研究才能厘清两者之间的内在联系。因为，由制度化、规范化和角色化的社会结构所反映出的实体性内容比较庞大，包括某一城镇或乡村的人口结构、群体结构、阶层结构、组织结构、社区结构、制度结构等，人口结构又可包括人口的性别结

---

① T. Parsons., *Social System*, Glencoe: Free Press, 1951: 227.

② 安东尼·吉登斯著：《社会的构成：结构化理论大纲》，李康、李猛译，生活·读书·新知三联书店 1998 年版，第 79—80 页。

构、年龄结构、文化水平结构等；群体结构则可包括亲缘群体结构、职业群体结构、利益群体结构，诸此等。这些结构都是作为社会实体存在的，社会结构也就是所有这些结构的统合。

并且，伴随着中国经济体制改革的不断深化，城市化进程的不断推进，社会流动性的不断增强，以乡镇企业为主体的非农经济异军突起，乡村工业化和城镇化水平得到了迅速发展，这使得传统的城乡二元社会结构正逐步分化，以一批经济实力强、现代化程度较高的"超级村庄"或"城中村"为代表的新二元社会结构正在形成，中国社会结构变化日趋复杂。因此，注重社会结构变量的分析，探讨社会行动者的体育消费活动与社会结构之间的内在关系无疑是一个重要的、框架式的社会学分析，完全符合"传统社会学"和"消费文化学"范式下的相关内容分析，只不过在研究层次上是一个相对较为复杂的系统工程建设研究。

可以说，结构与资本组合的新研究范式一方面用社会结构的理论从个案研究和抽样调查研究入手作为分析中国社会转型时期体育消费的主要框架，另一方面用资本的非经济学范畴作为探讨中国社会转型时期体育消费分化特征的主要解释工具，从而打破了传统研究范式对体育消费问题研究的固化，综合了三种成熟研究范式的特性。这样的组合分析既强调了以个体为单元、以个体线性叠加来分析与反映整体的个体主义方法，又注重了以社会整体为单位，以社会事实来考察个人行为的整体主义方法。最重要的是诠释着布迪厄对于社会结构与资本之间紧密联系的考察，那就是承认资本可以呈现各种各样的形式，是解释分化了的社会结构和动态密不可分的组成部分。

第三章　结构与资本范式下体育消费的相关概念与边界测定

第一节　关于消费的现代定义

一　关于消费的历史演绎

"消费"的一般意义按照现代的理解是指使用商品和享受服务，以满足需要和欲望。但是，如果追本溯源会发现，14世纪，"消费"在英文中写作 consumption，含有鲜明的贬义，带有"用尽"、"耗费"乃至"暴殄天物"之类的意思。直至18世纪，随着商品化逻辑体系的建立，消费逐渐发展为与生产相对的概念，人们的注意力也从"用东西"就是"消费"或"消耗"，转移到更广义的"使用"上来，消费也演化为一个表征现代的中性词，消费社会也随之到来。那么，这种深刻变化是如何发生的，所表征的社会历史意义是什么，带着这样的思考来探究消费内涵的历史演绎过程，有助于透彻理解从消费到消费社会的变迁，也为探寻体育消费的内涵提供广泛的理论依据。

从消费到消费社会大体可以分为四个阶段：第一个阶段是贵族（宫廷宴乐时代）消费。主要表现为封建君主体制下的宫廷内部成员，也就是君王与贵族阶层在宫廷中通宵达旦地举行舞蹈、歌剧、烟火以及庆典等所涉及的消费活动，消费方式讲究奢华与隆重，消费目的是展示权威与社会地位。持有这种观点的西方学者包括 Williams（1982）、McCraken（1988），前者以法国贵族消费为个案，考究了17世纪法国贵族阶层的消费活动，发现国王路易十四不仅自己是一个消费国王，而且引领自己的属下追求奢华的消费。并认为："在现代社会中，贵族阶层是第一批享受自由、无约束的消费阶层。"① 后者以英国贵族消费为个案研究，考究了16世纪英国贵族阶层的消费繁荣，同样发现在位的伊丽莎白女王和地方贵族以追求宫廷仪式性和豪华性消费为主，并借此表达君主统治的合法性与权威性，消费成为一种政治统治的工具。② 第二个阶段是消费社会诞生阶段。主要表现为以享乐主义为核心，不断追逐时尚的各阶层的现代消费活动。持有这种观点的西方学者包括（Eversley，1967；Campbell，1987；McKendrick，Brewer and Plumb，1982 ；Williams，1987），按照英国学者麦肯德里克（McKendrick）的考证，现代消费应该出现于18世纪后期的英国社会，新兴的商业和工业财富加速了社会阶层之间的流动，并伴随着这种"向上"流动的社会倾向加剧，带有竞争、好胜的攀比消费风气开始在英国社会各阶层广泛蔓延，从中产阶层到工人阶级均在模仿社会精英的新颖消费行为，③ 这就意味着"消费社会"的诞生，标志着消费模式的革命，大众消费的开始。④ 至此，消费与生产逐渐成为相互作用的统一体，并随着工业革命的产生而逐步扩大，推动工业资本主义经济迅速发展。正如Porter（1990）提到的："在18世纪的前60年当中，人们发现家用品与身体装饰品更多样了，而他们也买得起，以此而言，一场消费革命随之而起。这类消费品的市场日益成长，不仅包括贵族和乡村士绅，也触及都市中产阶级。正因为如此，像蓝开斯特郡棉花业这样的大型工业生产，才得以在18世纪的最后30年间崛起，这种消费成长确实为18世纪末的大规模生产奠定了基础，进而为19世纪的英国工业资本主义创造了基石。"⑤ 第三个阶段

---

① Rosalind H. Williams. , *Dream World*: *Mass Consumption in Late Nineteenth – Century France*, Berkeley: University of California Press, 1982, pp. 28 – 58.

② McCraken, Grant. , *Culture and Consumption*: *New Approaches to the Symbolic Character of Consumer Good and Activities*, Bloomington: Indiana University Press, 1988, pp. 11 – 15.

③ Miller, Daniel（Ed. ）, *Acknowledging Consumption*, Florence, KY, USA: Routledge, 1995, p. 163.

④ Mc Kendrick, Neil, John and J. H. Plump. , *The Birth of a Consumer Society*: *The Commercialization of Eighteenth – Century England*, Bloomington: Indiana University Press, 1982, p. 3.

⑤ Porter, R. , *English Society in the Eighteenth Century*, 2nd edition, Harmondsworth, penguim, 1990.

是大众消费阶段。进入 19 世纪以后，工业革命使得机器代替手工生产成为现实，商品生产规模扩大化，市场技术化不断加强，从而推动着消费社会的快速发展。这时，传统的贵族式消费模式被打破，以知识与技术性的三种消费模式成为其有力的补充。第一种是大众消费风格。主要表现为由快速发展的商店推动着具有保留传统贵族奢华消费的偏好，但是更加追求新颖性与独特性。第二种是精英消费。主要表现为具有较高美学和艺术价值的独特消费倾向，从而宣扬一种独立于大众之上的新贵族风格。第三种是民主消费。这种消费脱胎于反对自负的中产阶级贵族而出现的装饰艺术运动，主要表现为具有可取的、诚实的和有品格的大众化消费。① 因此，如果用一句话来概括这一时期的消费特点就是"卓越的宫廷贵族消费的终结，独特的社会阶层消费的崛起"。第四个阶段是新社会阶层消费阶段。从 19 世纪末期到 20 世纪 50 年代，伴随着科学技术的进步，资本主义经济的发展，消费社会进入了快速发展时期，出现了以美国社会为主的大量生产与大众消费的福特主义消费。紧接着美国的脚步之后，先是英国，然后是西欧其他国家，都兴起了现代意义的大众消费模式，除了一贫如洗的人之外，所有的人都投入了消费。但是，社会地位表达与声望象征的原始驱动使得社会各阶层在这场消费革命中逐渐分化，一些新阶层人士"在……旅游、新闻界、出版业、电影、时装、广告、装潢和房地产公司的主管和经理中"已成为以信贷、消费和享受为基础的享乐主义消费的中流砥柱。

　　他们借助消费的力量不断地向社会传达着自我改善和自我表达而奋斗的生活方式，于是，这种追求即时体验、主观享乐的消费倾向日益重要，反过来又要求生产转变，使生产的方式速度变得更加灵活。最终，推动着现代意义的大众消费从福特主义时期向后福特主义时期转变。

　　两个时期的消费和生产特点比较如表 3 - 1 所示，福特主义时期的生产与消费比较注重统一性、规范性和规模性。进入后福特主义时期，特别是自 20 世纪 90 年代以来，一些以个性消费为生活风格重心的新团体逐渐扩充到新社会阶层群体的队伍中，这些新团体对消费的选择并不

---

① Rosalind H. Williams, *Dream World: Mass Consumption in Late Nineteenth - Century France*, Berkeley: University of California Press, 1982, p. 110.

仅仅在追寻某种阶层身份的社会符码，而是更倾向于追求刺激与激情，从而通过获得某种稀缺性的快乐来完成团体认同感的社会建构。正如Giddens（1991）所提到的："这些新团体的独特性，并不在于他们的外在特征，诸如年龄、性别、种族或者是职业所决定的社会阶层等变项，而是他们的内在动力。这些内在动力的影响所及的是：团体成员的认同感的社会建构。"①

表 3 - 1　　　　　福特主义与后福特主义的消费特征比较

福特主义	后福特主义
生产	生产
批量生产在经济生活中占据主导地位，实行集中管理和工资浮动制度，国家福利覆盖面广泛。劳动力队伍主要由半技术工人构成，有强烈的团队精神，鲜明的阶层身份体现在工人运动组织和政治机构中	生产日益根据所谓的"弹性的专业化"来组织，即生产的组织形式很灵活，其目的是运用技术和多项技能来生产专业化商品而非大陆货色，而且由于运用了通信和媒体技术，生产机构也分散了。生产在全球范围内扩大了。服务行业变得越来越重要。技术全面的工人处于劳动力结构的核心地位，其外围是半技术和无技术工人。集体组织和集体意识已经淡化，各种社会运动具有重要意义。消费活动是这些新的身份的一个重要方面
商品	商品
同季节的商品有统一的流行样式，因而大多数商品在特定目标市场上没有多大区别，但是总有新的商品不断问世	产品种类丰富，但是由于流行款式的变化以及因为市场分割而形成的商品更加显著的差异，每一种产品的寿命都缩短了
消费	消费
消费本质上是大众化的、统一的和规范的。消费需求由重建日常生活的模式加以规范，例如，通过所谓的节省劳动力商品。消费品的价格不断地提高，但是占主导地位的是生产者而非消费者	消费越来越专业化，形成了个性化消费模式以及混合型的消费模式。消费者更加易变，他们的喜好变化日益频繁而且越来越难以预测。随着个人消费时间与空间的多样化，出现了一种消费的"流动性"

---

① Giddens, A., *Modernity and Self - Identity*: *Self and Society in the Late Modern Age*, Cambridge: Polity Press, 1991.

由此，从消费到消费社会的历史演变进程来看，消费的性质与内涵发生了很大的变化。一方面，不仅"消费"一词不再被定义为"浪费"、"挥霍"，不再被理解为一种经济损失或一种政治、道德价值上的缺失，[①] 而是被融合于现代商品生产逻辑体系下，促进社会大生产，表征现代社会进步的一种社会文化现象；另一方面，消费的内容也从与第一产业相应的单一主类消费品（如食物）扩展到与第二产业相应的技术类消费（如旅游与消费者的资本装备）、与第三产业相应的信息类消费（如信息商品、教育、艺术、文化与闲暇消遣）。[②][③] 于是，由消费内容所体现的复杂性与多样性也决定着高雅文化商品的消费（如艺术、戏剧、哲学）一定与其他更多的平庸文化商品（衣物、食物、饮料、闲暇追求）的持有与消费相关联，这就改变了消费的性质，使其逐渐实现着从实物消费到符号消费的历史性跨越。

不过，这种跨越之后的符号消费并不是消费内涵的终结，而仅能作为现代消费特征的突出表现形式。因为进入大众消费时代后，消费的参与主体从早期的贵族、社会精英阶层逐渐扩展到社会各个阶层，特别是新社会阶层的涌现，使得追求社会地位和自我身份表达的消费"阶层"特征日趋复杂化。人们可以通过消费标志性商品获得上层社会的意义，特别是那些热衷于向上攀爬的新中产阶级、新工人阶级和新富阶层们，更是通过符号消费活动来转换原有的身份，获得既得体又合法的标志。出现这样的局面，对于社会上层来说是一种竞争与挑衅，是他们所不希望的，所以为了重新建立起原来的社会距离，较上层的特殊群体不得不投资于新的（信息化）商品，更加注重掌握信息、获得商品和服务的能力，并把这些能力作为一种日常实践去保存与维持，从而产生高难度的入围障碍和有效地排斥他人的技术。

----

① 王建平：《中国城市中间阶层消费行为》，中国大百科全书出版社 2007 年版，第 54 页。

② 道格拉斯与伊舍伍德在 1980 年出版的《产品世界》中，将消费者的阶级定义为三类商品的消费有关：与第一产业相应的单一主类消费品（如食物）；与第二产业相应的技术类消费（如旅游与消费者的资本装备）；与第三产业相应的信息类消费（如信息商品、教育、艺术、文化与闲暇消遣）。

③ 迈克·费瑟斯通著：《消费文化与后现代主义》，刘精明译，译林出版社 1999 年版。

最终，这种规模的投入愈演愈烈，变得与以往不可同日而语。也就是上层消费者必须终生投资于文化与符号资本，并且为了维持消费活动而投入了比下层多得多的时间，其持续性与强度更是大得惊人。这时，消费的内涵也进一步演绎为有别于实物消费和符号消费的一种具有稀缺性特征的时间消费，在时间消耗和资本投资的过程中，消费的逻辑体系也更多地具有了与地位、名誉、身份等有关的社会区分性，而消费的现代社会意义主要体现为不断完成这些社会区分的建构，参与社会生活的重塑以及人的重塑。

二 关于消费的现代定义

探析消费的历史演绎过程可以发现，消费是作为人类的一种根源性的生活过程与人类的产生相伴出现并贯彻始终的。从历史的角度看，消费具有蕴含诸多层面的复杂意义。

第一，虽然不同时代存在着不同的消费形式，但消费的商品性与物质性应该是消费的具体体现形式，也就是说商品和物质消费是贯穿人类历史始终的基本消费形式。正如，《大不列颠百科全书》卷4的定义是"指物品和劳务的最终消费"；在现代汉语中"消费"为"人们消耗物质资料以满足物质和文化生活需要的过程"等。

第二，消费是一种乐趣。正如堤清二所言："消费成为维持人的生命、使劳动力得以发挥作用所必需的补给性行为，是产业社会出现以后的事。而在那之前，消费本身是一种乐趣，除此之外，它还是部落之间、人与人之间互致礼仪和实现交往的行为。……产业社会是将人的特征限定为'生产'，将生产置于优先地位并为此而构想消费的社会。产业社会的发展使生产与消费的关系发生了180°的转变。从那时候起，产生了区别有用消费与浪费的思想，有用消费不知不觉地认为是对资本有用的消费，而作为人类生活过程的消费则不得不隐藏起来"。[①] 在这里，尽管消费的商品性与物质性在现代的商业化逻辑体系中通过资本的驱动得到进一步的巩固与发展，但是，消费在外延上要远远大于物质消费、商品消费，应该说消费在本意上是与功利追求完全相反的，是对生命的充溢与喜悦的直接追求，是人们追求作为个性生活过程的多样性。

---

① 堤清二著：《消费社会批判》，朱绍文等译，经济科学出版社1998年版。

第三，消费正成为一种符号化的消费。伴随着现代社会转型，单纯的商品与物质消费已经不能完整地体现出消费的现代内涵，因为消费社会的存在使得阶层之间的身份、地位的区分变得日趋模糊，原有的物质与商品消费已经不能作为区分的标志与标识，于是，消费的内涵进一步转变，物的功能性获得极致的解放，符号消费逐渐成为新时代的代言人。正如尚·布希亚在《物体系》中对"消费"的定义："它们只是一种事先的必要条件。消费并不是一种物质性的实践，也不是'丰产'的现象学，它的定义，不在于我们所消化的食物、不在于我们身上穿的衣服、不在于我们使用的汽车，也不在于影像和信息的口腔或视觉实质，而是在于，把所有以上这些元素组织为有表达意义功能的实质；它是一个虚拟的全体，其中所有的物品和信息，由这时开始，构成了一个多少逻辑一致的论述。如果消费这个字眼要有意义，那么它便是一种符号的系统化操控活动"。①

第四，现代消费正成为一种具有稀缺性特征的时间消费。伴随着现代科学技术的发展、社会生产力的高度发达，人、金钱、时间和技术逐渐成为一个集合体，人们越来越依赖于技术的力量，不得不屈从于技术的快速发展所带来的大量信息与知识的更迭以及由此所带来的工作时间的相对延长、休闲时间的相对减少。正如丹尼尔·贝尔提到的："尽管传统形式的物质短缺，如吃、住等社会绝大多数成员已不复存在，但人们面临新的形式的短缺，这种新出现的需要付出的成本以及因此而导致的短缺包括信息成本、社会协调和时间成本。尤其是时间，对于那些以前所未有的消费和体验生活的人来说，这是种根本的短缺。"鲍德里亚《消费社会》中也提道："在消费社会现实或幻想的大量财富中，时间占据着一种优先的地位。假期的自由时间依然是度假者的私人财产，是他通过一年的汗水赚取并拥有的一件物品、一件财富，他就像享受其他物品一样享受它——他不会放弃它，把它给予、贡献（就像人们把物品放进礼品袋那样），而要将它用于一种完全的无拘无束、用于意味着真

---

① 尚·布希亚著：《物体系》，林志明译，上海人民出版社 2001 年版，第 223 页。

正自由的时间之缺席。"① 在这里，鲍德里亚所提到的自由时间之缺席
实际上就是一种时间"稀缺性"的暗示，而且这种缺席在现代社会中
更为明显。如表3－2所示，高度生产力发达的社会使得人们的休闲
时间相对减少，工作时间不断增加，面临着更大的时间压力。因此，
现代的消费方式主要以瞬时消费为主，较长时间的消费内容需要一定
的规划与时间安排才能实施，时间变成了一种具有稀缺性的商品。

表3－2   不同财富与不同生产力发展水平下的时间、休闲比较

变量	时间剩余	时间充裕	时间短缺
财富	贫穷的国家	发展中的国家	发达国家
生产力	低生产力	中等生产力	高生产力
时间	自由时间富裕	有一定的自由时间	自由时间短缺
工作	重视年老的经验 低工作效率 不完全依靠机器或技术的力量 没有利用的时间较多 没有时间的压力		年老的经验被认为没用 高工作效率 高度依赖于技术 所有的时间都在利用 不间断地轮班工作 时间压力引发疾病
休闲	节假日比较多 更多的时间分配集中在饮食或准备饮食以及消费 流行的娱乐活动占据的大量的时间 自发、自愿性的时间比较多 与机械设备相关的消费较少		节假日较少 饮食的时间较短 流行的娱乐活动占据的时间较少 自发性的时间不多，需要提前计划与安排 瞬时消费较多

① 鲍德里亚著：《消费社会》，刘成富、全志钢译，南京大学出版社 2008 年版，第
146—150 页。

第二节　体育消费的概念体系

一　体育消费的属性

在普遍认识上，属性是事物本身所固有的、特有的性质，也就是事物本身质的表现。在哲学上，属性则强调了这种特有的性质与事物之间的联系，也就是事物与其他事物之间发生关系所表现出来的质。同样地，在逻辑学上，属性也是强调了事物之间的关系。因此，只有探明事物与事物之间的关系形成一种比较认识才能准确把握事物的属性。对于体育消费而言，主要涉及体育商品与人的关系、体育商品与其他商品的关系、体育商品与经济、社会以及文化等几种关系，根据这些关系的不同可以将其划分为主体属性、客体属性、经济属性、社会属性、文化属性与符号属性。

1. 主体属性

体育消费的"主体属性"是与体育消费者的选择和体验相联系的，主要包括体育消费观念和体育消费心理。体育消费心理是指体育消费者在购买和使用体育商品过程中的主观心理活动。在这个心理活动过程中既蕴含消费者的动机、态度、信仰、想象和决策等认知过程，又包括消费者的某种心理体验，如快乐和满足（或是相反，痛苦、不满和挫折）等。对于体育消费观念来说，从时代变迁的角度上来看，体育消费观念可以分为现代消费观念和传统消费观念。传统消费观念是以理性消费为主导，宣扬着"节俭"的思想。也就是说，体育消费者会在最大范围内获取体育商品的信息，然后根据自身收入水平以最低的价格来获得最大效用的商品及商品组合。比如"精打细算"、"量入为出"、"货比三家"、"勤俭持家"、"无债一身轻"等日常用语都是这种观念最深刻的体现。与之不同，现代消费观念则是以感性消费为主导，甚至有在宣扬着一种"炫耀性"的思想，也就是说消费者为了增进自己的荣誉，往往会选择从事奢侈的、非必要的事物的消费。在此观念的影响下体育消费者在选择商品时往往会以"是否喜欢"、"是否时尚"、"是否愉悦"为首要考虑因素，不会考虑商品的实用性与连续性，其目的是宣扬个性，表现个人独特的阶级品位和生活风格。

2. 客体属性

体育消费的客体属性指的是体育商品的使用价值发挥作用的过程，即体育商品在满足人的需要过程中的自然磨损、损耗或消耗。这种自然属性既反映商品的物理寿命，又反映其社会寿命，讲究以最大效用来满足人们的功能需要。比如有生存性功能（运动服装、饮料等）的需要，也有享受性功能（各种球类运动娱乐活动、健身娱乐器材、电子娱乐游戏产品等）的需要。但是，由于受到产品的"生命周期"的影响，市场机制的作用，一批性能更好、价格便宜或者更合乎社会潮流的体育用品会逐渐取代原有"陈旧的"、"性能差"的产品，进入新的"生命周期"。在这个循环过程中，人们的消费品位也逐渐从"趋同"走向"迥异"，同时，也正是由于体育消费者需求的变化使商品"更新换代"的速度加快，极大地缩短着体育商品的"社会"寿命。在新经济时代，体育商品的市场生命周期，更多地表现为由体育消费者的消费观念和消费心理所反映的大众体育文化需求所决定的。归根结底，体育消费者决定了体育产品的命运。

3. 经济属性

体育消费的经济属性主要表现为生产性、商品性、市场性三个方面。因为，一个经济活动是一个完整的再生产过程，包括生产、流通、分配和消费四个环节。生产与消费是一个过程的两个方面和两个因素，生产与消费既是"直接同一"，又是"直接两立"。其内容包括：①生产直接是消费，消费直接是生产的直接同一性。②生产与消费互为媒介，相互依存。"没有生产就没有消费；没有消费就没有生产"。③生产与消费互相创造对方，"把自己当作对方创造出来"。① 所以，体育消费作为人类消费活动的重要组成部分，理应体现为消费的基本经济属性——"生产性"。而体育消费的商品性、市场性则表现为通过体育商品销售在市场机制的作用下推动体育用品进入消费领域，最终实现商品价值与使用价值的统一。应该说，供体育消费的市场销售才是最终销售，才最具有决定性意义。来自英国家庭每年消费支出调查显示：

---

① 《马克思恩格斯选集》第二卷，人民出版社 1995 年版，第 93—96 页。

2000—2001 年以来，以体育和野外生存设备为主的体育商品销售大约为 52 亿英镑，体育比赛门票和会员费为 43 亿英镑。另外，随着健身消费日趋成为主流，一些私营公司如 Cannons、David Lloyd、Fitness First、Holmes Place、LA Fitness 和 New Generation 大力开拓健身消费市场，推动体育用品消费持续升级，2002 年，体育商品销售为 57. 06 亿英镑。①在这里，体育消费市场的启动和扩大，使体育商品销售不断兴旺；反之，体育商品的"日趋兴旺"又促使体育消费市场日益繁荣和不断开拓，这样，体育商品生产市场也随之进一步扩大化、规模化。

4. 社会属性

体育消费的社会属性主要体现为体育消费主体、体育消费观念、体育消费行为、体育消费供给的社会性。一是体育消费的主体是人，依据所承担的社会角色可以表征为运动员、学生、教师、工人、农民、私营企业家、公务员、国家干部等。这些不同人群体现着不同社会关系，这些社会关系决定着体育消费的社会性，反映着社会不同阶级、阶层、集团之间及其内部不同家庭之间、不同消费个体之间在体育消费领域所处的地位和相互关系。二是体育消费观念的社会性也反映着特定的社会关系和价值体系。不同的社会条件和文化背景下其体育消费观念也会有所不同。比如，随着社会转型从生产社会向消费社会转变，消费观念开始出现从"理性消遣"②为核心的传统体育消费观到"宣扬自我"③为核心的现代体育消费观的转变。三是体育消费行为的社会性表现为追逐时尚和流行，具有社会示范效应。比如，加入高尔夫俱乐部的社会上层群体，用其昂贵的时尚特点来同其他群体区别和隔离开来，成为社会示范的"中心"。中间层为渴望进入社会上层，获得上层群体的认同，就会不断地模仿他们的体育消费时尚，从而时尚的流行就变成了一种必然。

---

① John Horne, *Sport in Consumer Culture*, New York, N. Y. : Palgrave Macmillan, 2006, p. 26.

② 理性消遣倡导人们去积极参加有益于身体健康的活动，力求通过体育运动的规则和秩序，对健身和体能要求的偏重，来表征富含竞争意义和团队精神，是维多利亚时代中产阶级所信奉的价值观。

③ 宣扬自我倡导人们积极参加一些具有冒险性、刺激性、挑战性的极限体育运动，来表现自我，突出自我的存在意义，是后现代消费主义的价值观。

四是体育消费供给的社会性是指体育消费者需要通过交换或某种社会关系来获取消费资料，主要表现为市场（交换）、国家（公共体育设施）、社区（非营利性的组织体育活动的工作）、家庭等提供社会性供给的消费资源。

5. 文化属性

在许多场合，消费本质上就是一种文化，即消费文化。体育消费文化属性主要表现为体育参与过程中的消费文化，体育商品消费文化。体育参与过程中的消费文化是以一个民族、一个群体或一个区域的独特的体育文化为支撑，是由其具体的、真实的各种体育活动和消费活动体现出来的。比如我国苗族5月25日的"龙舟节"。节日期间既有比赛选手在江上游弋，又有各村寨男女老少云集施洞，或观龙舟赛，或吹芦笙，或踩鼓，或对歌，可谓规模空前、气势庞大的体育文化盛会。不仅如此，在这场体育文化活动中又有"礼俗式"消费文化活动贯穿始终，比如，以氏族为单位在制作龙舟过程中，需要备公鸡、雄鸭各一只，刀头肉一块，青布一匹，丝线一绺，生麻一把，酒壶及香、纸等物以祭山神土地。比赛时，亲友们又要燃放鞭炮、送礼物接龙。赛后，各村寨以酒肉、香纸等祭龙神后，才能各自拉船上岸。这种礼俗化的消费活动和体育活动合二为一，使得体育消费文化具有更深层次的内涵。与之不同，体育商品的文化属性是通过融合于现代传媒广告之中，以"符号"的形式表现出来的，体现了一定的现代文化内涵，具有一定的表现和传播功能。比如：耐克通过以just do it为主题的系列广告和篮球明星乔丹的明星效应，迅速成为体育用品的第一品牌，而这句广告语正符合青少年一代的心态，要做就做，只要与众不同，只要行动起来。

6. 符号属性

体育消费的符号属性主要是体育运动自身所表现的符号功能和体育用品的符号功能两种形式所体现出来的。体育运动自身所表现的"符号"功能表达着身体文化的特性。"生命在于运动"，而运动的载体就是我们的身体。因此，任何体育运动都表达着一种"身体文化"。古罗马希腊时代的"望楼上的阿波罗"、"拉奥孔"等艺术珍品都是"身体文化"的表现符号。那些完美动人的形体，表达着"健与美"的结合，表现了人体自身的崇高和伟大，宣扬着古代奥运时期"民主"、"自由"、"平等"的理念。与之不同，体育用品的"符号"功能不仅体现着商品的独特性和象征性，也体现着商品所表征的运动项目的差异性和象征性。商品的独特性符号，即通过设计造型、口号、品牌和形象等显示与其他商品的不同和独特性。[①] 如耐克的"对钩"标志，阿迪达斯的三条杠标志等，前者更突出自我，后者强调团队体育精神。体育运动项目的差异性也进一步构建体育用品的独特性。不同的运动项目都有其配套的体育器材。比如网球运动的球拍、羽毛球运动的球拍、高尔夫运动的球杆等都表现出很大的不同。体育用品及其所表征的运动项目的"符号象征性"代表着社会地位、身份和品位。体育消费者对体育用品的消费，不但是个人的物理消费过程，也是对商品符号的文化"意义"进行消费的过程，并最终来创造"他们是谁"的意义，进而逐渐形成表达自己属于哪个阶层的社会认同和社会区分的消费品位和生活风格。正如 Paul Hoch（1972）在 *Rip off the Big Game* 提到的，在资本主义政治经济时代，生产模式被一些"权力精英"所控制，体育成为阶级压迫和剥削的方式。高尔夫、网球、马球和游艇是这些"权力精英"的娱乐项目，并通过这些体育活动来教化自己的后代，培养和锻炼他们具有能够统治社会的能力。但是，像棒球、足球和橄榄球等团队体育项目被这些"权力精英"大力推广到工人阶级中去，进而培养他们适应生产扩大化的行为模式，转移潜在的革命能量。[②]

可以说，一切经济、社会和文化活动都是围绕着主体或者说是人的实践与认识活动而展开的，也就是说，人在一切实践与认识活动中都处于主导与支配地位。但是，这种地位的获得必须通过相应的客体反映才能得到体现。很难想象如果没有体育产品与服务客体的存在，怎么会有体育消费者的实践活动，当然，如果没有消费者的体育运动需求，也不会有体育产品与服务客体的存在，所以说，主体与客体是在实践过程中密不可分的一个整体。而凸显体育消费者主体地位的主体和客体属性就是体育消费最基本的属性。围绕着这个基本属性或者说是核心属性，还

---

① 青木贞茂：《商品符号学》，载星野克美等著《符号社会的消费》（第二篇），黄恒正译，远流出版社 1988 年版，第 59—105 页。

② Paul Hoch.，*Rip off the Big Game：The Exploitation of Sports by the Power Elite*，Gardea City，N. Y.：Anchor Books，1972.

会演绎出不同主体之间、不同客体之间的经济、社会以及文化关系，比如不同社会阶层、城市与农村居民以及不同少数民族族群等不同主体在选择、购买与使用诸如体育用品、体育健身、体育旅游以及体育竞赛表演等不同体育产品与服务过程中所产生的一些千差万别的变化，这些变化不是无序的、没有任何规律可循的，而是表现为一种集经济、社会和文化属性于一体的、多元网络系统结构特征。可以说，通过这些属性之间的相互依存与相互影响，最终反映着体育消费作为一种综合的社会现象，作为一种集各种不同性质和功能活动于一体的集成或整体化过程。

二 体育消费的概念

综合于体育消费的多元属性分析，广义的体育消费是指消费者在选择、购买、使用和处理体育产品与服务过程中所引起的一切现象和关系的总和。前半部分是定义的外延，后半部分是定义的内涵，也就是说，无论是作为买方的消费者，还是作为提供体育产品与服务的卖方——经营组织机构都是为保证一系列现象和关系的发生和运行而提供相应的各自行为。狭义的体育消费是指消费者选择、购买、使用和处理体育产品与服务的一种决策过程和身体活动；还可以是指消费者选择、购买、使用和处理体育产品与服务的一种经济现象和身体活动；还可以是指消费者选择、购买、使用和处理体育产品与服务的一种社会现象和身体活动；还可以是指消费者选择、购买、使用和处理体育产品与服务的一种文化现象和身体活动。在这里，前两种关于体育消费狭义的定义更多的是体育消费的经济属性与主观属性的直接体现，在特征属于涉及经济和心理学的体育消费者行为研究，主要包括研究当体育消费者面对体育产品的刺激时，所呈现出来的动机、信息处理、学习、情感、态度和个性因素等心理活动过程；认识问题、搜寻信息、评价方案、购买行为的决策过程以及购买后使用过程中消费者的行为反应过程。后两种关于体育消费狭义的定义更多的是体育消费的社会属性与文化属性的直接体现，在特征属于不同于体育消费者行为研究的另一种概念体系，需要进一步进行概念体系的区分。这里的概念体系是指由一组相关概念构成的一个有机体系。比如在体育消费者行为的概念体系中就包含有体育消费者、体育消费者动机、体育消费者态度以及体育消费者决策等。当然，相关概念之间的关系越复杂，其概念体系的边界也就越大。

如图 3 - 1 所示，由横向的箭头所指方向的流程就是体育消费者行为研究，它反映了体育消费者在体育产品刺激下而出现的一种心理和行为过程。在这个过程中，体育消费者的动机、态度、情感、个性及其认知能力（体育产品信息处理的能力）等内部心理因素作为核心要素与不同体育产品的刺激特征联系在一起不仅共同决定着体育消费者购买或购买后行为的发生，也决定着体育消费者的类型。并且，在这些类型之中已经蕴含着体育消费者行为的发生。如 Mullin 等（1993）的研究就是在此概念体系下，将体育消费者分为七种类型：一是重度消费者，包括季票持有者、俱乐部成员和合约持有者；二是中度消费者，包括半赛季票持有者、单场重要比赛场次或大型体育赛事门票的购买者以及仅购买一个赛季票的持有者；三是轻度消费者，包括偶尔的单场比赛门票购买者；四是非重复性消费者，指的是在过去一年内消费过某一体育产品后不再重复此消费的消费者；五是媒体消费者，是指消费者不去现场而是借助新闻媒体来观摩和关注直播的体育赛事；六是无意识的消费者，是指消费者没有意识到体育产品的效用；七是无感兴趣消费者，是指消

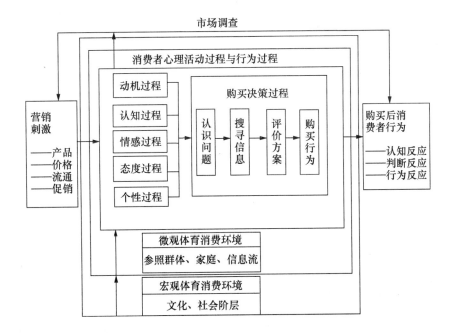

图 3－1 体育消费实践活动的概念构成

费者意识到体育产品的类别和效用但缺少尝试的机会。①

与之不同的是，由纵向箭头所指方向的流程就是作为一种活动过程的体育消费研究，它反映了体育消费者在宏观与微观体育消费环境影响下进行体育消费的活动过程。应该说，作为"行为"过程的体育消费和作为"活动"过程的体育消费之间有着本质的区别，一方面是它们所反映的体育消费的属性差异不同，但更重要的是"行为"过程与"活动"过程本身存在着较大差异。前者是人的身体的物理过程之统称，后者则是与主体意识分不开的，它不仅仅是行为，而且是由价值判断所产生的行为。比如人们在选择进行体育消费活动时，往往可能会考虑到自己的家庭、自己属于哪个阶层才开始具体执行。因此，从整个体育消费的概念体系来看，作为一种活动过程的体育消费既包括体育消费者行为过程，又包括体育消费环境的嵌入，宏观与微观的有机结合并协调体育产品一起构成了一个体育消费实践活动体系。在这里，之所以做这样的区分，其目的在于构建体育消费的概念体系之余，用于强调体育消费不应该只是片面地理解为一种作为行为过程的体育消费，而是要考虑到作为一种活动过程的体育消费，也就是要研究体育消费的实践活动过程，包括作为一种经济活动、一种社会活动、一种文化活动的体育消费，这样的话，其边界较之前者就更宽泛，研究的内容也就更为丰富。

第三节　体育消费的边界测定

一　体育消费的层级性边界

如果要客观、真实地反映出体育消费的边界就需要对体育消费进行科学的分类。② 分类标准不同，边界的划分也就不同。如果划分的标准是根据分类的穷尽性、排他性、层级性原则对体育消费的各个子项进行详细的层级划分，这类边界就可以称为层级性边界划分；如果按照反映

---

① Mullin. B. J. , Hardy. S & Sutton, *W. A. Sport Marketing*, Champaign, IL: Human Kinetics, 1993: 53 –56.

② 仇军：《中国体育人口的理论探索与实证研究》，北京体育大学出版社 2002 年版，第39 页。

社会结构特征的不同地域、范围、组织规模来划分标准，那么这类边界就称为结构性边界。相对而言，层级性边界划分比较复杂，不仅要对某一概念的各个子项之间的关系进行科学分析，而且还要注意各个子项与其母项之间的关系。比如，如果把消费分为体育消费、休闲消费、竞技体育消费、学校体育消费、大众体育消费就混淆了不同子项的层次。体育消费与休闲消费的层次要高一些，是可以作为一个母项的，而其他的则可以作为一个子项。另外，如果把体育消费划分为城镇体育消费、农村体育消费、竞技体育消费、学校体育消费、大众体育消费等就跨越了好几个层次，混淆了子项与母项之间的关系。在这里，大众体育消费其实是包含城镇体育消费与农村体育消费两个子项，不应该有并列关系。

根据这一原则，作为一种行为过程的体育消费的边界划分可以按照不同体育产品的功能与性质为分类标准，将体育消费划分为：一是竞技体育类。消费者的行为方式是提高运动技术，挖掘人体潜能，创造优异的运动成绩。二是休闲体育类。消费者的行为方式是消遣娱乐，修养身心。三是医疗体育类。消费者的行为方式是治疗伤病，恢复人体正常的机能。四是矫正体育类。消费者的行为方式是塑身塑体、保持身体各部分协调及体态优美。五是军事体育类。消费者的行为方式是强身健体、保卫祖国。

与之不同，作为一种活动过程的体育消费的边界虽然也可以想当然地划分为竞技体育消费、休闲体育消费、医疗体育消费、矫正体育消费、军事体育消费，但只简单地考虑其经济性与功能性是不够的，还要考虑到体育消费的社会属性与文化属性。如果基于社会属性的考虑，体育消费的边界可以划分为富裕阶层、中产阶层、社会底层三类体育消费活动；如果基于文化属性的考虑，体育消费的边界可以划分为民俗类体育消费、民族类体育消费以及时尚类体育消费等。如果要综合体育消费的多重属性来分析作为一种活动过程的体育消费的边界，还必须进一步分析作为母项的消费、休闲消费与作为子项体育消费的关系，毕竟由母项消费所反映的商品性与物质性等经济属性和由母项休闲消费所反映的符号性等社会文化属性都在体育消费过程中有着直接的体现。另外，考虑到体育参与与体育消费的特殊复杂关系，即在历史上，体育参与就是一个比较复杂的社会问题①，特别是工业社会前期的"体育参与"是一个较为宽泛的概念，是在劳动和休息时间没有规律和明确划分的条件下对宗教仪式、竞技娱乐、竞赛等与身体参与有关的各种活动过程的表达。②那时，体育参与的时间、地点与场所、具体内容和形式则完全受制于社会等级制度的约束。正如 John Horne（1999）提到的1860年以前的体育实践活动并没有涉及系统的、制度化的经济关系。③但是，伴随着工业社会民主制度的确立，科学技术的不断发展，商品化社会逻辑体系的建立，资本逐渐具有了超越制度约束的话语权。这样的转变使得原有的主导体育参与的等级制度化约束力不断减弱，人们可以在传统节日之外自由地选择大量有组织的体育休闲娱乐活动和消遣形式，并且，随着体育商业化的不断发展，各类体育产品和体育休闲娱乐活动日趋复杂化和多样化，这时"体育参与"这一概念已经不能涵盖不断涌现的、新颖的各类体育内容，于是，体育消费成为超越体育参与的概念来表征现代社会特征的核心词汇，而体育参与则逐渐成为体育消费的内隐特征，最终体育消费的内涵与外延获得了扩展。当然，由体育参与所表现出来的特殊性也决定着体育参与与体育消费的关系，即通过"体育"内涵中表达的"身体的参与性"，也就是以身体活动为形式，追求身心健康为目的的活动参与过程。这一参与过程也是在体育消费活动中实实在在发生的，所以，进一步分析同时作为子项的体育参与与体育消费的关系也是至关重要的。应该说，作为一种活动过程的体育消费的边界划分更复杂，内容也更丰富。

二　体育消费的结构性边界

与层级性边界划分不同，如果按照反映社会结构特征的不同地域、范围、组织规模来划分标准，那么这类边界就称为结构性边界。如图3-2所示，体育消费的分类可以分为城镇体育消费、乡村体育消费两类，这两类的子项又分别包括学校体育消费、家庭体育消费、社区体

① Kremer, John M., *Young People's Involvement in Sport*, New York: Routledge, 1997: 91.
② 乔治·维加雷洛：《从古老的游戏到体育表演——一个神话的诞生》，乔咪加译，中国人民大学出版社2006年版，第8页。
③ John Horne, *Understanding Sport: An Introduction to the Sociological and Cultural Analysis of Sport*, Taylor & Francis, 1999: 259.

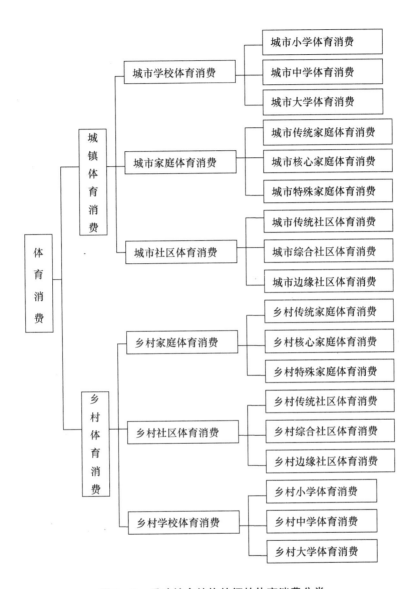

图 3 - 2　反映社会结构特征的体育消费分类

育消费三个递减层级的子项，这三个子项因为城镇二元结构的不同，可以考虑继续分为城市与乡村学校体育消费、城市与乡村家庭体育消费、城市与乡村社区体育消费六个递减层级子项。而家庭体育消费这一子项又可以根据家庭成员的规模依次递减为传统家庭体育消费、核心家庭体育消费和特殊家庭体育消费三个子项；学校体育消费这一子项也可以根据学校的级别与规模递减为小学体育消费、中学体育消费、大学体育消费三个子项；社区体育消费这一子项也可以递减为传统社区体育消费、综合社区体育消费与边缘社区体育消费。最终，以此类推，逐级反映整个构架。

在这里，体育消费的边界界定与划分是为了揭示体育消费的外延，是把一个属概念分成若干个种概念，以便更好地认识该事物的本质属性与特征，但是在界定的过程中要取决于划分的标准是什么，分类标准的差异使得事物的边界可大可小，界定起来就比较困难。但是，从普遍意义或适用性来讲的话，体育消费的层级性边界适用性较好，也比较好测定其母项与子项之间的逻辑关系。当然，结构性边界也为体育消费指明了结构性特征，适合于从社会各阶层视角展开相应的研究。

最终，结合于层级性边界与结构性边界的划分，普通意义上理解的体育消费边界主要涉及探讨在全民健身计划指导下社会各阶层在闲暇时间内参与体育活动的大众体育消费，而不是涉及为实现奥运金牌争光计划的竞技体育消费、保家卫国的军事体育消费以及满足特殊群体需求的体育消费。

三 体育消费的边界测定

边界的划分只是明确了体育消费的外延，但是要对其进行测定，研究体育消费的实践过程仍然需要做进一步的分析。分析的原则依然要以厘清母项与子项之间的逻辑关系为基本展开。以普通意义上理解的体育消费边界也就是大众体育消费为例，要研究大众是如何选择体育产品与服务，如何在闲暇时间进行体育消费活动，就需要从体育消费与消费、体育消费与体育参与、体育消费与休闲消费三方面入手分析。

根据体育消费与消费之间的内在逻辑关系，体育消费的商品性与物质性是首先应该考虑测定的内容。在一个商品化的时代，人们对商品的消费都必须以购买为前提，无论是个人的购买或集体的购买，还是直接进行的购买或间接进行的购买等，这些可以说是消费启动的前奏，是体育消费商品性与物质性的直接体现。在购买行为发生之前，人们首先对自己现有的或者是未来预期的经济资本存量进行评估，然后根据评估的结果对消费商品的费用、成本做出预算，选择合适的物质商品，并通过货币支出的形式来完成对商品的购买，或者更进一步的说法是对此商品的初步占有，因为只有占有，拥有物品的所有权，才能够进一步实施对物品的使用、消耗和享用。而相对于其他生活必需商品而言，体育消费是人们在基本生存需要得到满足之后产生出来的渴望得到生活享受和全面发展的需要，是人类消费需要的高级形态，因此，如果没有一定的经济资本存量作为驱动的源泉，就更难以实现了。当然，仅有足够的经济资本存量，没有货币作为贮藏手段体现出经济资本存量的大小，作为支付媒介体现出体育商品的价值、促进体育商品的流通，体育消费也难以继续，只是一纸空谈。所以，经济资本驱动、货币支出应该是体育消费实现的基本前提，支出与否以及具体支出的数量大小就是反映体育消费所蕴含其商品性与物质性多少的测定标准。

根据体育消费与体育参与之间的内在逻辑关系，体育参与的时间性与身体参与性应该是第二部分所要考虑测定的内容。在当代的商品社会中，商品化的逻辑渗透到了社会生活的方方面面，一切都被纳入到了社会生产—消费的大系统中，体育消费作为人类消费的高级表现形态同样也无可选择地作为社会生产—消费系统的一部分存在，主要表现为一定的实物型体育消费资料，包括各种体育用品（运动服装、体育器械、运动饮料等）、体育信息（有关运动方面的书籍、报纸、杂志、网络、电子游戏等）、体育消费标识（运动纪念品、门票、健身 VIP 卡以及各种体育消费凭证等）以及其他涉及体育运动的非实物型体育消费资料（教育、培训等）。这些物质的或非物质的体育商品通过买和卖的流通过程后成为消费者的私有财产，如何使用和什么时候使用都完全由消费者来决定。但是，如果消费者一直将这些体育商品束之高阁，不再进行下一步的使用，那么人与物两者之间的消费关系就会发生断裂，体育商品就不能实现其真正的使用价值，就不能全部转化为消费者生命的一部分。这样的体育消费活动也只能称得上是一种名义的体育消费，消费者在消费过程中并没有对体育商品进行真实的占有。如图 3-3 所示，实物型体育消费资料和非实物型体育消费资料的虚线指向代表着名义的体育消费，这样的体育消费只是实现着商品的交换价值，意味着购买行为的发生，也就是只代表了消费主体与购买的体育产品和服务建立了初步的联系，并不代表着消费者会持续地使用或参与到这些体育产品与服务背后的某种特定体育活动之中。毕竟，要想持续参与其中，就必然涉及一定的时间消耗与身体参与。身体参与很好理解，贯穿于整个活动的始终不用特别讨论，最重要的是消费者的时间消耗，往往会受制于消费者的自由闲暇时间的安排，甚至表现为一种时间的稀缺性特征。正如丹尼尔·贝尔提到的："尽管传统形式的物质短缺，如吃、住等社会绝大多数成员已不复存在，但人们面临新的形式的短缺，这种新出现的需要付出的成本以及因此而导致的短缺包括信息成本、社会协调和时间成本。尤其是时间，对于那些以前所未有的消费和体验生活的人来说，这是种根本的短缺。"[1] 这里的时间应该是当尽完所有的应尽义务之后可自由选择和随意支配的时间，也就是扣除工作和处理生活杂务必需时间之后的剩余时间。[2] 可以想象到自由闲暇时间越充裕的消费者，其体育参与的次数就会有越多的保证，享受到的体育商品所带来的娱乐、健身、社会交往、情感交流等功能效用就越高，这时，体育消费才能在体育参与的推动下从名义体育消费向着实质体育消费转变。所以，在这里，体育参与的测定可以用每周或每月参加体育活动的时间来进行计算。

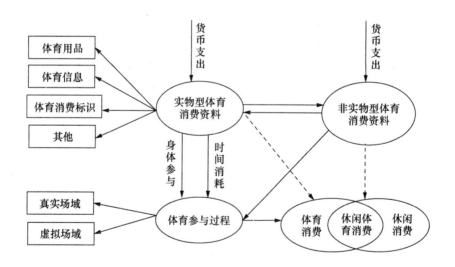

图3-3 体育消费的操作性定义

① Bell, D., "The end of scarcity", *Saturday Review of the Society*, 1973 (5): 49-52.

② Kelly, J. R., *Leisure* (3rd), Needham Heights, MA: A Simon Schuster Company, 1996: 357.

根据体育消费与休闲消费之间的内在逻辑关系，相对于休闲消费而言，体育消费在参与强度或投入状态上要更明显[1][2]、更正式一些，有一定的区分性，不过两者之间在活动内容上也是有重叠的，那就是休闲体育消费。正如法国学者罗歇·苏所认为的，"休闲体育是介于散步的简单放松和传统意义上的体育之间的中间阶段，它具有一些区别于严格意义上的体育特性，既不是以通过比赛追求成绩，也不要求有规律的强烈训练，而是通过非正式的、自发的体育活动，追求身体放松和舒服。"[3] 所以，测定的体育消费活动内容需要涵盖体育、休闲体育、休闲三方面的内容。

最后，综合对体育消费的相关概念及其边界问题的研究，笔者认为，作为一种活动过程的体育消费，经济资本驱动、货币支出是其实现的前提条件，反映了体育消费的商品或物质特性；体育参与是其实现的核心表达，反映了体育消费的效用实现特性；休闲消费则是其实现的边界表达，反映了体育消费的内容特性。当把这些特性统合在一起来分析，可以发现体育消费是一种"过程性"的概念，也就是说，它的整个发生过程至少要涉及三个层面：一是名义体育消费，指的是通过一定的货币支出购买所得的实物型和非实物型体育消费资料的消费实践过程；二是实质体育消费，指的是消费主体在体育参与过程中通过一定的身体参与和时间消耗促使不同体育消费资料获得功能性解放，满足主体需求的消费实践过程；三是体育消费表现为从名义体育消费到实质体育消费的转变过程。

---

① 约翰·凯利：《走向自由——休闲社会学新论》，云南人民出版社 2000 年版，第 36 页。

② Gunter, B. G., and Nancy E. Gunter, "Leisure Styles: A Conceptual Framework for Modern Leisure", *Sociological Quarterly*, 1980 (21): 361–374.

③ 罗歇·苏著：《休闲》，姜依群译，商务印书馆 1996 年版，第 62—81 页。

第四章 结构与资本范式下体育 消费的结构要素与 生长过程

第一节 体育消费的结构要素

一 体育消费行为

在《消费经济辞典》中，"消费"和"消费行为"有着不同的定义。"消费是人们通过对各种劳动产品的使用和消耗，满足自己需要的行为和过程"。"消费行为"指消费者从购买到消耗消费品的全过程中的内心活动和举止行为，包括需求动机的形成、购前准备、购买决策、购买行为、与消费对象（商品和劳务）的占有和使用的消费效果等一系列行为过程。[①] 而来自西方学者的观点：D. 劳登和 A. 比塔在其合著的《消费者行为——概念和应用》（英文第二版，1984 年）一书中把消费者行为定义为："人们从事于评定、获得、使用和处理产品和服务的一种决策过程和身体活动。"维亚斯（1983）在其《消费者行为过程构成和销售人员》一书中认为，消费者行为是人类行为的重要组成部分，"它的定义可以分为三方面，即人们：（1）取得和使用产品和服务的活动；（2）在决定采取这些活动前的决策过程；（3）从这些活动过程中所取得的持续而有影响的经验"。W. A. 伍兹（1989）在《消费者行为》（英文第七版）一书中定义为："人们在获得他们所用的东西时所进行的活动，这些活动如选购、比较、购买和使用产品和服务。"James

---

① 林白鹏、藏旭恒：《消费经济辞典》，经济科学出版社 2000 年版，第 125—138 页。

U. Mcneal（2007）把消费者行为简单定义为："人们对商品进行购买前、购买、购买后的活动。"[①] Bagozzi，Richard P.、Zynep Gurhan - Canli 和 Priester，Joseph R.（2002）把消费者行为定义为："人们从事获得、使用、处理产品（比如轿车）、服务（比如专业洗衣店）、信仰（定期的膜拜）、自我实践（定期的自我身体检查）等所涉及的心理与社会过程。"[②] 基于这些有关消费者行为的跨学科研究，可以引入思考体育消费行为的定义及其表现特征：

第一，体育消费行为是消费者在寻找、获得、评定和处理希望能满足其需要的体育产品和服务的一种经济活动。

第二，体育消费行为是外显行为和内隐行为的结合体，但更偏重于后者，也就是说，体育消费行为过程更多的是反映体育消费者的思维、心理活动过程，也是不断采取行动、产生方案，解决问题的过程。

第三，体育消费者可以细分为不同的角色，包括发起者、影响者、决策者、购买者和使用者，不同角色担负不同的任务，对应着不同的消费行为。

第四，体育消费行为必然受到社会文化环境的影响。

在这其中，将体育消费行为定义为消费者选择、购买、使用和处理有关体育产品与服务的活动过程，具有较高普适性。因为，国外学者 Shilbury、Westerbeek 和 Quick（2009）；Schwarz 和 Hunter（2008）都有过相似的论述。[③④] 所以，从此定义和特征中可以这样认为，体育消费行为是体育消费外显特征的表达，既包括购买体育产品时表现出来的消费行为，也包括购买后如何使用体育产品的消费过程，能够全面地反映出体育消费从名义消费到实质消费的全过程，具有一定的可观测性、可调控性。以此为基础，不仅可以通过全面观察体育消费者的消费行为的

---

① Mcneal，James U.，*On Becoming a Consumer：Development of Consumer Behavior Patterns in Childhood*，Oxford，UK：Butterworth - Heinemann，2007，p. 10.

② Bagozzi，Richard P.，Zynep Gurhan - Canli & Priester，Joseph R.，*The Social Psychology of Consumer Behviour*，University of Michigan，US：Open University Press，2002，p. 12.

③ David Shilbury，Shayne Quick & Hans Westerbeek，*Strategic Sport Marketing*（3th *Edition*），St. Leonards，NSW：Allen & Unwin Academic，2009，p. 43.

④ Schwarz，Eric C. & Hunter，Jason D.，*Advanced Theory and Practice in Sport Marketing*，Oxford，UK：Butterworth - Heinemann，2008，p. 90.

变化来探知主体的消费心理、消费观念以及消费方式的选择等内容，也为衡量和评定体育消费所反映的社会学变项因素，诸如年龄与性别、生态环境、经济资源、家庭成员的职业、生命周期和家庭周期、社会阶层和职业、民族和种族等提供依据。

二 体育消费意识

从根本上讲，体育消费意识是一个哲学概念。这是因为意识来自客观世界，其内容是客观的；意识又是人脑的机能，人脑是物质的，两者是相互作用的整体，也就是说，意识是高度完善、高度有组织的特殊物质——人脑的机能，是人们所特有的对客观现实的反映。[①] 而客观现实在人脑中的反映，主要表现为人们对客观事物的感性认识与理性认识。人的感性认识主要包括对事物的感觉、知觉、表象（印象），而理性认识是在感性认识基础上的升华，是对事物的概念、判断和推理。因此，对体育消费意识的定义则是指人们作为消费者对体育产品与服务、体育消费环境以及活动的感知与认识，而这些感知与认识的获得往往与消费者的社会化过程有着紧密的联系。比如早期参与的体育俱乐部、学校、地域文化、社区体育以及家庭、同伴体育消费行为的影响等，都会直接或间接地作用于人们的体育消费意识，影响人们对于体育产品与服务的感知与认识。具体而言，在认识与感知体育消费活动的过程中，它由三大部分组成：一是社会或环境消费意识。这种消费意识是在人的后天社会生活中不断积累各种学习经验的基础上产生的，其中包括以一定的消费观念形态而存在的信仰、价值观、人生观以及其他各种思想观念或思想体系；比如以节俭为本、量入为出的中国传统消费意识，崇尚低档实惠型消费，反对追求高档享受型消费；以享乐、纵欲、追求自我的西方消费意识，崇尚追求高档享受型消费等。二是自我消费意识。这种消费意识往往与人的爱好、情感和心理联系在一起，是个体的人在周围环境的直接相互作用中形成的，其中包括以一定的经验形态而存在的认识、判断、评价以及各种消费体验与感受。比如通过一定的体育参与，追求健康的消费意识，通过体育消费获得娱乐、社会交际的消费意识等。三是潜意识消费。这种消费意识是指人们在消费实践过程中不知不觉中意

---

① 1980 年 1 月出版的《辞海》。

识到一些事物，或者在长期的消费行为中对于原来已经处于意识中的事物逐渐习惯化了，不是处于清楚的意识当中。比如人们在购买体育运动服装的过程中，往往受到自己长期使用的品牌意识的驱使，潜意识地对其他品牌产生排斥心理，即使知道服装是仿制品，但只要有这一品牌的标签，也会购买。这三部分消费意识相互作用、相互影响最终形成具有自发性和易变性的低级体育消费心理和具有自觉性、相对稳固性的高级体育消费观。体育消费观，也就是人们对体育消费活动进行评价和选择的观点，属于体育消费意识的深层次，居于一种支配地位，可以对不同体育消费行为进行评估并产生导向作用。体育消费心理，也就是由消费者自我感觉体系形成的体育消费意念、欲望、情绪和动机等，属于体育消费意识结构中的底层内容，可以用于分析体育消费行为发生与发展的直接动因。

由此，可以看出体育消费意识是体育消费活动发生时的觉醒状态，是内隐于体育消费结构中的主导要素，它既可以化约为一种学习意识，也可以化约为一系列的消费动机，比如健康与技能、社会身份、社会交往以及社会认同等，进而产生内驱力，使得人们的体育消费行为朝向自己的目的，以清醒的方式贯穿于体育消费活动的始终，并随时调节和监督着人的消费活动和行为，激发各种心理活动来参与到某一种体育消费行为中，促进该行为的实现，从而表现为对体育消费行为维持、调控和监督的功能。

三　体育消费方式

所谓体育消费方式顾名思义就是指人们消费体育产品的方法和形式，也就是在一定社会经济条件下，消费者同体育消费资料相结合的方式，包括消费者以什么身份、采用什么形式、运用什么方法来消费体育消费资料，以满足其物质或精神需要，这些是生活方式的重要表现形式。生活方式有广义和狭义之分。"广义的生活方式包括劳动生活、政治生活、物质消费生活、精神文化生活等一切领域。而狭义的生活方式主要限制在日常生活领域，如物质消费、闲暇消费、精神文化生活消费、家庭消费，或者简单地说仅指'衣、食、住、行、乐'领域。"[1]

---

① 高丙中、纳日碧力戈：《现代化与居民生活方式的变迁》，天津人民出版社1997年版，第35页。

体育消费方式主要是指人们在日常生活领域的"乐"这一方面的选择。不同体育消费方式的选择其实就是对消费对象和消费手段的选择。因此，根据不同体育消费资料的性质、体育消费手段的特点，结合体育消费活动的特殊性，可以从两个层次上对体育消费方式进行探讨。

第一，体育消费方式主要体现为具体体育活动内容的参与方式上，一种是直接消费方式，指的是消费主体通过购买相应的体育设备或体育服务后，身体力行地直接参与到体育活动中去的消费方式，比如各种类型的体育锻炼；另一种是间接消费方式，指的是消费主体通过其他方式，诸如（电视、网络、广播、门票）等媒介，间接参与到体育活动中去的消费方式。这两种体育消费方式都是在具体消费活动内容，也就是微观层次上进行定义的。

第二，体育消费资料的发展、体育消费手段的变革归根结底是由社会生产方式变革决定的，也就是体育消费方式要体现出社会生产方式的变革，它一方面表现为技术方式的变革，特别是现代科技的迅猛发展使得体育产品的类型与功能获得了前所未有的进步。例如，多功能、智能化的运动健身器械、综合化的现代体育场地设施、信息化的体育传媒、电子竞技游戏等体育消费资料日趋复杂化、多元化，人们既可以足不出户在自己的私人空间里进行体育锻炼，也可以在公共体育空间进行体育消费，于是，体育消费方式不再是单一的公共体育消费方式，方式选择更加多样化、科学化。另一方面是社会组织方式的变革对体育消费方式的影响，主要表现为社会保障、消费信贷等制度层面上的变化。例如，为提高人们的闲暇生活水平，国家法定的五一、十一等节假日制度，就催生了很多诸如元旦"冰上健身节"、春节"健身大拜年"、五一"假日健身游"、暑假"青少年健身夏令营"、国庆"健身大套餐"等"假日体育"消费方式，而消费信贷制度提供给消费者的"信用卡"消费，则改变了以往单一的现金消费模式，人们可以不用在自己的即时收入范围内制订计划，就可以采用提前预支、延期还贷的方式进行体育消费，体育消费手段多元化，"信贷"体育消费方式开始出现。由此，可以看出体育消费方式最终体现为社会生产方式的变化。

综上所述，在生产创造体育消费的过程中，只有新的体育消费手段和新的体育消费对象不断涌现，形成新的体育消费方式，才能形成新的体育消费，使体育消费大幅增长。可以说，体育消费方式是体育消费结构要素的具体表达，它既能够体现出社会生产方式所决定的具有典型形式的消费方式，也可以体现出体育消费活动的具体内容，从而集中反映出体育消费需求导向的变化。

四　体育消费资料

体育消费资料，也称"生活资料"或"体育消费品"，是用来满足人们物质和文化生活需要的那部分社会产品。体育消费资料主要有三种划分方法：（1）按消费对象划分可分为两类：一是体育实物消费，即以商品形式存在的消费品的消费；二是体育劳务消费，即以劳务形式存在的消费品的消费。（2）按消费目的划分，体育消费也包含生存资料（运动饮料、运动服装等）、发展资料（发展智力、体力的体育、文化用品）、享受资料（体育文化珍藏品、高级运动营养品）三个部分。（3）按消费活动内容划分可分为两类：一是物品密集型体育消费，即指需要消费大量体育商品的体育消费活动；二是时间密集型体育消费，即指消费投入中时间比例比较高的体育消费活动。这些划分不是截然分开的，而是互相交错的。如在各种体育产品中，都不同程度地包含着满足劳动者的生存、发展、享受三个部分的消费需要。在这三部分中，有的属于实物消费，有的属于劳务消费，而在实物消费与劳务消费中又隐含着物品密集型或时间密集型体育消费活动。因此，从体育消费资料的这些分类中可以看出体育消费资料的复杂性，这种复杂性也决定着它在体育消费结构要素中的重要作用。因为，在启动体育消费活动之时，消费主体的体育消费行为、体育消费意识、体育消费方式正是通过在不同体育消费资料组合中进行选择、购买、使用、评价的过程中体现出来的，而且体育消费资料贯穿于体育消费活动的始终，最大限度地发挥其效用价值，可以说没有体育消费资料的存在与发展，体育消费只是一纸空谈。最终，可以认定为体育消费资料作为对象化的要素，是体育消费结构要素中的基础，体育消费资料的变化决定着体育消费的走向。

五　体育消费的结构特征

通过从微观层次上对体育消费结构要素进行剖析，可以看出体育消费资料是体育消费得以发生的必要条件，所以可认定为体育消费资料是体育消费结构要素中的最基本要素。体育消费方式与体育消费行为都是体育消费的外显特征表达，只不过前者更多地与社会生产方式联系在一起，主要表现为体育消费的社会发展特征，而后者更多地与社会活动内容联系在一起，主要表现为体育消费的具体实践过程。两者并不无联系，当体育消费方式表现为具体的消费活动内容时，体育消费行为也成为体育消费方式的外在表现形式。在这里，仅有体育消费资料、体育消费行为与体育消费方式作为体育消费的整体表达还是不够完整的，因为，如果没有体育消费意识作为体育消费结构中的主导要素，也就不会与体育消费资料建立直接或间接的联系，也就不会有体育消费方式和体育消费行为模式的选择与变化，所以，体育消费意识、体育消费资料、体育消费行为与体育消费方式作为体育消费的结构要素缺一不可。

如图 4 - 1 所示，在体育消费结构要素中，由体育消费意识、体育消费资料、体育消费行为所组成的体育消费行为系统结构是体育消费形成的动力结构。在这个动力结构中，体育消费行为、体育消费意识、体育消费资料彼此能够在两两之间进行功能互换，具体表现为由体育消费意识要素启动的内循环和由体育消费资料启动的外循环组成。在内循环的功能转换过程中，体育消费意识要素为体育消费资料输出"需求"，而体育消费行为通过体育消费资料输出的"效用"为体育消费意识提供"满足"；在外循环的功能转换过程中，体育消费资料在社会生产方式变革力量的推动下，不断发生变化与更新，并由此所形成的新的体育消费方式使得体育消费资料要素为体育消费意识输出"价值对象"，推动体育消费意识要素以"期望"①为功能输出，从而影响着体育消费行为要素为体育消费资料要素输出"效用实现"的程度，此时，体育消费可以理解为体育消费资料价值得以确认的功能结构转换过程。

----

① 来自丹麦、土耳其和美国关于消费期望的研究表明：期望比需要更深奥，表现为周期性、贪婪性和基础性特征。所期望更多的是由消费经验和消费本身为中介所反映的不同类型的社会关系，而且期望往往与控制相联系，过度或缺乏控制都是有害的。来自 Russell W. Belk，Güliz Ger and Søren Askegaard，"Consumer Desire in Three Cultures"，in D. MacInnis and M. Brucks，eds.，*Advances in Consumer Research*14 Provo，UT：Association for Consumer Research，1997，pp. 24 - 28。

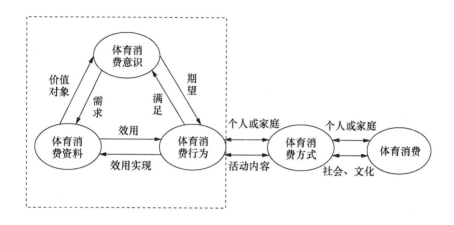

图 4-1　体育消费的结构要素以及内在有机联系

第二节　体育消费的形成机理

一　一般过程

任何消费活动，都必须要具备三个基本的要素，即消费主体（消费者）、消费客体（消费品和劳务）和消费环境（社会、自然、文化环境），①体育消费也不例外。要探讨体育消费形成的机理就必须从这三个方面入手，考究体育消费者、体育消费资料、体育消费环境②三者之间的内在联系，特别是体育消费结构要素与体育消费环境的关系。为了更好地从微观层次上理解体育消费的一般过程，本书以吉登斯的结构化理论为依据，将体育消费环境作为制约人的体育消费意识和消费行为的外在结构性因素，并以记忆形式内在于人的消费活动中，影响着消费观念与消费行为的改变。而体育消费意识和体育消费行为在受到外在消费环境制约的同时也在影响和建构着体育消费环境，也就是说，体育消费

---

①　尹世杰、蔡德容：《消费经济学原理》，经济科学出版社 2000 年版，第 59 页。

②　体育消费环境包括硬件环境与软件环境，硬件环境指的是由社会生产力所决定的交通、通信、体育场地、体育设施的建设等，软件环境指的是由文化或亚文化、社会消费风气、社会阶层等社会文化变量所决定的关于体育消费的认识。

环境作为体育消费结构要素中体育消费意识与体育消费行为的"嵌入式变量"与其他结构要素相互作用，共同完成功能转换，最终促成体育消费的实现。

具体地，体育消费的形成一般要经历初始要素、动力机制、目标实现三个基本环节。

（1）初始要素，指体育消费结构要素的涉入或卷入度。[①] 具体而言，就是在某些情况下由体育消费产品、服务或体育消费环境所引起的个人兴趣，或感到关系自己利害的程度。在本质上，涉入度有其方向与强度，如高涉入与低涉入的情况，就展现出个人与产品或服务间的不同关系。如果从微观层面上看，卷入度就是信息获得的动机结构，可以作为沟通消费主体的需求、目标和价值与产品、服务的桥梁，当消费主体记忆中的相关知识被激发后，出现的购买动机将促成消费行为的发生。[②]

（2）动力机制，指由体育消费意识、体育消费资料和体育消费行为所组成的三要素动力结构体系的运行。一旦初始要素较为稳定地嵌入消费者的日常生活之中，就会促使三要素结构体系中的某一结构要素按其自身的输入与输出功能寻找耦合对象，此时，结构体系中的其他结构要素就会逐渐与其建立耦合关系，并最终完成三要素之间较为完善的两两功能互换关系。

（3）目标实现，指体育消费三要素动力结构体系一次循环过程的完成。实际上，三要素之间功能耦合关系的完成，就意味着体育消费的形成。

由于体育消费结构要素的涉入或卷入度的方向与强度不同，就使得体育消费动力结构要素系统的运行模式不同，从而表现出体育消费形成的不同路径。

---

① 涉入，也称为卷入（Involvement），此概念是在1965年首先由Krugman（1965）提出，之后一直引起学者们的广泛讨论。它是指在某些情况下由刺激引起个人兴趣，或感到关系自己利害的程度，所以，在本质上卷入度或涉入度有其方向和强度，比如高卷入度和低卷入度。

② Solomon, Michael、Bamossy, Gary、Askegaard, Søren、Hogg, Margaret K., *Consumer Behaviour*, UK: Pearson Education, 2006, p. 105.

二　高卷入度路径下体育消费形成机理

高卷入度路径下体育消费形成机理，是指高度涉入的体育消费者对不同体育产品、服务的选择非常有兴趣，不仅愿意投入大量时间、精力在购买决策过程中，也愿意身体力行地、积极地投入到下一步的使用过程中去，也就是通过积极的体育参与过程来体验体育产品、服务所带来的最大效用，而且持续作用强度也比较高。由此类高卷入路径下的体育消费的动力机制是以体育消费意识为主导要素，通过向体育消费资料主动输入"需求"，进而促成体育消费的动力结构要素相互之间发生功能耦合来实现消费者的目标，其历时性过程为：

（1）"追求健康，享受休闲"在体育消费意识中的嵌入。随着现代社会的不断发展，人们生活水平的不断提高，追求身体—精神—社会适应三维健康理念逐渐深入人心。因此，在消费实践活动过程中，人们越来越倾向于通过选择"绿色、环保、健康"概念的体育消费产品和服务来实现身心健康的目标，久而久之，"追求健康，享受休闲"成为现代社会的主流消费意识。当这种理念在体育消费意识中嵌入时，使得体育消费意识具有了一定的自觉性和自发性的特征，同时，包含于体育消费意识的体育消费动力要素结构也处于高涉入度的路径下，即使在（体育消费环境等）外在结构要素不敏感的情况下，消费主体也会主动寻找或选择目标，并且在其驱使下产生达到目标的体育消费实践活动。

（2）体育消费动力结构要素以体育消费意识为主导进行功能耦合。首先，在追求身心健康的动机作用下，人们在主观意识上对体育产品、服务以及体育消费环境等信息进行了解与认识，形成不同的信息流，然后这些信息流通过消费主体的认知结构，以经验或者知识的形式嵌入在体育消费意识中，进而通过学习、比较形成主观的价值判断，也就是是否进行体育消费的态度，如此将决定着下一步体育消费购买行为的发生，这些主要表现为体育消费意识与体育消费资料之间的功能耦合。其次，在购买行为发生以后，人们拥有了对体育消费资料的支配权和使用权，但是要真正实现追求身心健康的目的，人们还必须通过一定的体育参与来体验或享受体育消费资料所提供的"效用"，即表现为体育消费资料与体育消费行为的功能耦合。最后，通过周期性、持续性的体育消费行为将体育消费资料的"效用价值"最大化，从而满足消费主体的需求，即表现为体育消费行为与体育消费意识的功能耦合。

以体育消费意识牵动所引发的体育消费三要素动力结构体系一次循环过程的完成，意味着高涉入度路径下的体育消费的形成。

三 低卷入度路径下体育消费形成机理

低卷入度路径下体育消费形成机理，是指低度涉入的体育消费者对不同体育产品、服务的选择有一定兴趣，但不会投入大量时间、精力在购买决策过程中，只是较为被动地接受产品资讯、广告或其他讯息的处理也是十分表明化，而且即使身体力行地投入到下一步的使用过程中去，其持续作用的强度也比较低。此低卷入度的路径是由体育消费资料为主导要素，由一定的消费情境嵌入，通过向体育消费意识主动输入"价值对象"，引起消费者的"期望"，进而促成体育消费的动力结构要素相互之间发生功能耦合来实现消费者的目标，其历时性过程为：

（1）消费情境在体育消费资料中的嵌入。消费情境作为体育消费行为发生的场景，主要通过两种情境方式在体育消费资料中嵌入。第一种是购买情境，一方面是指包括商店类型、地理位置、商店招牌、店内装饰、橱窗设计、商品陈列等物理环境实施与体育消费资料的契合，使之能够真实、直观地体现出体育消费产品的外观设计和形象。另一方面是包括人际传播（消费者与店员之间的交流、与同行逛街者的对话等）和事物传播（如来自广告、出版品、消费导向型的节目等各类刺激物）等软件环境与体育消费资料的契合，使之能够展示出体育消费品的新功能和新效用，引起消费者的好奇心，激发购买欲望。第二种是使用情境，指的是消费者实际消耗产品或服务的场景。鉴于体育消费的特殊性，在体育产品和服务的使用过程中，往往要伴随着一定的体育参与过程，这就决定着此情境在体育消费资料中的嵌入，可能不是一种有目的性的购买行为，而是消费者一次偶然的某种体育活动参与或眼前发生的某种体育活动场景，使得消费者的主观意识主动输入了"价值对象"，引起消费者的"期望"，进而促成体育消费的动力结构要素相互之间发生功能耦合来实现消费者的目标。

（2）体育消费动力结构要素以体育消费资料为主导进行功能耦合。首先，体育消费资料在一定的情境嵌入下向体育消费意识提供"价值对象"，由于消费者在主观意识上认为体育消费品与自身的关联性较低，且较为不重要，所以消费者面对这种新异刺激，常常会抱着试试看的态度，或者是一时的冲动就决定购买，并不会对其进行详细的评估，而且在随后的使用过程中更多的是检验自己对体育消费的期望，由输入"价值对象"激发输出"期望"，即体育消费资料与体育消费意识的功能耦合。其次，体育消费行为与体育消费意识的功能耦合，消费主体通过消费行为来体验或感受自己期望的体育消费所带来的效用，如果差距过大或短期作用不明显，消费者就会终止体育消费行为。最后，由体育消费行为提供的效用评价来实现消费主体对体育消费资料的态度，好还是不好，或是否持续进行下去。即体育消费行为与体育消费资料的功能耦合。

以体育消费资料牵动所引发的体育消费三要素动力结构体系一次循环过程的完成，意味着低涉入度路径下的体育消费的形成。

第三节　体育消费的生长过程

体育消费的生长过程是与消费主体的学习过程紧密联系的。学习有广义和狭义之分，我们通常所说的学习，是指文化知识的学习，这是一种狭义的学习。广义的学习是泛指一切经过重复练习而产生的较为持久的认知或行为上的变化。消费者学习的概念就是着眼于广义学习的。从营销人员的视角看，消费者学习是这样一个过程，即在购买和使用商品的活动中，消费者不断积累购买和消费的知识、经验和技能，完善其购买行为的过程。[①] 消费者不断购买体育商品、使用体育商品的过程，就是一个不断进行消费学习的过程，同时也体现出体育消费的生长过程。

一　体育消费生长的初级阶段

无论是高卷入路径下还是低卷入路径下的体育消费，在体育消费生长的初级阶段，人们对体育消费的需求表现为最大状态，希望能够在最短的时间内来满足自己的需求，因此，这一阶段的体育消费会呈现出加速生长的趋势。在这一过程中，由体育消费意识、体育消费资料和体育

---

① 　冯丽云、孟繁荣、姬秀菊著：《消费者行为学》，经济管理出版社 2004 年版。

消费行为组成的体育消费动力系统的循环过程比较快，消费主体主要以感性体验为主，并在体验过程中提取以往的有关体育方面的知识、经验和技能或结合模仿学习来提高对体育消费资料的适应度，适应度的大小以及在此体验过程中的即时感受将直接或间接地影响体育消费生长过程。比如一位从未接触过网球运动的妇女，经朋友介绍，对网球运动有了好奇心，想参与其中体验此运动的乐趣，于是积极购买了一系列的网球设备，准备与朋友们一起参加网球运动，结果在体验过程中发现，网球运动是需要不断地模仿学习，掌握相关网球技术与技能才能真正享受其中的乐趣，不是一蹴而就的。于是，这位妇女可能因为短时间内不能获得此项体育消费所带来的最大效用而放弃，此项体育消费的生长可能就会终止。相反，如果这位妇女具有良好的模仿能力，觉得自己通过学习可以掌握此项运动，那么她可能会通过观看网球光盘学习录像，阅读网球运动教材或聘请网球教练员指导，持续进行网球运动练习，最后出现具有一定水平的网球运动技能。最终，消费者通过自身的自主学习，运动技能水平获得了显著性的提高，可进一步促进体育消费的持续生长。在这里，体育消费动力系统的第一次循环过程既标志着体育消费的形成，也是体育消费生长的起点，在消费者自主学习的牵引下，动力系统将会持续进行循环，犹如滚动的车轮，推动着体育消费的生长。但需要注意的是，在体育消费早期加速生长的阶段中，消费主体的体育消费意识是模糊的，体育消费行为也是极其不稳定的，人们可能会频繁地更换不同的体育消费资料进行感性体验，也可能意气用事地放弃体育消费，从而转向于包含知识、技能成分较少的其他类型的体育消费活动。

二　体育消费生长的中级阶段

消费主体经过一定阶段的体育消费学习以后，会进入体育消费的中级阶段。这时，由体育消费意识、体育消费资料和体育消费行为组成的体育消费动力系统的总功能输出将达到最大值，系统内的三个结构要素的功能输出均已接近各自的阈限，其输出量的扩张趋于停止，如果在外在结构变量稳定的情况下，体育消费生长将表现为一种消费惯性，继续向前进行匀速运动，体育消费的结构内部要素将出现阶段性稳定。从消费者学习的外显特征上来看，在通过一段时间的学习之后，消费者对体育消费知识有了进一步的掌握，加强了原来的体育消费行为，提高了该消费行为的反应频率，消费次数与频率较为固定。从消费者学习的内隐特征来看，随着学习者的反复消费实践活动，通过反馈机制对此类体育消费活动所涉及的知识与技能能够初步领会。具体到运动技能学习层面上来说，就是输入的信息在大脑皮层内的分析能力逐渐精密，能准确地把信息输送到效应器，肌肉能按照动作要求和程序，有节奏地收缩和放松，会使动作准确地连起来，多余动作减少，动作协调、省力，同时对动作的概念和要领，在实践过程中逐步明确，因此，可以用语言清楚地描述自己完成动作的情况，下意识地完成动作。① 比如学会跳舞的技能以后，就可以边跳舞、边谈话，而不需要把注意力都完全集中在脚步、移动重心等动作上。从另一方面讲，当消费者学习达到这样的程度以后，不仅可以更好地实现体育消费的健身效用，也可以将在体育参与过程中节省出来的语言能力进行发挥，与同伴相互交流，共同进步，真正享受体育消费所带来的乐趣。

在体育消费生长的中级阶段，消费主体的消费意识是明确的，体育消费行为也是比较稳定的，人们会集中于某一种体育消费活动进行持续学习，直到能够掌握此类体育消费活动所涉及的知识与技能，真正体验到此类消费活动所带来的效用。然而这一阶段的体育消费活动是一种消费惯性，持续地向前运动只是一种理想状态。当消费主体的体育消费需求在不断累积的学习效应中得到最大限度的释放后，如果没有新的动力机制的出现，或动力要素结构的转化，体育消费将会出现递减的趋势，由此，体育消费将回归到遵循"边际效用递减规律"的传统体育消费轨道中去。

三　体育消费生长的高级阶段

对于体育消费生长的高级阶段而言，是不能够用传统的"效用功能"去解释的，因为，达到体育消费生长的高级阶段以后，体育消费的动力结构要素将发生改变，取而代之的是体育消费习惯的形成。体育消费习惯是不同于结构要素中的体育消费意识，体育消费意识仅仅是消费心理的一种倾向性的反映，并不立即表现为真正的消费行为，即使是在真实的体育消费情境或场所下，由于多种因素的影响也不一定能变成现

---

① 杨锡让：《实用运动生理学》，北京体育大学出版社 1998 年版，第 192—195 页。

实的消费行为。罗子明（2007）认为，消费习惯是指现实中已经发生的消费行为[①]，是消费者在体育消费过程中，长期、稳定地保持一种或几种体育消费活动的习惯性行为特征。这种习惯性行为一方面表现为消费者对特定的体育品牌的喜爱以及长期习惯于购买这种品牌的行为。商品的属性或形象是消费者形成习惯的主要原因。比如长期购买耐克、阿迪达斯、李宁等运动品牌的消费者，认为这些品牌的服装不仅质量好，穿着舒服，而且还能够深刻感受到品牌背后所宣扬的运动理念。另一方面主要表现为消费者对特定的体育活动的喜爱以及长期习惯于参与此项体育活动的行为。活动本身的意义与价值是消费者形成习惯的主要原因。比如国外流行的慢跑热，消费者认为通过慢跑不仅可以增进身体健康，也可以改善心境，塑造自我。

虽说体育消费习惯的形成是体育消费能够持续快速生长的重要保证，但是消费习惯在形成的过程中也有程度上的区别，这就决定着高级阶段下的体育消费生长方向会表现为包括中性和狂热两个层面上的体育消费行为，如果控制不好，体育消费的生长就会适得其反。所谓中性，顾名思义就是中规中矩的意思，指的是消费者能够对自己的消费能力做出比较科学的判断，并制订合理的消费计划来满足自己的需求，不会盲目地为追求品牌效应而失去理性，也不会为直接或间接参与体育消费实践活动而过度痴迷，而是以正确的方式、方法进行体育消费活动，获得良好的消费效益。比如人们在终身体育意识的支配下，通过购买一定的体育产品来定期进行各种形式的体育锻炼（慢跑、网球运动、足球运动、篮球运动、门球运动等），久而久之形成了良好的体育锻炼习惯，从而推动着体育消费在此基础上持续快速地发展。所谓狂热，与中性体育消费习惯相比，是一种更富有激情的消费活动。[②] 消费者在体育消费实践过程中忘我地投入其中，并像虔诚的天主教徒或痴迷的减肥者，伴

---

① 罗子明：《消费者心理学》，清华大学出版社 2007 年版，第 209 页。

② Holbrook. M. B, *An Audiovisual Inventory of Some Fanatic Consumer Behavior*, In M. Wallendorf & P. Anderson（Eds.），Advances in Consumer Research（Vol. 14, pp. 144–149）. Provo. UT：Association for Consumer Research, 1987.

有规律的消费"仪式"活动的出现。[①] 比如一位热衷于高尔夫球运动消费的体育爱好者，即使不断地更换工作地点，但是每到一处，他都会寻觅地方或加入高尔夫球俱乐部，重新部署如何才能一年四季不间断地打高尔夫球。如此深刻的生活变化也未能让他放弃对高尔夫球运动的消费，这是何等痴迷的体育消费行为。[②] 这样具有迷瘾式的体育消费行为在某种程度上会阻碍体育消费的健康生长，因为，个体会因为迷瘾此项消费活动而拒绝医嘱，或是淡漠了对家庭、社会和工作的责任。

在体育消费生长的高级阶段，体育消费习惯的形成作为新的动力机制的出现使得体育消费的生长继续保持稳定的发展。但需要注意的是，要通过一定的宣传教育，培养人们逐渐形成对个人或社会有益、有价值的良好体育消费习惯，并有效监控具有迷瘾式的体育消费行为的广泛传播，防止这些消费行为给社会或居民生活造成不良的影响。

---

① Rook D. W., "The Ritual Dimension of Consumer Behavior", *Journal of ConsumerResearch*, 1985（12）：251－264.

② Ronald Paul Hill, Harold Robinson, "Fanatic Consumer Behavior: Athletics as a Consumption Experience", *Psychology & Marketing*, 1991, 8（2）：79－99.

第五章 结构与资本范式下转型时期体育消费的实证调查研究

第一节 结构与资本范式下的理论溯源

一 帕森斯的结构功能理论

结构功能主义（structural functionalism）是现代西方社会理论中的一个重要流派。主张从理论的角度全面地研究整个社会，重点研究社会的结构及其各组成部分之间在功能上的相互关系。① 美国著名社会学家帕森斯于 1945 年和 1947 年分别发表《社会学中系统理论的现状和前景》和《社会学原理论的现状》两篇论文，首次提出"结构功能主义"的名称。② 它的基本预设是：社会是由许多相互依存的单元组成的统一系统，其内部存在着缜密的结构分工，每一个单元都各自发挥着特定的功能，它们相互依赖又彼此制约维系着社会作为一个整合系统的存在。倘若一个部分发生变化，必须影响到其他部分乃至整体发生变化。在此基本前提下，帕森斯在综合社会学家 V. 帕雷托、É. 迪尔凯姆、M. 韦伯和经济学家 A. 马歇尔学术思想的基础上，以社会行动作为分析一切社会系统发展演变的出发点，提出了社会系统、行为有机体、人格系统和文化系统共同构成所谓"行动系统"，社会系统乃是行动系统的一个子系统。帕森斯认为，一个社会系统是由两个或更多个"行动者"的

---

① 汝信：《社会科学新辞典》，重庆出版社 1988 年版，第 426 页。
② 蒋广学、朱剑：《世界文化词典》，湖南出版社 1990 年版，第 1060 页。

互动过程组成的，这个行动者不是具体的人类个体（一个人）就是一个由多数个人组成的集体。个人或集体通常不是以个人及集体的全部"机能"和一整套动机和利益去加入某种互动系统的，而是以社会学上的"角色"去加入这个系统的。社会学意义上的角色的典型例子有丈夫、商人、选举人等。一个人可以同时承担所有这些角色。① 在这里，帕森斯不仅指明了社会系统是一个互动模式，而且肯定了不同角色类型在社会互动系统中的重要作用。不仅如此，帕森斯还认为，角色作为这一系统中的一部分，它与一套特定的价值标准相整合，这套标准又在互补性角色中左右了自我与一个或多个他我的互动。也就是说，如果这套标准与很多行动者的行动相关联，对某一价值取向的服从既满足了他自己需要倾向的方式，也是"优化"了其他有影响力行动者的反应条件，那么，这套价值标准可以说被"制度化了"。因此，对于被讨论的社会系统，这种被制度化的角色整合可以影响全局，影响整个结构，可以说，制度就是这些角色整合的复合体。那么，我们应该把制度视为社会结构中比角色层次更高的秩序单元。②

其实，帕森斯在这里所系统描述的社会互动系统即是社会结构的整合，它至少包含三个层次的内容或结构单元，共同价值体系是最抽象的规范的第一层次。意指由一系列价值模式组成的，并已成为众人认同的规范体系，反映了融入行动系统中的各种文化系统之关联的核心特征；第二层次是制度形式。诸如政治、亲属、军事、经济和宗教制度之类的制度性秩序，是按权威分等级的一套角色，不同的制度形式反映功能不同的行动单位；第三层次是不同的角色类型。社会互动系统中角色有两方面的内涵，一方面是行动者在社会系统中所处的结构性方位，另一方面是社会对这一位置所具有的行为期待。也就是说，角色是社会身份的象征，是社会地位的体现，不同的角色类型反映了角色归属及其互动作为一种模式化了的社会关系。一定的角色必定在社会结构中发挥一定的功能。当然，还有第四层次是不同的组织形式，这些形式往往与制度形

----

① ［美］帕森斯（Parsons, T.）、斯梅尔瑟（Smelser, N. J.）著：《经济与社会：对经济与社会的理论统一的研究》，刘进等译，华夏出版社1989年版，第8页。

② Talcott Parsons, *The Social System*, Glencoe, Illinois, The Free Press, 1951：12，36 –37.

式、角色类型联系在一起，共同推动行动单位的功能实现。根据对于社会体系的结构—功能分析，帕森斯认为，社会系统为了保证自身的维持和存在，必须满足四种功能条件：①适应。确保系统从环境中获得所需资源，并在系统内加以分配。②目标达成。制定系统的目标和确定各目标的主次关系，并能调动资源和引导社会成员去实现目标。③整合。使系统各部分协调为一个起作用的整体。④潜在模式维系。维持社会共同价值观的基本模式，并使其在系统内保持制度化。这就是著名的 AGIL 分析模型。

在这其中，第一个功能必要条件是与稳定制度化的价值系统相关的"模式维持"和"紧张处理"。"模式维持"是指通过文化渠道来寻求稳定的倾向；"紧张处理"是指行动者内心紧张和张力的消除，从而迎合制度化角色的期望。第二个功能和第三个功能必要条件是适应和目标满足，这可以被视为系统和情境之间各种交换过程中的机能体现。因为，情境的过程只在有限的情况下才与行动系统的过程紧密同步，所以这个系统必须要以控制情境的诸因素来谋求目标状态或为达到目标状态而控制环境。第四个功能必要条件是为了使功能发挥效用而在各单位之间"维持团结一致"的关系，这就是整合，追求系统的统一性。基于 AGIL 分析模型，帕森斯认为，人们可以根据这四个基本范畴描述任何行动系统，并分析其过程。就转型时期的体育消费研究而言，应用 AGIL 分析模型的意义在于评估转型时期体育消费的情境及其特征的变化对该系统状态及其组成单位状态变化的影响。例如，转型时期的体育消费作为一个系统在面对追求时尚与品位的休闲消费文化冲击下如何发挥"模式维持"的功能来保持稳定的消费倾向，如何发挥"紧张处理"的功能来消除不同社会阶层的体育消费者在消费过程中的不均衡期望，由此而维持社会的共同价值观模式，并使其在社会系统内制度化。

二 吉登斯的结构内化理论

根据帕森斯的宏观的社会结构理论，英国社会思想家吉登斯对帕森斯的"行动参照框架"进行了修正，其中不仅对行动的概念（以及其他相关概念，特别是意图和理由）、结构和系统等核心概念进行了详细、系统的论述，而且通过分析它们之间的关系，发现它们之间存在着一种二重性，也就是行动者和结构两者的构成过程并不是彼此独立的两个既定现象系列，而是按照一定的结构性原则组合在一起的。进而以此为意涵，提出了一个可供普遍运用的结构化理论，揭示了社会结构在人的日常生活中形成的过程以及在社会的结构化过程中人的能动作用。

对于行动的概念而言，从吉登斯关于行动者的分层模式的图解中可以看出，行动至少包含行动的反思性监控、理性化和动机激发过程三个方面的内容。所谓行动的反思性监控是指行动者不仅监控着自己的活动流，还期望他人也如此监控着自身，并习以为常地监控着自己所处情境的社会特性与物理特性；行动的理性化是指行动者对自身活动的根据始终保持"理论性的理解"，也就是说，他们对于行为的各个具体部分能够以话语形式给出理由或者说是以话语形式详细阐明这类理由的能力；行动的动机激发过程是指在通盘的计划或方案中逐步完成一系列行为，它是行动的一种潜在可能。① 从三者之间的关系来说，吉登斯认为，在行动的连续过程中，只有行动的反思性监控和理性化与行动相伴发生，而动机激发过程并不与行动的连续过程直接联系在一起，因为，至少是对于我们的日常生活行为而言，无意识层次上的动机激发是人的行为的一项重要特征，而且他们并不总是能够说清楚动机。其实，不管是否涉及动机的激发过程，在行动过程中，行动者所维持的对自己的反思性监控和理性化已经表明了人在行动过程中的能动作用，而且个体还有能力"改变"既定事态或事件进程，这种能力正是行动的基础。正如吉登斯所言，如果一个人丧失了这种"改变"能力，即实施某种权力的能力，那么他就不再成为一个行动者。言外之意，行动中包含了权力的逻辑，人的能动作用意味着权力。为表述这种权力关系，吉登斯从权力得以实施的媒介资源，也就是社会再生产通过具体行为得以实现的常规要素来具体分析系统的结构性特征，从而建立了行动与结构、行动者与结构乃至行动者的能动作用与结构之间的有机联系，提出了"结构的二重性"原理。

对于"结构的二重性"的理解，吉登斯首先批判了将结构定义为类似于某种有机体的骨骼系统或某种建筑物的构架等传统的、狭隘认

---

① 安东尼·吉登斯：《社会的构成》，生活·读书·新知三联书店 1997 年版，第 65—69 页。

识，进而导致"结构"体现为人的行动的"外在之物"，这是对于不依赖其他力量而构成的主体的自由创造产生某种制约，这就割裂了行动者与结构之间的作用关系。为此，吉登斯认为，没有外在于行动或行动者而存在的结构，结构是作为被反复不断地组织起来的一系列规则或资源，除了作为记忆痕迹的具体体现和协调作用之外，还超越了时空的限制，其特点就是"主体的不在场"。相反，不断纳入结构的社会系统则包含了人类行动者在具体情境中的实践活动，这些实践活动被跨越时空再生产出来。行动者和结构两者的构成过程并不是彼此独立的两个既定现象系列，即某种二元论，而是体现着一种二重性。① 在这里，结构在建构行动者的具体行动的同时才又被行动者建构出来，它既是行动的中介，又是行动的结果，体现为使动性与制约性的统一。

这样，如果引入思考人们的体育消费实践活动，可知当人们有选择地进行体育消费实践时，结构作为记忆痕迹，已经"内在于"人的活动中，它指导着行动者的反思性监控的过程，比如选择怎样的体育运动项目进行消费，如何进行消费，是否能够与我的社会身份、社会地位相符合等，这些都是行动者要考虑的并且直到行动已经进行，他们依然在理性判断着、调整着，希望能够最大限度地利用行动情境下丰富多样的规则和资源。

三　布迪厄的社会区隔理论

关于"品位区隔"的论述，我们可以从法国著名社会学家布迪厄（1984）所写的《区隔：品位判断的社会批判》一书中找到答案。书中努力证明的核心观点是：人们在日常消费的文化实践中，从饮食、服饰、身体直至音乐、绘画、文学等不同趣味，都表现和证明了行动者在社会中所处的位置和等级。② 趣味是什么呢？用康德的话说，"趣味是一种进行'区别'和'欣赏'的习得的性情。换言之，是通过一种区隔过程建立并标示差异的习得性情，这一区隔并不（或不必然）是某种莱布尼兹意义上的明晰的知识，因为它无须意指界定了某一对象的种

---

① 安东尼·吉登斯：《社会的构成》，生活·读书·新知三联书店1997年版，第89页。
② 罗钢、王中枕：《消费文化读本》，中国社会科学出版社2003年版。

种区隔性特征，就可以确保对该对象（在普通意义上）的认可"。① 在这里，体育消费作为日常的消费文化实践活动的一种，也可以作为一种趣味，并具有了"区隔"和标识的功能。正如布迪厄在《体育运动与社会阶层》一文中所提到的"贵族气派的体育运动以及庆祝活动演讲中所讲的公正的、无偿的或被赋予的体育运动，实际上是对日趋增加的体育运动实践活动本质的一种粉饰。应该说一些诸如网球、骑马、帆船以及高尔夫球运动所拥有的'趣味'更多地表现为一种'区隔'，更准确地说，是通过这种区分来谋求一种获得。而且，当贵族的、高贵的体育运动与有特色的体育运动之间的差别包含于体育参与与体育娱乐消费之中时，这种获得将会愈演愈烈。"② 这里的"获得"，其实就是品位，就是社会身份，在获得的同时，区隔也就形成了。因为，在布迪厄看来，不同社会阶层的体育实践活动往往考虑一些积极的或消极的决定因素，主要包括休闲时间（经济资本的一种转化形式）、经济资本（不可缺少的决定因素）、文化资本（或多或少的必要因素）以及感知能力（感知一些自然产生于不同的体育运动实践中，即时的或延期的收益）。③ 这些收益不仅指的是身体上的，更多的是指社会的收益，比如工人阶级主要通过体操来塑造强壮的身体，是一种外在的力量表达，而中产阶级则是追求健康的身体，本质上是保健性的，这些就是身体上的收益。所不同的是，工人阶级的"力量表达"一方面是工作的需要，更深刻的是要表达对统治阶级的反抗。难怪，拳击和摔跤项目是大多数典型的工人阶级所喜好的运动。中产阶级的"身体健康"则是积蓄身体能量来增加向上层社会流动的机会，并通过选择或模仿上层阶级参与的体育消费项目来保持"品位"。这些其实就是不同社会阶层的社会收益。在这些收益获得的过程中，经济资本是第一位的，其次是文化资本和休闲时间。这里的休闲时间是指在"消费社会"现实或幻想的大量财富中，时间占据着一种优先地位。这段自由时间的品质、它的节奏、它的内涵、相对于劳动或"自治"的约束它是否还有剩余，这一切重

---

① Bourdieu, *Distinction: A Social Critique of the Judgement of Taste*, Harvard University Press, 1984, p. 466.

② Bourdieu, P., "Sport and Social Class", *Social Science Information*, 1978, 17, p. 828.

③ Ibid., p. 834.

新成为对个体、范畴、阶级进行区分的特征。

除此之外，布迪厄还认为，沉淀于每一社会阶层之中并表现为民族的、艺术的文化特质与包含于不同体育运动项目之中并表现出一些潜在的民族或艺术成就目标之间的相互联系也是至关重要的。在这里，这些联系直接反映的特质也是"品位"。因此，品位既有高贵的、世袭性的特征，也有民族的、艺术的和历史的特征，它应该是一种文化特质的化身。但是，无论以何种方式表现出来，它都是由阶级惯习所决定的，这也是区隔形成的根本。

可以想象到，当来自不同场域（如教育体系、国家机构、教会组织、政治党派等）的阶级群体进行体育消费时，在惯习的驱使下往往会考虑自己的资本总量与比例，属于哪一阶层，应该采取怎样的体育消费方式以及消费行为的表达来定位自己阶层的品位，从而表现为区分其他社会阶层的偏好。作为既成的共识，Booth 和 Loy（1999）；Donnelly 和 Harvey（1999）；Scheerder 等（2002）；T. Wilson（2002）都认为，在不同地域、不同时期、不同社会结构的所有社会中，高收入、高教育文化程度、高社会地位的社会阶层都有着较高的积极体育参与频率，包括现场观看比赛、电视转播比赛等各种涉及体育方面的赛事。[1][2][3] Dukes 和 Coakley（2002）、Laberge 和 Sankoff（1988）认为，这是经济不平等的长期作用的影响，使得拥有不同财富和权力的社会各阶层的生活方式与一定的体育运动相联系。比如占有高经济资本的社会阶层的生活方式包含有高尔夫、网球、滑冰、游泳、帆船以及其他昂贵的体育俱乐部活动。这些体育运动通常要涉及应用一些昂贵的体育运动设备、服装。中间阶层或低收入阶层的体育参与往往倾向于在一些免费的、公共基金赞

---

① Booth, D. & Loy, J., Sport, Status and Style, Sport History Review, 1999, 30, pp. 1 – 26.

② Scheerder et al., "Social Sports Stratification in Flanders 1969 – 1999", *International Review of the Sociology of Sports*, 2002, 37/22, pp. 19 – 245.

③ Wilson, T. C., "The Paradox of Social Class and Sports Involvement: The Roles of Cultural and Economic Capital", *International Review for the Sociology of Sport*, 2002, 37 (1): pp. 5 – 16.

助的、公共学校的体育空间内发生。①② 正如 Tini Campbell 所讲到的"来自高收入阶层的青年男孩通常有足够的经济资源来购买一些体育运动设备和相对安全的体育运动空间，而低收入阶层的男孩则只能在有限的公共体育空间中参与一些相对简单的体育运动项目"。③

由此可见，布迪厄的"品位区隔"说明了体育消费是一个社会化的竞技场所。正如 Jarvie 和 Maguire（1994）所提到的："不同社会阶层根据自己所拥有的资本数量和类型来选择不同的体育运动，进而满足自身的健康、保持身材、放松娱乐以及社会关系等需要。"④ 也就是说，在这个场所中，体育运动是一种区分不同社会阶层的标识，可以标明不同社会成员的身份与地位；是一种潜在的社会逃离资源和社会流动，可以让不同社会成员通过身体的中介来表达社会原则和文化意义；是一种由不同资本组合所构成的区隔，可以区分高经济资本与高文化资本、高经济资本与低文化资本、低经济资本和高文化资本、低经济资本与低文化资本之间的惯习与品位。

第二节　结构与资本范式下的理论假设

一　结构是转型时期体育消费阶层化的内在动力与隐性表征

美国著名的批判社会学家 C. 赖特·米尔斯在分析社会结构变迁时提到："现代的人们正生活在一个'事实的年代'，信息往往支配了人们的注意力，并远远超过人们的吸收能力，而且现在的历史事实正迅速地变为仅仅是'历史而已'，面对如此迅速变化的事实，人们需要一种

---

① Dukes, R. L. and Coakley, J., "Parental Commitment to Competitive Swimming", *Free Inquiry in Creative Sociology*, 2002, 30 (2): pp. 185 – 197.

② Laberge, S., & D. Sankoff, "Physical Activities, Body Habitus, and Lifestyles", in J. Harvey and H. Cantelon, eds., *Not Just a Game*, Ottawa: University of Ottawa Press, 1998, pp. 267 – 286.

③ Donnelly, P. & Harvey, J., *Class and Gender: Intersections in Sport and Physical Activity*, in P. White & K. Young (Eds.), *Sport and gender in Canada*, Don Mills, ON: Oxford University Press, 1999, pp. 40 – 64.

④ Jarvie, G. & Maguire, J., *Sport and Leisure in Social Thought*, London: Routledge, 1994.

心智的品质来帮助探明利用信息增进理性，从而使他们能够看清世事，以及或许就发生在他们之间的事情的清晰全貌。"① 这种心智的品质就是米尔斯所强调的社会学的想象力。在米尔斯看来，社会学的想象力最有成果的就是"社会结构中的公众论题"。因此，解读转型时期的体育消费同样需要这种社会学的想象力，特别是能够启发性地思考体育消费在社会结构转型中的动力是什么？基本组成成分是什么，这些成分又是如何相互联系的？

通读帕森斯的结构功能主义、吉登斯的结构化理论以及布迪厄的区隔理论之后，可以发现帕森斯的结构功能主义虽然指明了社会结构要素之间在系统过程中的统一性与互动性，但是过于强调社会系统的均衡与维持功能使得每个社会系统都在一种被视为其外部的情境中发挥功能，这个系统要维持统一的功能必须以控制情境的诸因素来谋求目标状态，从而将社会系统与社会情境处于一个二元对立的局面，并没有考虑到社会情境在社会系统或社会结构中的嵌入性特点。不同于帕森斯的理论，吉登斯的结构化理论与布迪厄的区隔理论分别用"规则与资源"和"惯习"表明了结构的嵌入式特征，从而整合了社会系统与社会情境之间的分离状态，也就是说，社会情境被作为一种"规则与资源"或"惯习"内化于社会行动者之中，不仅区分出了社会行动者的身份，也进一步参与了社会行动者的行动本身和社会结构的建构过程。不仅如此，这种"嵌入"在建构行动者的具体行动的同时又被行动者随同社会结构一起被建构出来，使得社会结构、行动者与社会情境有机结合并具体化。比如制度结构、角色结构、家庭结构和阶层结构等一些具体表现形式。

于是，延伸到体育消费领域之中，当社会行动者进行体育消费实践活动时，这些"嵌入的社会结构变量"就会直接影响着社会行动者的体育消费意识、体育消费方式以及体育消费行为的变化，改变了体育消费的结构特征，表现出较大的差异性，并逐步地呈现出阶层化的特征，成长为一种必然的趋势。这时，原有的社会结构形态特征也会随着这种

① C. 赖特·米尔斯著：《社会学的想象力》，陈强、张永强译，生活·读书·新知三联书店 2001 年版，第 3 页。

特征形态的出现而发生一定的改变。只不过，这样的变化是循序渐进的、隐性的、看不见摸不着的。所以，结构既是体育消费阶层化的内在动力，也是体育消费阶层化的隐性表征。

由此所演绎的研究假设一：转型时期的中国体育消费呈现出"阶层消费"的特征，不同社会结构变量下的体育消费结构特征出现分化，体育消费内容、体育消费行为、体育消费方式和体育消费意识表现出一定的差异性。

二 资本是转型时期体育消费阶层化的内在动力与显性表征

当然，在具体变化的过程中还有一个不可忽视的嵌入变量，那就是资本。布迪厄主张，承认资本可以呈现各种各样的形式是解释分化了的社会结构和动态密不可分的部分。也就是说，资本与社会结构之间有着必然的联系，当社会结构发生改变的时候，各种资本形态也会在不同社会阶层中出现分化。有时，这种分化的资本形态相对于社会结构更直观、更容易理解。并且，布迪厄也认为，当代社会主要是围绕文化资本和经济资本的分配来建构的，行动者的惯习在嵌入的同时反映了他们的资本高等量（high volume）和资本整量（overall volume），并可以依照与它们相联系的资本总量以及文化资本和经济资本对这个总量的相对贡献而绘制成图。因此，如果发挥社会学的想象力，可以明确地说，嵌入的结构与资本都是体育消费在社会结构转型中呈现阶层化的内在动力，只不过前者是一种隐性的表征，而后者则是一种显性的表征。如图 5-1 所示。

社会行动者通过主体间有意识的社会交往活动造就了各种惯习、风俗和制度，完成了社会的建构过程，也就是由价值体系、制度形式、组织形式以及角色类型四个部分组成的社会结构的建构。同时，不同行动主体在建构这些社会制度的过程中，获得了不同资本增量和不同资本的占有量①，进而完成了个人角色结构、家庭结构以及阶层结构等结构具体化的建构，表现为职业、身份和社会地位、声望等不同层面上的显性差异。根据吉登斯的结构二重性的观点，社会系统的结构性特征既是反

———————————

① 从经济资本和文化资本的组合情况来看，并依据布迪厄"社会空间"的划分初步将社会群体的地位划分为四种不同的情况：（1）高经济资本和高文化资本；（2）高经济资本和低文化资本；（3）低经济资本和高文化资本；（4）低经济资本和低文化资本。这四种情况构成了四种不同社会群体的社会空间。

复组织起来的实践条件，又是这些实践的结果。也就是说，社会结构与社会行动者以互动为基础，社会行动者在完成这些结构具体化重构的同时，社会结构也自然而然地发生了改变。在图5-1中虚线部分的社会结构中，这样的结构并不是在于个人；相反，它是以记忆的形式内在于人的活动中，通过一种隐性特征对社会行动者的各种实践活动起着规范、制约的作用。因此，在确认社会结构发生改变的时候，往往需要用重新分配的、显性的资本来予以表达。

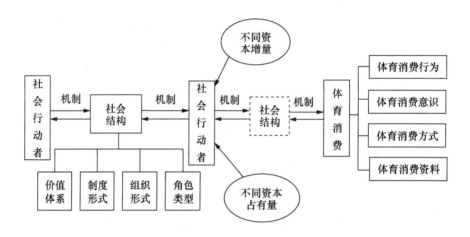

图5-1 转型时期体育消费的社会学想象

这一点，延伸到体育消费实践活动中也是相同的。当社会行动者进行体育消费实践活动时，"嵌入的社会结构变量"不仅直接影响着社会行动者的资本范畴，而且还协同它所影响的资本范畴通过"潜移默化"的规范作用影响着社会行动者的体育消费意识、体育消费方式以及体育消费行为的变化，改变了体育消费的结构特征。随之，这种变化了的体育消费结构特征呈现出阶层化的表征，并使得社会结构也自然而然地发生了一定的改变。以英国为例，如表5-1所示。

自20世纪90年代以来，无论是光顾体育休闲中心还是体育参与的频率，占有高经济资本与高文化资本的经理阶层占有较高的比例，特别是要远远地高于占有低经济资本与低文化资本的做粗活的工人阶层，差距比例分别达到44%与29%，并且，随着各阶层占有经济与文化资本增量大小的变化，从 C1—E 阶层开始呈现依次递减的趋势，这说明资本已经成为体育消费阶层化的内在动力，成为一种显性特征的表达。

表 5 - 1 　　　　1960—1990 年、1987—1996 年体育消费与社会阶层

	光顾体育休闲中心（%）		过去四周的任何体育参与（%）	
	1960 年	1990 年	1987 年	1996 年
A（职业运动员）		40	65	63
B（经理阶层）	20	52	52	52
C1（技术人员）	44	33	45	47
C2（熟练工人）	27	20	48	45
D（半熟练工人）			34	37
E（做粗活工人）	7	8	26	23
总计			45	46
B 与 E 的差距比较	13	44	26	29

资料来源：English Sports Council, 1997；Sport England, 1999.

由此所演绎的研究假设二：转型时期的中国体育消费呈现出"阶层消费"的特征，不同资本增量和资本占有量范畴下的体育消费结构特征出现分化，体育消费内容、体育消费行为、体育消费方式和体育消费意识表现出一定的差异性。

除此之外，当体育消费实践活动呈现出"阶层消费"特征之后，体育消费与社会结构之间的有机联系也会越来越紧密，社会区隔逐步扩大，这时的体育消费实践活动最终成长为一种区隔，成为区分和建构社会阶层地位的符号与象征。这也就是研究的第三个假设。

第三节　结构与资本范式下的
研究对象与实证方法

一　抽样框架

在社会结构转型的过程中，要明确嵌入的结构与资本是体育消费出

现"阶层化"特征的动力，不能只是借助于发挥社会学的想象构建一个空洞的理论给予佐证，而是有必要对"阶层化"进行科学界定，进而作为样本分层的依据，科学抽样，展开必要的实证研究，这样才能更准确地剖析它们之间的内在机制。Blau 和 Duncan（1967）；Featherman 等（1975）认为一个社会的阶级或阶层是基于客观社会位置而形成的，例如，阶级位置、职业地位、教育水平、财产和收入、权力等，即使是"社会声望"这一看起来是主观的评价标准，其基础也是社会经济的，内在地包括了权力、教育水平和收入等要素。在这里，也就是说，一个人的阶层地位是由教育文化水平、收入、职业、社会声望等多元指标组成并评价的，单一维度的指标对于一个人阶层地位的评价并不准确。但是就中国的社会分层研究来看，仅以单一指标职业分层为基础的研究居多。如由陆学艺主持的当代中国社会阶层研究课题以及由周晓虹主持的中国中间阶层实证调查研究都是以职业分层为基础展开的。在社会转型的过程中，职业分工体系日趋复杂化并持续变化，可以说，一个人的职业地位决定着他的收入水平、社会声望、文化修养等各个方面，以职业分层作为分析转型社会"阶层化"特征的重要解释变量是合理的，也是易于操作的。为此，本书将结合职业分层的原则，在综合考虑文化资源的影响下依据法国社会学家布迪厄的阶层理论对转型时期的体育消费"阶层化"特征进行科学界定。

布迪厄的阶层理论体现在《区隔：关于品位鉴赏的社会批判》一书中，在他看来，社会分层的突出特征是强调文化、生活方式、品位、惯习等在区分社会地位的差异。区分各个社会阶级的首要差异，在于各个阶级占有的资本总量。资本总量可以区分为经济、文化、社会和符号资本四种资本类型。①经济资本：可以界定为生产商品、服务的金钱以及物质资料、制度化的产权。②文化资本：可以界定为资格证书、教育文凭等形式，当然也包括习惯、态度、语言、教育程度、格调、生活方式，以及人际交往、待人接物的方式等。③社会资本：可以界定为一个人所拥有的持久的人际关系网络，关系网规模的大小决定了这个人多占有的社会资本数量。④符号资本：可以界定为象征资本，指的是运用符号使占有不同形态的其他三种资本合法化，即是经济资本、文化资本和社会资本通过符号而获得合法化的形式。在这里，布迪厄虽然在理论上说有四种类型的资本，但是他主要重视的或者说他主要展示的还是经济资本和文化资本两种类型，并通过这两种类型的资本来定位社会空间中的各个阶级。因为，布迪厄认为，这四种资本之间可以互相转换，经济资本是其他类型资本的根源，而其他类型的资本需要转换为经济资本才可以获得商品或服务，但是那些改变了的，经过伪装的经济资本的形式是不能完全简化为经济资本的定义的。[①] 这里所指的被伪装的经济资本形式其实就是文化资本，所以布迪厄还是有区分地用经济资本和文化资本两种类型来进行社会阶级的分析。这也是本书所遵循的分析路径。

如图 5-2 所示，在此坐标空间中，横坐标代表着个体的文化资本量，纵坐标代表着个体的经济资本量。在这其中，A 代表高经济与高文化资本的阶层，人数比较少，椭圆面积最小，位于空间的最右侧顶端；B 代表高经济与低文化资本的阶层，人数相对于 A 来说要多一些，位于空间的左侧顶端；C 代表低经济与高文化资本的阶层，人数相对于 A 和

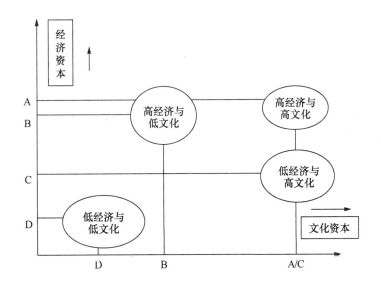

图 5-2　布迪厄"社会空间"的阶层结构分布

---

① 皮埃尔·布迪厄著：《文化资本与社会炼金术：布迪厄访谈录》，包亚明译，上海人民出版社 1997 年版。

B 来说要多很多，位于空间的中间位置；D 代表低经济与低文化资本的阶层，人数最多，位于空间的最低位置。从这个粗略的社会空间图中，人们可以通过分析自己的不同资本拥有量来清楚地定位自己在社会空间中的位置，辨认自己属于哪个阶层，从而直观地反映了社会"阶层化"特征。

在此基础上，为方便而又准确地把握我国社会各阶层的体育消费特征，本书将按照一定的科学化原则，结合我国的行业分类特点，在综合考虑收入、职业结构和社会地位分层的基础上，根据布迪厄的阶层化理论对我国转型时期的社会各阶层进行系统分析，从而探索性地将社会各阶层划分为由我国党政机关组织管理下的雇主和雇员两大社会阶层，雇主阶层主要由占有高经济、高文化资本的职业经理阶层和占有高经济、低文化资本的私营企业主阶层组成；雇员阶层主要由占有中等经济资本和高文化资本的新雇员阶层、占有低经济和高文化资本的专业性技术服务阶层以及占有低经济和低文化资本的产业工人、非专业性服务四个阶层组成。如表 5 - 2 和表 5 - 3 所示，根据行业的细分，由计算机、金融业和房地产业组成的新雇员阶层无论是在经济资本总量还是在文化资本构成比例方面都占据较大的优势，经济资本总量的综合等级排名为第一位，文化资本构成中本科和研究生的比例分别为 16.6% 和 1.4%，这些数据使其明显地区别于其他社会阶层。由教育、文化、体育、科学研究等行业所组成的专业性服务阶层只有在文化资本构成比例方面占据很大的优势，本科和研究生的构成比例为 21.48% 和 2.74%，这一数据明显地高于其他社会阶层，属于高文化资本的阶层，但在经济资本总量方面要比新雇员阶层差，与产业工人阶层相差无几，都属于低经济资本的行列。如果将其统合在一起的话，那么这一阶层就属于高文化资本与低经济资本阶层。由批发零售、餐饮、住宿、租赁和居民服务业所组成的非专业性服务阶层与产业工人阶层无论是在经济资本总量还是在文化资本构成比例方面都属于较低的阶层，可以统一为低经济与低文化资本阶层。当然，这样的划分也存在一定的问题，那就是产业工人阶层中的电力、燃气及水供应行业在文化资本构成与经济资本总量方面要明显高于产业工人阶层内部的其他行业，与专业性服务阶层差不多，理应划入这一阶层，但是这一行业在企业性质与从业人员的社会身份等特征上又与产业工人阶层相近，因此，综合考虑之后，仍然将其纳入产业工人阶层。

表 5 – 2　　　　　　按细分行业城镇单位就业人员平均劳动
报酬（经济资本构成 2007 年）

行业	具体行业区分	平均薪酬（元）	等级排名
交通、邮政、电力工作者	交通运输、仓储和邮政业	27903	7
	电力、燃气及水的生产与供应	33470	4
	总计	30687	3
制造业、建筑业和采掘业工作者	制造业	21144	13
	采矿业	28185	6
	建筑业	18482	16
	总计	22604	6
文化、卫生和体育工作者	文化、体育娱乐业	30430	5
	卫生、社会保障和社会福利业	27892	8
	总计	29161	4
批发零售、餐饮休闲与居民服务业工作者	居民服务和其他服务业	20370	15
	批发与零售业	21074	14
	租赁与商务服务业	27807	9
	水利、环境和公共设施管理业	18383	17
	住宿与餐饮业	17046	18
	总计	20936	7
计算机、金融与房地产销售工作者	信息传输、计算机服务和软件业	47700	1
	金融业	44011	2
	房地产开发业	26085	11
	总计	39265	1
教育、科学研究技术服务工作者	科学研究、技术服务和地质勘查业	38432	3
	教育	25908	12
	总计	32170	2
党政机关公务员	公共管理与社会组织	27731	10
	总计	27731	5

资料来源：《中国统计年鉴》（2008）。

表5－3　　　　按教育程度细分行业城镇单位就业人员的

（文化资本构成）比例（2007年）　　单位：%

阶层	具体行业	大学本科	研究生
产业工人阶层	交通、邮政业工作者	2.7	0.2
	电力、燃气及水供应工作者	9.8	2.2
	制造业工作者	2.9	0.2
	采掘业工作者	2.8	0.1
	建筑业工作者	2.4	0.1
	平均总计	4.12	0.56
专业性服务阶层	文化、体育与娱乐工作者	14.6	1.0
	党政机关公务员	19.8	0.9
	卫生、社会保障工作者	15.2	1.6
	教育工作者	31.0	4.4
	科学研究技术服务工作者	26.8	5.8
	平均总计	21.48	2.74
非专业性服务阶层	批发零售业工作者	2.5	0.2
	餐饮住宿业工作者	1.0	—
	居民服务业工作者	1.8	0.1
	租赁服务业工作者	15.8	1.6
	公共设施服务管理业工作者	7.7	0.4
	平均总计	5.76	0.46
新雇员阶层	计算机工作者	20.5	2.0
	金融业工作者	18.9	1.5
	房地产销售工作者	10.4	0.6
	平均总计	16.6	1.4

资料来源：《中国统计年鉴》（2008）。

由此，根据具体行业的细分，组成可供科学抽样的样本构架图。如图5－3所示，雇主阶层由职业经理阶层和私营企业主阶层的从业人员组成；新雇员阶层主要由计算机、金融、房地产销售行业的从业人员组成；专业性服务阶层由体育、文化与卫生系统行业，教育、科学研究、技术服务行业，公共管理与社会组织系统行业的从业人员组成；产业工人阶层由交通、邮政和电力系统行业与建筑、采矿和制造业系统行业的从业人员组成；非专业性服务阶层由批发零售、餐饮和居民服务行业的从业人员组成。

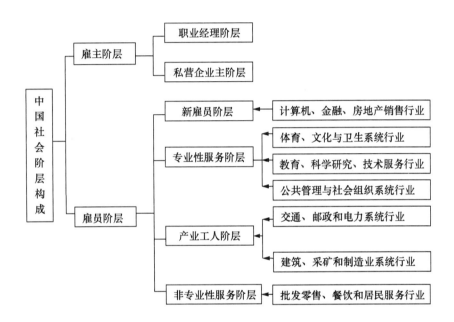

图 5 - 3　主体调查的样本构架

　　抽样的方法在以往的研究中，有陆学艺等 1999 年"当代中国社会结构变迁研究"课题组，在理论综述马克思关于阶级阶层和社会结构的理论、国内外有关社会阶级阶层问题研究的基础上，采用问卷调查法与访谈法等综合社会研究方法，先后对湖北省汉川市、辽宁省海城市、福建省福清市、贵州省镇宁县、安徽省合肥市、江苏省无锡市和吴江市七都镇、广东省深圳市、北京燕山石化总厂、吉林省长春第一汽车制造厂以及南开大学等市、县、厂、校，进行了大规模的社会调查，历时三年，终于勾勒出当代中国的社会阶层结构变动整体状况，提出中国十大社会阶层：一是国家与社会管理者阶层；二是经理人员阶层；三是私营企业主阶层；四是专业技术人员阶层；五是办事人员阶层；六是个体工商户阶层；七是商业服务人员阶层；八是产业工人阶层；九是农业劳动者阶层；十是城市无业、失业和半失业人员阶层。在这里可以看出，该研究在抽样过程中并没有按照概率抽样的原则，没有详细的样本分布列表，只是基于上述各典型地区社会调查所得的数据和资料做出的相关分析，这在一定程度上有失科学性和准确性。当然，这可能与当时的历史和政治背景有关系，迫于时间紧、任务重的压力，虽然随后也开展了全国范围的 6000 份抽样调查，但毕竟时间周期较长，基于多方面的考虑，课题组还是选择了前者作为撰写研究报告的依据。尽管如此，但抽样所存在的问题仍然是存在的，也是不可回避的现实。

同样地，还有周晓虹在编译和理论分析米尔斯的《白领：美国的中产阶级》《全球中产阶级比较研究》的基础上，提出了对中国中间阶层进行实证调查的设想，调查方式为电话调查，调查样本为 3038 个。王建平博士对其中的 1519 个样本进行了分析，具体样本分布情况如表 5 - 4 所示。从表中可以看出，首先，抽样方法采用配额抽样，也就是说，北京、上海、广州、武汉、南京五大城市的样本均控制在 300 人左右，没有进行系统的概率抽样。其次，学生群体在样本中的比例比较高，如果按照职业分层的原则，这使得学生与其他社会阶层不能认同为来自同一个总体，因此，不能够进行内部之间的比较，抽样误差很大。另外，该研究对企业工人、服务业、农林牧渔三个阶层的界定也有问题，有很多重叠。因为，与企业工人相比较，服务业主要集中于零售、批发、住宿、餐饮、租赁、商务服务等行业，这些行业在产业性质上属于第三产业，也就是说，很多都是私营的、个体经济，这与企业工人所从事的具有第二产业性质和国有性质的行业有较大的区别，这么高的异质性放在一起，抽样误差肯定很大。最后，在最新的 2006 年中国人口与经济统计年鉴中，雇员与雇主的比例是 30∶1，而该研究的样本显示明显要高于这个比例，因此，最终结果所统计的中产阶层的比例会很高，抽样误差很大。

表5-4 中国中间阶层实证调查的样本分布

	频数	百分比（%）
党政机关公务员	76	5.0
事业单位管理与专业技术人员	230	15.2
经理人员	46	3.0
私营企业主	46	3.0
企业管理技术人员	196	12.9
个体工商户	64	4.2
企业工人/商业服务人员	316	20.8
下岗失业人员	68	4.5
学生	237	15.6
农林牧渔劳动者	11	0.72
其他	192	12.64
拒绝回答	37	2.44
总计	1519	100.0

资料来源：王建平：《中国城市中间阶层消费行为》，中国大百科全书出版社2007年版。

考虑到这些问题之后，本书初步拟定了如图5-3所示的主体调查的样本构架，具体抽样方法与过程将按照科学化的程序进行。

二 调查对象与地点

基于研究经费和时间的限制，在广大的中国农村和城镇展开大范围调查的难度比较大，所以本书将调查对象确定为中国各城镇的体育消费者，年龄在18—60岁的主流消费群体。在这里要强调的是，样本中并不涉及学生群体与退休人员。因为，学生群体比较特殊，是属于没有正式职业和正式收入的群体，不符合本书基于职业分层的抽样原则，也就是说，与其他有正式职业和正式收入的不同阶层群体不是来自同一个总体。对于退休人员而言，虽然他们是有职业和收入的群体，但是他们并不受制于转型时期"时间稀缺性"原则的制约，休闲时间比较多，有可能进行更多的体育消费活动，所以，如果与其他阶层组成抽样样本的话，会使得由数据分析结果所反映的不同社会阶层的体育消费特征不准确，样本误差比较大。

另外，考虑到经济与社会发展水平的不同和地区性跨文化差异的影响，调查地点的选择涉及北京、济南和贵阳三个城市，这三个城市从经济与社会发展指标上依次递减，在区域划分上横跨东部、中部和西部三个区域，这在一定程度上保证了问卷主体调查的科学性，最大限度地减少了一些潜在变量对于抽样样本反映总体特征的干扰。

三　样本量的大小

一个抽样的样本量大小的确定一般是在已知总体标准差的情况下通过数学公式计算所得，但是在未知标准差或只是基于预调查基础上所得的标准差粗略计算所得的情况下，也可以考虑选择通过遵循两个原则来进行一定的评估。第一，基于分类比较的程度，每组比较研究的样本量为 30 个；第二，根据调查区域的大小，调查区域越大，所需要的样本量就越大。按照上述原则，本书的抽样框架由职业经理阶层、私营企业主阶层、新雇员阶层、专业性服务阶层、产业工人阶层、非专业性服务阶层共 6 个阶层组成，按平均每人消费 3—5 个项目来计算，共有 6×3—6×5 组合研究，样本量也就是 540—900。

另外，按照区域的大小来选择样本量大小的话，如果是大型城市、省市一级的地区性研究，样本数在 500—1000，可能比较适合；而对于中小城市，样本量在 200—300 可能比较适合；如果是多省市或者全国性的研究则样本量可能在 1000—3000 比较适合。[①] 这样的话，本书属于跨省市研究，样本量应该是 1000 以上，但是限于时间、精力和经费的制约，本书的样本量为 550，只能符合前者分类比较原则，未能达到后者的要求，是其研究的局限。

四　问卷的信度和效度分析

信度和效度分析是评估测量工具是否具有有效性的必要分析环节。本书的主体问卷共由经济资本与文化资本测量问卷、体育消费内容调查问卷、体育消费支出调查问卷、体育消费意识问卷四部分组成。其中，

---

① 陈杰、徐红：《抽样调查中样本量的设计和计算》，《武汉职业技术学院学报》2006 年第 1 期。

除体育消费内容调查问卷以外，其他问卷均使用 SPSS 统计分析软件的信度和效度分析。评估问卷信度的方法采用 Cronbach's Alpha 系数内部一致性信度进行分析，评估问卷效度的方法采用构念效度，Lundstrom（1976）和 Oliver（1994）等专家建议采用单项与总体相关分析（Item - total）来测量构念效度。

1. 信度分析（Cronbach's Alpha 内部一致性信度）

如表 5 - 5 所示，三个分问卷的 Cronbach's Alpha 系数值分别为 0.716、0.869 和 0.702，都大于 0.7。学者 Nunnally（1978）认为，量表的 α 值大于 0.7，这一标准得到了大多数专家的认可。[①] 因此，可以得出结论，本书的问卷信度是比较理想的。

表 5 - 5　　不同分问卷的 Cronbach's Alpha 内部一致性信度的比较分析

分问卷	Cronbach's Alpha	Cronbach's Alpha Based on Standardized Items	项目数	评价
经济资本与文化资本测量问卷	0.716	0.720	6	比较理想
体育消费意识问卷	0.869	0.876	30	理想
体育消费支出问卷	0.702	0.706	3	比较理想

2. 效度分析（Item - total 相关分析）

如表 5 - 6 所示，经由 Item - total（单项与总体）的相关分析，经济资本与文化资本测量问卷和体育消费支出问卷中所有测试项目的相关系数都大于 0.1，这说明问卷的效度是可以接受的。但是，体育消费意识问卷中的 V20 和 V29 两个题项与总体的相关系数绝对值并没有大于 0.1，这说明该问卷的效度存在一定的问题。即使 Cronbach's Alpha 内部一致性信度分析较好，但是仍然有进一步修正的空间。对于该问卷的修订，本书将在下一部分的关于体育消费意识问卷的修订和维度识别研究中展开论述。

---

① Nunnally J. C., *Psychometric Theory*, McGraw - Hill, N. Y., 1978.

表5-6   不同分问卷的效度分析（单项与总体的相关分析）

		Scale Mean if Item Deleted	Scale Variance if Item Deleted	Corrected Item – Total Correlation	Squared Multiple Correlation	Cronbach's Alpha if Item Deleted
经济资本与文化资本测量问卷	A1	17.29	19.096	0.611	0.687	0.620
	A2	17.38	19.412	0.648	0.701	0.610
	A3	16.68	23.181	0.197	0.052	0.781
	A4	15.95	22.153	0.577	0.674	0.645
	A5	15.52	20.531	0.604	0.696	0.628
	A6	17.53	28.610	0.154	0.055	0.738
体育消费支出问卷	B1	5.93	11.599	0.547	0.300	0.579
	B2	6.72	12.766	0.487	0.238	0.652
	B3	6.05	9.750	0.538	0.293	0.597
体育消费意识问卷	V1	100.29	144.699	0.432	0.413	0.864
	V2	100.74	143.706	0.382	0.328	0.865
	V3	100.16	143.939	0.468	0.425	0.863
	V4	100.20	143.503	0.474	0.564	0.863
	V5	100.47	141.459	0.541	0.632	0.861
	V6	100.41	141.863	0.522	0.514	0.861
	V7	99.85	143.940	0.548	0.639	0.862
	V8	99.95	142.805	0.541	0.588	0.861
	V9	100.57	142.230	0.498	0.389	0.862
	V10	100.18	141.812	0.551	0.475	0.861
	V11	100.64	140.926	0.565	0.511	0.860
	V12	100.64	141.419	0.560	0.473	0.860
	V13	100.49	140.870	0.553	0.473	0.860
	V14	100.02	142.495	0.547	0.432	0.861
	V15	99.99	145.379	0.428	0.378	0.864
	V16	99.77	145.104	0.533	0.558	0.862
	V17	99.95	143.808	0.542	0.496	0.862
	V18	99.90	145.768	0.399	0.335	0.865
	V19	100.28	142.786	0.497	0.388	0.862
	V20	100.40	155.988	-0.097	0.343	0.879

续表

		Scale Mean if Item Deleted	Scale Variance if Item Deleted	Corrected Item – Total Correlation	Squared Multiple Correlation	Cronbach's Alpha if Item Deleted
体育消费意识问卷	V21	99.80	148.912	0.300	0.359	0.867
	V22	100.18	148.007	0.261	0.348	0.868
	V23	100.05	144.407	0.453	0.428	0.863
	V24	101.15	143.726	0.433	0.574	0.864
	V25	101.22	144.083	0.388	0.552	0.865
	V26	101.45	146.343	0.309	0.498	0.867
	V27	100.31	144.058	0.453	0.327	0.863
	V28	100.96	158.516	− 0.196	0.170	0.881
	V29	100.82	155.572	− 0.081	0.255	0.877
	V30	100.52	144.053	0.439	0.326	0.864

五 体育消费意识问卷的修订和维度识别

1. Cronbach's Alpha 系数的检测与修订

Churchill（1979）、Kohli 等（1993）和 Parasuaraman（1988）认为，凡是 Item – total correlation（单项与总体相关）< 0.4 且删除该测试项后 Cronbach's Alpha 系数值会增加的测试项都应删除。如表 5 – 6 所示，符合删除要求的测试项有 V20、V28 和 V29 三个题项，这三个题项属于反向题，相对来说，测量误差比较大，导致 Item – total correlation（单项与总体相关）值比较低，分别为 − 0.097、− 0.196 和 − 0.081 均都小于 0.4，而且 Alpha if Item Deleted（删除后信度系数增加）值分别为 0.879、0.881 和 0.877，均大于表 5 – 5 中所显示的该问卷的 Cronbach's Alpha 系数值 0.869。也就是说，删除这三项之后，由其他 27 个测试项所组成的新体育消费意识问卷的 Cronbach's Alpha 系数值将增加。这样，由 V20 和 V29 两个题项所引起的原问卷的效度问题也得到了解决。

新修订的体育消费意识问卷的 Cronbach's Alpha 系数值和效度分析，如表 5 – 7 所示，由 Item – total（单项与总体）的相关分析可以发现各测试项的数值都大于 0.1，这说明新修订的体育消费意识问卷的效度是可以接受的。不仅如此，Cronbach's Alpha 系数值也从原来的 0.869 上升到 0.900，内部一致性信度获得了提高。

表 5-7　　新修订的体育消费意识问卷的效度分析
（单项与总体的相关分析）

		Scale Mean if Item Deleted	Scale Variance if Item Deleted	Corrected Item - Total Correlation	Squared Multiple Correlation	Cronbach's Alpha if Item Deleted
	V1	90.95	152.445	0.427	0.397	0.898
	V2	91.39	150.727	0.407	0.298	0.898
	V3	90.82	151.639	0.464	0.406	0.897
	V4	90.86	151.064	0.477	0.557	0.897
	V5	91.12	149.113	0.537	0.625	0.895
	V6	91.06	149.180	0.534	0.500	0.895
	V7	90.51	151.893	0.530	0.625	0.896
	V8	90.61	150.454	0.539	0.578	0.895
	V9	91.23	149.635	0.506	0.382	0.896
	V10	90.83	149.475	0.546	0.468	0.895
新修订的	V11	91.30	148.607	0.559	0.495	0.895
体育消费	V12	91.29	149.053	0.556	0.469	0.895
意识问卷	V13	91.15	148.136	0.566	0.472	0.895
	V14	90.68	150.051	0.548	0.432	0.895
	V15	90.65	152.753	0.442	0.377	0.897
	V16	90.43	152.905	0.524	0.555	0.896
	V17	90.60	151.584	0.533	0.491	0.896
	V18	90.56	153.518	0.395	0.333	0.898
	V19	90.94	150.317	0.500	0.381	0.896
	V21	90.46	156.682	0.299	0.357	0.900
	V22	90.83	155.218	0.285	0.321	0.900
	V23	90.71	152.092	0.451	0.411	0.897
	V24	91.81	150.361	0.477	0.573	0.897
	V25	91.87	150.390	0.444	0.532	0.897

续表

		Scale Mean if Item Deleted	Scale Variance if Item Deleted	Corrected Item – Total Correlation	Squared Multiple Correlation	Cronbach's Alpha if Item Deleted
新修订的 体育消费 意识问卷	V26	92. 11	152. 652	0. 369	0. 481	0. 899
	V27	90. 97	151. 565	0. 459	0. 302	0. 897
	V30	91. 17	151. 039	0. 469	0. 312	0. 897
Cronbach's Alpha	0. 900	Cronbach's Alpha Based on Standardized Items		0. 901	N of Items	27

2. 新修改的体育消费意识问卷的维度识别

通过上述关于数据的有效性与可靠性的研究，在确定由 27 个测试项所组成的新体育消费意识问卷的基础上，本书将采用探索性因子分析和验证性因子分析来进一步探究体育消费意识的维度有哪些，也可以说是体育消费意识的基本结构是什么。

根据统计学的要求，在进行探索性因子分析之前必须首先对数据的整体进行巴特利特球体检验（Bartlett test of Sphericity）和 KMO 测度（Kaiser – Meyer – Olkin Measure of Sampling Adequacy）。根据 Kaiser（1974）的研究，可以根据以下标准解释 KMO 值的大小：0.9 以上，非常好；0.8 以上，良好；0.7 以上，中度；0.6 以上，差；0.5 以下，不能接受因子分析。[1] 统计结果显示 KMO = 0.879，巴特利特球体检验的显著性水平小于 0.01，这说明数据非常适合做因子分析。

因子分析之后，需要通过因子分析的特征值和碎石图来确定因子的个数，也就是体育消费意识的维度有哪些。由图 5 - 4 可以发现，因子 1、因子 2、因子 3 和因子 4 之间的特征值之差比较大，出现较大幅度的拐点，而从因子 5 开始，因子之间的特征值差值均比较小，曲线变得平缓，这说明提取前 5 个因子作为最大因子个数是合理的。另外，如表 5 - 8 和表 5 - 9 所示，前 5 个因子的特征值都大于 1，累计方差贡献率为 54.792%，因子负荷量（阴影部分）在 0.380—0.813。根据主成

①　Kaiser, H. F. , "An Index of Factorial Simplicity", *Psychometrka*, 1974, 39: 31 – 36.

分分析中的特征值大于 1 的标准，以及 Tabachnick 和 Fidell（2007）提出的评定因子负荷量的标准："负荷量大于 0.45，属于普遍，负荷量小于 0.32，不好，考虑予以删除"。[①] V19 这个题项的因子负荷量虽然小于 0.4 但是并没有小于 0.32，仍然可以接受不予以删除，其他各题目项的设计都是比较合理的，可以对 4 个因子进行下一步的因子命名以及验证性因子分析。

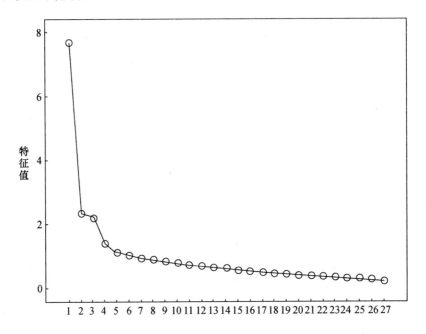

图 5-4　因子分析的碎石

表 5-8　　　　　　　　　　　特征值和方差解释贡献率

因子	因子原始特征值			提取的因子累计负荷量			旋转后因子累计负荷量		
	全部特征值	方差贡献率（%）	累计贡献率（%）	全部特征值	方差贡献率（%）	累计贡献率（%）	全部特征值	方差贡献率（%）	累计贡献率（%）
1	7.711	28.561	28.561	7.711	28.561	28.561	3.828	14.177	14.177
2	2.349	8.698	37.259	2.349	8.698	37.259	3.567	13.212	27.388

① Tabachnick, B. G., Fidell, L. S., *Using Multivariate Statistics*（5th *Ed*）, Needham Heights, MA：Allyn and Bacon, 2007.

续表

因子	因子原始特征值			提取的因子累计负荷量			旋转后因子累计负荷量		
	全部特征值	方差贡献率（%）	累计贡献率（%）	全部特征值	方差贡献率（%）	累计贡献率（%）	全部特征值	方差贡献率（%）	累计贡献率（%）
3	2.212	8.193	45.452	2.212	8.193	45.452	3.344	12.386	39.775
4	1.397	5.174	50.626	1.397	5.174	50.626	2.930	10.851	50.626
5	1.125	4.166	54.792	1.125	4.166	54.792	2.611	9.672	54.792
⋮									
27	0.205	0.760	100.000						

如表 5 - 9 所示，由题项 V5、V4、V1、V6、V3 和 V2 所组成的因子 1 主要体现为人们在体育消费实践过程中的学习意识，所以因子 1 命名为学习意识；由题项 V12、V14、V11、V13、V27、V18、V30 和 V19 所组成的因子 2 主要体现为人们在体育消费实践过程中的自尊意识，目的是通过这样的途径来获得社会或集体的认同，所以因子 2 命名为社会认同意识；由题项 V22、V16、V21、V23、V15、V17 所组成的因子 3 主要体现为人们在体育消费实践过程中的健康和技能意识，所以因子 3 命名为健康与技能意识；由题项 V26、V24、V25 所组成的因子 4 主要体现为人们在体育消费实践过程中的社会身份意识，所以因子 4 命名为社会身份意识；由题项 V7、V8、V10、V9 所组成的因子 5 主要体现为人们在体育消费实践过程中的社会交往意识，所以因子 5 命名为社会交往意识。

表 5 - 9　　　　　　　　　　正交旋转后的因子负荷矩阵

测试项	因子成分				
	1	2	3	4	5
V5 挖掘新概念	0.813	0.231	0.153	0.033	0.021
V4 拓展知识领域	0.795	0.139	0.094	-0.018	0.116
V1 学习周围的事物	0.691	0.015	0.029	0.170	0.160
V6 激发想象力	0.639	0.356	0.110	0.006	0.129
V3 多认识自己	0.618	0.044	0.074	0.066	0.339

续表

测试项	因子成分				
	1	2	3	4	5
V2 满足好奇心	0.424	-0.126	0.079	0.370	0.353
V12 可以拥有归属感	0.155	0.664	0.038	0.208	0.221
V14 一种自我能力的挑战	0.136	0.564	0.385	0.041	0.157
V11 向别人表达自己的想法感觉与特长	0.088	0.559	-0.014	0.304	0.389
V13 得到别人的尊重	0.330	0.558	-0.049	0.274	0.208
V27 丰富自己的运动经历	0.184	0.502	0.133	0.172	0.095
V18 保持身材	-0.127	0.495	0.385	0.109	0.107
V30 重塑自我形象	0.182	0.405	0.258	0.365	-0.045
V19 发挥自己的运动才能	0.119	0.380	0.293	0.230	0.209
V22 为了休息	0.175	-0.174	0.686	0.197	-0.040
V16 使我更有精力	-0.022	0.203	0.682	0.046	0.406
V21 使身体获得舒缓，放松情绪	0.000	0.217	0.665	-0.138	0.015
V23 疏解压力与紧张	0.218	0.274	0.593	0.004	0.018
V15 参与其中是我生活中的重要组成	0.116	-0.037	0.568	0.254	0.298
V17 增加运动技巧和能力	0.085	0.397	0.519	-0.029	0.304
V26 可以表现自己的财富与地位	0.058	0.127	0.030	0.810	0.027
V24 表明自己的身份与品位	0.081	0.283	0.051	0.783	0.055
V25 追求时尚	0.006	0.293	0.058	0.747	0.081
V7 与人建立友谊	0.272	0.172	0.281	-0.152	0.703
V8 与人产生互动	0.298	0.219	0.206	-0.075	0.646
V10 认识新朋友或不同的人群	0.112	0.369	0.061	0.159	0.616
V9 寻求知己	0.176	0.181	0.069	0.281	0.576

　　通过探索性因子分析初步表明，体育消费意识的基本结构是由学习意识、社会认同意识、健康与技能意识、社会身份意识和社会交往意识五方面组成的，但是，由于探索性因子分析只是用来寻找或发现一种结构或模型，并不能对这种结构或模型给予合法性的评估，因此，需要进一步用验证性因子分析来对探索后所提出的体育消费意识的基本结构或建构模型进行拟合度的检验。验证性因子分析有两种，一种是用于检验

一组类似的测量变量类别后的初阶潜在因素，以确定问卷题目背后的概念结构，可称为一阶 CFA 模式；另一种是在初阶潜在因素的基础上进一步检验这些一阶因子的背后存在的更高层次的共同因素，称为高阶因子分析（HCFA 模式）。

相比较而言，HCFA 模式较之 CFA 模式不仅简效，而且能够很直观地反映出各因素之间的概念结构，[①] 这对于厘清体育消费意识的基本结构有着重要的解释性。为此，本书根据两种验证性因子分析的特点，分别构建了可供检验的两种体育消费意识假设模型来进行比较分析。

如图 5－5 和图 5－6 所示，高阶的体育消费意识假设模型中五个初阶因素（学习意识、社会认同意识、健康与技能意识、社会身份意识和社会交往意识）背后受到一个二阶的体育消费意识的影响，整个图形构造简单、明了，能够比较清楚、直观地反映出体育消费意识的基本结构，而初阶的体育消费意识假设模型中各因素之间仅具有相关而没有高阶潜在变量的设定，整个图形构造比较复杂，更多的是反映出体育消费意识各初阶因素之间的关系。可以说，这只是一个初步的判断，至于两个模型的适用性到底如何，有待于进一步进行模型评价。

下一步对模型进行评价，也就是要评定模型对数据的整体拟合程度。本书用于分析模型拟合度的解释性工具是 AMOS 统计分析软件，该软件中可用于评定模型拟合度的指标有很多，王宝进和黄芳铭（2004）、邱皓政（2003）普遍认为这些指标主要集中在三个方面：一是绝对适配检定，所涉及的指标有卡方值（χ^2）、残差均方根（RMR）、标准化残差均方根（SRMR）、拟合优度指数（GFI）、近似误差的均方根（RMSEA）；二是增量适配检定，所涉及的指标有调整后的拟合优度指数（AGFI）、相对拟合指数（RFI）、比较拟合指数（CFI）、赋范拟合指数（NFI）以及增值固定指数（IFI）；二是精简适配检定，所涉及的指标有简约赋范指数（PNFI）、χ^2/df、阿凯克信息标准（AIC）。

---

① 邱皓政（2009）认为，一个 HCFA 模型仅需要两个方程式来表达：$y = \Lambda_y \eta + \varepsilon$；$\eta = \Gamma \xi + \zeta$，没有 X 变量，也就是说，HCFA 模型中仅需估计 Λ_y 即可，潜变量 ξ 可以由内生潜变量定义，这使得所需要的估计参数减少。

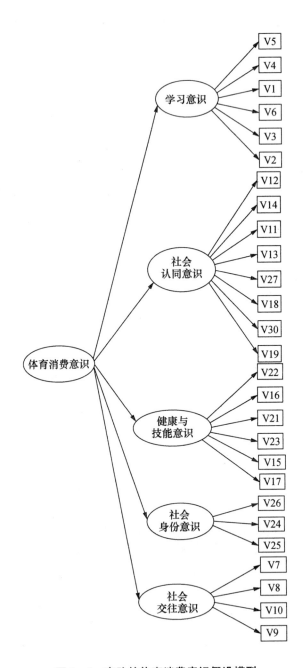

图5-5　高阶的体育消费意识假设模型

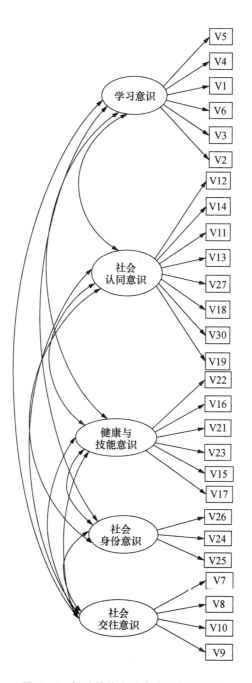

图 5 - 6　初阶的体育消费意识假设模型

　　这些统计指标都有一定的适配标准及临界值，如表 5 - 10 所示。以此适配标准要求对体育消费意识假设模型进行拟合度分析，如表 5 - 11 所示，从各统计指标的总体评价来看，无论是最初设定的体育消费意识假设模型，还是修改后的体育消费意识假设模型，都未能达到比较理想的拟合适配，特别是在增量适配检定指标方面表现得尤为不理想。但是，在社会学研究中，由于所分析社会现象的复杂性，一般 CFI、NFI 和 GFI 等大于 0.8 以上，就可以承认模型的合理性了。Bagozzi，R. P. 和 Y. Yi（1988）也认为，一些研究认为 0.9 的指标是比较保守的，如果大于 0.8 也应是比较不错的拟合。①

　　那么，如果按照这样的标准，如表 5 - 12 所示，修改后的两个体育消费意识假设模型在大部分拟合指标中均达到比较理想的范围，拟合数据的效果也是比较理想的。另外，从两个假设模型的比较来看，修改前的高阶假设模型较初阶假设模型的拟合效果要差，而修改后的高阶假设模型与初阶假设模型之间拟合效果的差异不是很大。根据邱皓政、林碧芳（2009）的研究，当初阶因素数目大于 3 或更多时候，HCFA 模型的简效性优点凸显，但所付出的代价是模型拟合变差，只要拟合度没有显著地比 CFA 模型差时，即可依据简效法则，接受 HCFA 模型为最佳模型。如此，本书中修改后的高阶假设模型拟合度较之初阶假设模型相差无几，因此，最终得出结论由学习意识、社会认同意识、健康与技能意识、社会身份意识和社会交往意识五个维度构成的体育消费意识高阶假设模型在数据拟合分析上的效力是可以接受的，体育消费意识的基本结构可以得到确认。

　　至于相关的内容的进一步探讨，比如模型的识别与修正过程可以参考附录 A 中路径分析图 A 中由 AMOS 统计软件分析处理后的初阶假设模型路径图 A - 1、高阶假设模型路径图 A - 2、修改后的高阶假设模型路径图 A - 3 和修改后的初阶模型路径图 A - 4，在这里就不再做进一步的细致分析了。

---

① Bagozzi, R. P. and Y. Yi, "On the Evaluation of Structural Equation Models", *Journal of the Academy of Marketing Science*, 1988, 16（1）: 74 - 94.

表 5 − 10　　　　　　　　　各统计指标的适配标准及其临界值

统计检定量		适配标准及其临界值
绝对适配检定	χ^2	越小越好，至少大于 0.05 显著水平
	GFI	大于 0.90
	RMSEA	0.05 以下优，0.5—0.8 良好
	RMR	最好低于 0.05，或 0.025 以下，越低越好；临界值是 0.08
	SRMR	最好低于 0.05，或 0.025 以下，越低越好；临界值是 0.08①
增量适配检定	AGFI	大于 0.90
	NFI	大于 0.90
	RFI	大于 0.90
	IFI	大于 0.90
	CFI	大于 0.90
精简适配检定	PNFI	大于 0.5
	AIC	越接近 0 越佳
	χ^2/df	严格规定为小于 2.0 或 3.0，一般规定为小于 0.5②

表 5 − 11　　　　　　体育消费意识假设模型的统计检定与拟合分析

统计检定量和统计指标		高阶假设模型		初阶假设模型		修改后的高阶假设模型		修改后的初阶假设模型	
		数值	评价	数值	评价	数值	评价	数值	评价
绝对适配检定	χ^2	1461.998	不佳	1361.82	不佳	1306.36	不佳	1258.91	不佳
	GFI	0.833	不佳	0.845	不佳	0.852	良好	0.855	良好
	RMSEA	0.081	不佳	0.078	良好	0.075	良好	0.075	良好
	RMR	0.060	良好	0.057	良好	0.053	良好	0.057	良好
	SRMR	0.076	良好	0.070	良好	0.068	良好	0.069	良好

---

①　Hu 和 Bentler（1998）从他们的模拟结果中发现，SRMR 的表现与模型密切相关，对于有些模型，它受到样本数的影响不大，推荐的临界值是 0.08，即当 SRMR 大于 0.08 时，认为模型拟合不好。

②　Hair 等（1998）认为，χ^2/df 这个指标提供两种方式来评价不适当的模型：①当其值小于 1.00 时，表示模型过度适配，那可能产生机会过大（captalization on chance）的现象，即表示该模型具有样本的独立性（idiosynerasy）；②当模型大于 2.0 或 3.0 时，较宽松的规定是 5.0，表示模型尚未真实地反映观测变量，模型有待于进一步修正与改进。

续表

统计检定量和统计指标		高阶假设模型		初阶假设模型		修改后的高阶假设模型		修改后的初阶假设模型	
		数值	评价	数值	评价	数值	评价	数值	评价
增量适配检定	AGFI	0.802	不佳	0.813	不佳	0.824	良好	0.824	良好
	NFI	0.755	不佳	0.772	不佳	0.782	不佳	0.789	不佳
	RFI	0.731	不佳	0.745	不佳	0.758	不佳	0.762	不佳
	IFI	0.798	不佳	0.815	不佳	0.825	良好	0.833	良好
	CFI	0.797	不佳	0.814	不佳	0.824	良好	0.832	良好
精简适配检定	PNFI	0.687	良好	0.691	良好	0.706	良好	0.699	良好
	AIC	1579.99	良好	1489.82	良好	1428.36	良好	1392.91	良好
	χ^2/df	4.583	一般	4.337	一般	4.121	一般	4.048	一般

表 5 – 12　　　体育消费意识假设模型的统计检定与拟合分析

统计检定量和统计指标		高阶假设模型		初阶假设模型		修改后的高阶假设模型		修改后的初阶假设模型	
		数值	评价	数值	评价	数值	评价	数值	评价
绝对适配检定	χ^2	1461.998	不佳	1361.82	不佳	1306.36	不佳	1258.91	不佳
	GFI	0.833	良好	0.845	良好	0.852	良好	0.855	良好
	RMSEA	0.081	不佳	0.078	良好	0.075	良好	0.075	良好
	RMR	0.060	良好	0.057	良好	0.053	良好	0.057	良好
	SRMR	0.076	良好	0.070	良好	0.068	良好	0.069	良好
增量适配检定	AGFI	0.802	良好	0.813	良好	0.824	良好	0.824	良好
	NFI	0.755	不佳	0.772	不佳	0.782	不佳	0.789	不佳
	RFI	0.731	不佳	0.745	不佳	0.758	不佳	0.762	不佳
	IFI	0.798	不佳	0.815	良好	0.825	良好	0.833	良好
	CFI	0.797	不佳	0.814	良好	0.824	良好	0.832	良好
精简适配检定	PNFI	0.687	良好	0.691	良好	0.706	良好	0.699	良好
	AIC	1579.99	良好	1489.82	良好	1428.36	良好	1392.91	良好
	χ^2/df	4.583	一般	4.337	一般	4.121	一般	4.048	一般

六　抽样方法

本书采用概率抽样法中的分层抽样方法。William G. Cochran (1963) 认为，相对于简单随机抽样而言，采用分层抽样的方法，能够获得显著的潜在统计效果。也就是说，对于从相同的总体中抽取的两个样本，一个是分层样本，另一个是简单随机抽样样本，那么，分层样本的误差更小些。

本书的分层抽样过程分四步：

第一步，按照社会经济、地理文化特征确定北京、济南、贵阳三个城市为抽样总体。

第二步，根据每个城市所在地区各阶层就业人数占抽样总体各阶层就业总人数的百分比分配样本量。为了使样本特征准确反映总体特征，每个城市所在地区占总体的比例将根据 2008 年《中国统计年鉴》公布的数据进行统计计算所得。另外，考虑到城镇私营企业和个体就业人数对于抽样总体的影响，计算时将分布于制造业、建筑业、交通运输和邮政、非专业性服务行业的私营与个体企业的就业人员与城镇单位就业人员进行汇总，从而构成总的抽样总体。如表 5 - 13 所示，在已知样本量 550 人的情况下，通过推算不同阶层的就业人数占总人数百分比，就可以算出每个阶层所涉及行业的样本量是多少。在这里需要说明的是，以这三个地区为抽样总体统计计算显示的各阶层所占总体的比例大小与以全国地区为抽样总体统计计算所得各阶层所占所有地区总体的比例大小相差无几。如表 5 - 14 所示，全国样本的分配情况与表 5 - 13 中的样本分配情况相比较，除了只有新雇员阶层的样本分配相差比较大以外，其他各阶层的样本分配相差无几，这说明所抽取的三个地区具有较高的代表性。另外，这样的结果在一定程度上也表明行业或阶层的区分可能与区域无关，但有待于进一步证明。

表 5 - 13　　三个地区的不同阶层按就业人数比例的样本分配情况

		人数（万人）	比例（%）	样本分配
产业工人阶层	交通、邮政、电力工作者	139.3	5.9	32
	制造业、建筑业和采掘业工作者	897.3	38.1	210

续表

		人数（万人）	比例（%）	样本分配
专业性服务人员	文化、卫生和体育工作者	87.4	3.7	20
	党政机关公务员	166	7.0	39
	教育、科学研究技术服务工作者	232.6	9.9	54
非专业性服务人员	批发零售、餐饮休闲与居民服务业工作者	704.5	29.9	165
新雇员阶层	计算机、金融与房地产销售工作者	128.6	5.5	30
总计		2355.7	100	550

资料来源：《中国统计年鉴》（2008）。

表 5 – 14   全国范围内不同阶层按就业人数比例的样本分配情况

		人数（万人）	比例（%）	样本分配
产业工人阶层	交通、邮政、电力工作者	1209.4	6.5	36
	制造业、建筑业和采掘业工作者	7124.7	38.3	211
专业性服务人员	文化、卫生和体育工作者	861.3	4.6	25
	党政机关公务员	1291.2	6.9	38
	教育、科学研究技术服务工作者	1764.3	9.5	52
非专业性服务人员	批发零售、餐饮休闲与居民服务业工作者	5718.6	30.7	169
新雇员阶层	计算机、金融与房地产销售工作者	632.1	3.4	19
总计		18601.6	100	550

注：在计算全国城镇单位就业人数时，并没有涉及第一产业农、林、牧、渔等行业，因为这些行业中城乡二元结构的影响比较大，特别是以农村就业人口居多，如果包含其中计算的话，将直接影响以城镇居民为总体的不同阶层的样本分配。不仅如此，根据年鉴中对单位就业人员的解释，计算时又加入了私营与个体人员的就业人数，从而构成现在的总体。

资料来源：《中国统计年鉴》（2008）。

第三步，根据北京、济南、贵阳三个城市就业人数的比例来确定在不同阶层抽样的样本分配情况。如表 5 – 15 所示，北京预设分配样本数374 人、济南样本数 103 人以及贵阳样本数 73 人。

第四步，在每个区域中随机抽样。在随机抽样的过程中要考虑各区域的分配量以及各区域的样本在不同社会阶层之间的分配情况符合上面列表的要求。为达到这些要求，抽样过程中专门对调查人员进行了相关培训，力求每次访问时让被调查者所填写的问卷都是有效问卷。如表 5 – 16 所示，总共获得有效问卷 556 份，无效问卷 29 份，有效率为 95.0%，拒绝访问者为 55 人，总共访问成功 585 人，应答率为 91.4%。在获得有效问卷之后，根据上述表中的预设分配情况，又剔除 6 份问卷，保留了 550 份以供研究需要的问卷。

表 5 – 15　　　　不同阶层按就业人数比例的样本预设分配情况

		北京	济南	贵阳	总计
就业人数与比例	就业人数（万人）	544.38	149.7	106.19	800.27
	就业比例（%）	68.0	18.7	13.3	100
按不同阶层分配样本数（人）	产业工人阶层	交通、邮政、电力工作者	22	6	4	32
		制造业、建筑业和采掘业工作者	143	39	28	210
	专业性服务人员	文化、卫生和体育工作者	13	4	3	20
		党政机关公务员	27	7	5	39
		教育、科学研究技术服务工作者	37	10	7	54
	非专业性服务人员	批发零售、餐饮休闲与居民服务业工作者	112	31	22	165
	新雇员阶层	计算机、金融与房地产销售工作者	20	6	4	30
	总计		374	103	73	550

资料来源：《中国区域经济年鉴》（2008）。

表 5 – 16　　　　　　　　主体抽样调查应答统计

所在城市	总共访问（人）	拒绝访问（人）	有效问卷（份）	无效问卷（份）	有效率（%）
北京	400	30	358	12	99.4
济南	130	10	108	12	90.0
贵阳	110	15	90	5	94.7
合计	640	55	556	29	95.0

七　样本特征

尽管在随机抽样的过程中采取科学化的原则，严格按照上面列表的要求进行操作，但是仍然不可避免地存在系统抽样的误差，使得实际样本的分布较之上面列表中预设的分配情况略有不同，特别是在专业性服务人员与非专业性服务人员两个阶层的抽样数量上差异明显。如表 5 - 17 所示，非专业性服务人员数量仅为 104 人，而专业性服务人员数量中教育、科学研究技术服务工作者达到 84 人，较之预设的 54 人要多一些。分析原因，这一方面可能与三个城市的就业人员数量变化有关系，毕竟预设的样本分配是 2007 年的国家统计数据，而本书的调查是在 2009 年进行的，有事隔两年的时间周期，其间的数据变化在所难免。另一方面当代社会中阶层之间的流动性有进一步增强的趋势，行业之间的定位有些模糊，这使得被调查者在选择填写上可能会出现一定的偏差。因此，为保证统计数据的真实性与科学性，本书将采用实际样本的分布情况进行相关分析。

表 5 - 17　　　　　不同阶层按就业人数比例的样本实际分布情况

			北京	济南	贵阳	总计
抽样人数与比例		抽样人数（人）	355	108	87	550
		抽样比例（%）	64.5	19.7	15.8	100
按不同阶层分配样本数（人）	产业工人阶层	交通、邮政、电力工作者	24	7	6	37
		比例（%）	64.9	18.9	16.2	100
		制造、建筑和采掘业工作者	124	20	20	164
		比例（%）	75.6	12.2	12.2	100
	专业性服务人员	文化、卫生和体育工作者	33	8	7	48
		比例（%）	68.8	16.6	14.6	100
		党政机关公务员	34	14	10	58
		比例（%）	58.6	24.2	17.2	100
		教育、科学研究技术服务工作者	55	18	11	84
		比例（%）	65.5	21.4	13.1	100

续表

			北京	济南	贵阳	总计
按不同阶层分配样本数（人）	非专业性服务人员	批发零售、餐饮休闲与居民服务业工作者	53	28	23	104
		比例（%）	58.2	23.6	18.2	100
	新雇员阶层	计算机、金融与房地产销售工作者	32	13	10	55
		比例（%）	58.2	23.6	18.2	100
		总计	355	108	87	550

　　另外，为准确反映出样本的整体特征，本书也从人口统计变量的角度来分析样本在各人口统计学变量上的分布情况。如表5-18、图5-7、图5-8、图5-9、图5-10和图5-11所示，即是样本的总体特征。从性别结构来看，样本的性别分布比例分别为，男性320人占总人数的58.18%，女性230人占总人数的41.82%，其比例分布较为合理。从年龄、月收入和教育文化程度分布情况来看，调查对象在各个年龄段上、月收入以及学历层次上的分布呈现正态分布趋势，这说明样本整体具有较高的代表性。但是，从企业类型的分布特征来看，国有单位所占分布比例为68.12%，这一比例与由《中国区域经济统计年鉴》中的数据计算所得比例40%相比较而言，有点偏高，私营企业为22.83%，与26.3%相比较而言还算合理，外商独资企业的比例仅为1.27%，较之10.9%的比例而言偏低很多①，这些情况说明样本仍然存在一定的抽样误差，使其并不是十分完全地体现出总体的分布特征，即便如此，样本就整体而言还是具有较高的代表性，可以进行下一

---

　　① 在《中国区域经济统计年鉴》中统计的城镇就业人员数量是按照国有单位、城镇集体单位、港澳台投资单位、外商投资单位、私营企业和个体六种性质的企业分类进行统计的，因此，本书也将按照这样的分类原则，以年鉴中所涉及的北京、济南和贵阳三个城市为研究总体，通过计算得出三个城市中的国有单位人数占40%、私营人数占26.3%、城镇集体单位人数占3.7%、外商独资企业人数占10.9%、个体人数占14.5%以及港澳台企业人数占4.6%。其中需要特别说明的是，因为《中国区域经济统计年鉴》中涉及北京市的数据不全，主要是私营企业和个体就业人数没有给出，所以本书不得不又参考了《北京统计年鉴》中所涉及的这两部分的数据，最终进行数据整合与计算得出。

步的研究结果分析。

表 5 – 18　　　　　　　　　　主体调查的样本总体特征　　　　　　单位：个

		所在城市			
		北京	济南	贵阳	总计
性别	男	209	61	50	320
	女	146	47	37	230
	合计	355	108	87	550
年龄	20 岁以下	0	2	1	3
	21—30 岁	113	35	29	177
	31—40 岁	141	46	21	208
	41—50 岁	69	15	24	108
	51—60 岁	32	10	12	54
	合计	355	87	108	550
个人月收入	2000 元以下	57	27	39	123
	2001—3500 元	98	49	26	173
	3501—5000 元	96	19	16	131
	5001—6500 元	39	9	4	52
	6501—8000 元	14	1	0	15
	8001 元以上	51	3	2	56
	合计	355	108	87	550
学历层次	小学及小学以下	2	1	1	4
	初中或技校毕业	17	6	6	29
	高中或中专毕业	54	24	17	95
	大学专科	73	34	18	125
	大学本科	140	39	29	208
	在职硕士	17	5	1	23
	硕士研究生	41	8	4	53
	博士研究生	9	2	0	11
	博士后经历	2	0	0	2
	合计	355	108	87	550

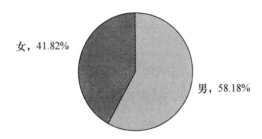

图5-7　样本的性别分布

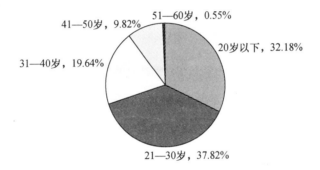

图5-8　样本的年龄分布

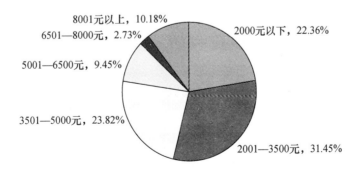

图5-9　样本的个人收入分布

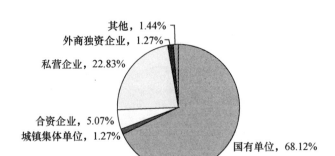

图 5 - 10　样本的企业类型分布

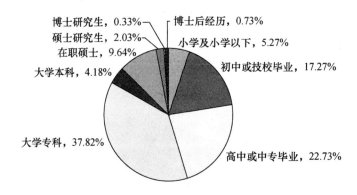

图 5 - 11　样本的现有教育文化程度分布

第四节　结构与资本范式下的实证 数据分析：以结构为变量

一　体育消费内容的差异分析

1. 体育消费内容的总体特征

从体育消费内容的总体特征来看，如表 5 - 19 和表 5 - 20 所示，平均每人消费 3.3 项，共涉及 22 项不同类别的体育项目，其中以电视看比赛居于第一位，所占比例为 46.7%，其他消费项目主要集中于羽毛球 42.9%、游泳 35.8%、爬山与露营 32.2%、慢跑 31.5%、乒乓球

31.1%以及现场看比赛26.9%，这些项目之间的比例分布相对比较均匀，而另外一些体育消费项目与之比较而言，比例分布不均匀，差异性较高，特别是涉及最少的是排球1.6%、高尔夫和滑雪2.0%与骑马1.1%。出现这样的特征表现说明人们在体育消费内容选择上还是存在着较大的差异。

表5-19　　　　　　体育消费内容统计（多项选择）

		总应答次数与比例	
		次数（次）	比例（%）
体育消费内容	乒乓球	171	31.1
	足球	39	7.1
	羽毛球	236	42.9
	游泳	197	35.8
	网球	25	4.5
	高尔夫	10	1.8
	篮球	88	16.0
	力量训练	30	5.5
	慢跑	173	31.5
	排球	9	1.6
	武术	23	4.2
	跳舞	46	8.4
	真人CS拓展训练	13	2.4
	爬山与露营	177	32.2
	钓鱼休闲	61	11.1
	瑜伽与塑体	59	10.7
	保龄球	24	4.4
	漂流与极限	14	2.5
	骑马	6	1.1
	滑雪	11	2.0
	现场看比赛	148	26.9
	电视看比赛	257	46.7
	总计	1817	330.4

表 5 – 20　　　　　　　　　　　体育消费内容排序

体育消费内容		次序
	电视看比赛	1
	羽毛球	2
	游泳	3
	爬山与露营	4
	慢跑	5
	乒乓球	6
	现场看比赛	7
	篮球	8
	钓鱼休闲	9
	瑜伽与塑体	10
	跳舞	11
	足球	12
	力量训练	13
	网球	14
	保龄球	15
	武术	15
	漂流与极限	16
	真人 CS 拓展训练	17
	滑雪	18
	高尔夫	18
	排球	19
	骑马	20

　　造成差异的原因，可能与一些体育消费项目的趣味性与娱乐性有关，比如高尔夫、网球和骑马等项目对于技能掌握的要求比较高，所以消费的频数就低，而羽毛球、乒乓球等体育消费项目相对来说技能性要求比较低，所以消费的频数就高。但是，从更深层次的原因来看这可能与不同性别结构、年龄结构、收入结构、家庭结构以及阶层结构等社会结构变量有更直接的关系。

　　另外，从消费类型与体育消费内容的交互分析来看，如表 5 – 21 所示，选择收费方式的体育消费内容占消费频数总数的53%，而选择不收费方式的体育消费内容占47%，这说明体育消费的总体特征属于物品密集型的消费，而不是时间密集型的消费。因为，采用收费方式的体育消费不仅仅只涉及购买体育产品的过程，还需要通过一定的货币支出来购买一定的消费时间，这使得时间具有了商品的特性，时间的稀缺性较之采用不收费方式的体育消费更为明显，也就是说收费的体育消费每月的时间消耗在总体上要小于不收费的体育消费。这样的话，根据 Gronau 和 Hamermesh（2003）从家庭商品生产的每月物品消费金额与每月时间消耗的比值来界定时间密集度与物品密集度的研究分析，收费的体育消费将偏向于物品密集型，而不收费的体育消费将表现为时间密集型。

表 5 – 21　　　　体育消费内容与体育消费类型之间的比例分布

| | | | 体育消费类型 | | 总计 |
			收费	不收费	
体育消费内容	乒乓球	频数	74	97	171
		比例（%）	43.3	56.7	
	足球	频数	12	27	39
		比例（%）	30.8	69.2	
	羽毛球	频数	114	122	236
		比例（%）	48.3	51.7	
	游泳	频数	171	26	197
		比例（%）	86.8	13.2	
	网球	频数	23	2	25
		比例（%）	92.0	8.0	
	高尔夫	频数	10	0	10
		比例（%）	100.0	0	
	篮球	频数	29	59	88
		比例（%）	33.0	67.0	
	力量训练	频数	17	13	30
		比例（%）	56.7	43.3	
	慢跑	频数	28	145	173
		比例（%）	16.2	83.8	

续表

			体育消费类型		总计
			收费	不收费	
体育消费内容	排球	频数	2	7	9
		比例（%）	22.2	77.8	
	武术	频数	8	15	23
		比例（%）	34.8	65.2	
	跳舞	频数	37	9	46
		比例（%）	80.4	19.6	
	真人 CS 拓展训练	频数	12	1	13
		比例（%）	92.3	7.7	
	爬山与露营	频数	132	45	177
		比例（%）	74.6	25.4	
	钓鱼休闲	频数	41	20	61
		比例（%）	67.2	32.8	
	瑜伽与塑体	频数	55	4	59
		比例（%）	93.2	6.8	
	保龄球	频数	23	1	24
		比例（%）	95.8	4.2	
	漂流与极限	频数	14	0	14
		比例（%）	100.0	0	
	骑马	频数	6	0	6
		比例（%）	100.0	0	
	滑雪	频数	11	0	11
		比例（%）	100.0	0	
	现场看比赛	频数	133	15	148
		比例（%）	89.9	10.1	
	电视看比赛	频数	12	245	257
		比例（%）	4.7	95.3	
	总计		964	853	1817

如表 5-22 和图 5-12 所示，通过对体育消费的收费方式与消费次数进行交互分析可以发现，$\chi^2 = 206.528$，$P < 0.05$，两者有统计显著性

差异，说明不同收费方式在不同体育消费次数分布中有显著性差异，可以进一步用标准化残差①进行分析。如表 5 - 23 所示，采用收费方式的体育消费选择几乎没有、少于一个月一次、大约一个月一次这三种体育消费次数的比例要远远高于采用不收费方式的体育消费，并呈现非常显著性差异，P < 0.01，而采用不收费方式的体育消费选择一个星期几次和几乎每天这两种体育消费次数的比例要远远高于收费方式的体育消费，并呈现非常显著性差异，P < 0.01。这说明，采用收费方式的体育消费在一个月内的总体消费时间较少，从而表现为较多物品密集型的特征，而采用不收费方式的体育消费在一个月内的总体消费时间较多，从而表现为时间密集型的特征。

表 5 - 22　　　　　　收费方式与体育消费次数的卡方分析

	数值	自由度	渐近显著性（双尾）
Pearson 卡方	206.528[a]	5	0
概似比	215.860	5	0
线性对线性的关联	197.096	1	0
有效观察值个数	1817		

注：a 2 格（16.7%）的预期个数少于 5，最小预期个数为 3.29。

表 5 - 23　　　　　　收费方式与体育消费次数之间的比例分布

体育消费次数		收费方式		总体
		收费	不收费	
几乎没有	频数	7	0	7
	比例（%）	100.0	0	100
	标准化残差分析	1.7	- 1.8	

①　邱皓政（2009）认为，各单元格实际观察人数与期望人数的差称为残差，残差的大小可用来判断各单元格的特殊性：残差越大，各单元格分布越不如期望般的出现，两变量的关联性就越高；相对地，当残差越小，表示各单元格分布越接近期望，两变量的独立性较高，关联性就越差。所谓标准化残差分析，就是通过标准化的程序，将残差除以标准误，从而得到标准化的正态分布，也就是标准化的 Z 分布。这时，当标准化残差值大于 1.96 时，P < 0.05，具有统计显著性；当标准化残差值大于 2.58 时，P < 0.01，具有统计非常显著性，反之则不具有统计显著意义。

续表

体育消费次数		收费方式		总体
		收费	不收费	
少于一个月一次**	频数	377	168	545
	比例（%）	69.2	30.8	100
	标准化残差分析	5.2	-5.5	
大约一个月一次**	频数	207	117	324
	比例（%）	63.9	36.1	100
	标准化残差分析	2.7	-2.8	
一个月几次	频数	245	230	475
	比例（%）	51.6	48.4	100
	标准化残差分析	-0.4	0.5	
一个星期几次**	频数	88	188	276
	比例（%）	31.9	68.1	100
	标准化残差分析	-4.8	5.1	
几乎每天**	频数	40	150	190
	比例（%）	21.1	78.9	100
	标准化残差分析	-6.1	6.4	

注：**表示 $P < 0.01$。

在此基础上，本书将根据收费与不收费两种选择方式在22种不同体育消费项目中的比例分布情况，对其进一步进行交互分析与标准化残差分析，凡是出现有显著性差异（$P < 0.05$）的体育消费内容，根据比例大小，将倾向于选择收费方式的体育消费内容定义为物品密集型体育消费，将倾向于选择不收费方式的体育消费内容定义为时间密集型体育消费。如果没有出现有显著性差异的体育消费内容，既可以认定为物品密集型体育消费也可以认定为时间密集型体育消费。如表5-24所示，结果表明，物品密集型体育消费包括游泳、网球、高尔夫、跳舞、真人CS拓展训练、爬山与露营、钓鱼休闲、瑜伽与塑体、保龄球、漂流与极限、骑马、滑雪和现场看比赛共13个消费项目；时间密集型体育消费包括乒乓球、足球、篮球、慢跑和电视看比赛共5个消费项目。还有

排球、武术、羽毛球与力量训练 4 个体育消费内容因为未能呈现显著性
差异，所以它们既可以认定为物品密集型体育消费也可以认定为时间密
集型体育消费。

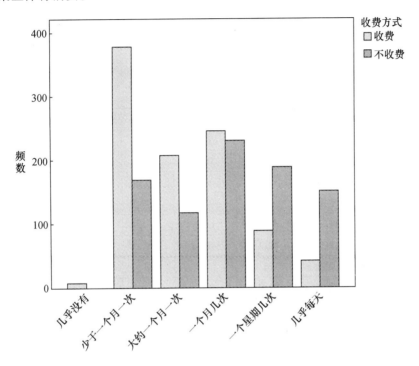

图 5 - 12　体育消费次数与收费方式的交互分析

从最终的结果中可以看出，以是否收费的选择方式为衡量标准来用
于反映"密集度"这一概念具有一定的科学性，由此定义下的时间密
集型体育消费和物品密集型体育消费具有较高的区分性，能够很好地反
映出一些体育消费项目或者说是体育消费内容的共性特征，厘清了这些
体育消费内容与时间之间的内在有机联系，并在一定程度上检验并证实
了第四章关于区分时间密集型体育消费和物品密集型体育消费内容的一
些推论。因此，本书将继续以个体消费者在体育消费实践过程中是否选
择收费的方式为衡量标准来划分时间密集型体育消费和物品密集型体育
消费活动，并展开进一步的分析，从而保证样本调查与分析的完整性与
科学性。

表 5 - 24   体育消费内容界定与体育消费类型选择比例分布

体育消费内容		体育消费类型		总计	体育消费内容界定	
		收费	不收费		物品密集型	时间密集型
乒乓球**	频数	74	97	171		√
	比例（%）	43.3	56.7			
	残差分析	-2.7	2.7			
足球**	频数	12	27	39		√
	比例（%）	30.8	69.2			
	残差分析	-2.8	2.8			
羽毛球	频数	114	122	236	√	√
	比例（%）	48.3	51.7			
	残差分析	-1.1	1.1			
游泳**	频数	171	26	197	√	
	比例（%）	86.8	13.2			
	残差分析	10.1	-10.1			
网球**	频数	23	2	25	√	
	比例（%）	92.0	8.0			
	残差分析	3.9	-3.9			
高尔夫**	频数	10	0	10	√	
	比例（%）	100.0	0			
	残差分析	3.0	-3.0			
篮球**	频数	29	59	88		√
	比例（%）	33.0	67.0			
	残差分析	-3.9	3.9			
力量训练	频数	17	13	30	√	√
	比例（%）	56.7	43.3			
	残差分析	0.4	-0.4			
慢跑**	频数	28	145	173		√
	比例（%）	16.2	83.8			
	残差分析	-10.2	10.2			
排球	频数	2	7	9	√	√
	比例（%）	22.2	77.8			
	残差分析	-1.9	1.9			

续表

体育消费内容		体育消费类型		总计	体育消费内容界定	
		收费	不收费		物品密集型	时间密集型
武术	频数	8	15	23	√	√
	比例（%）	34.8	65.2			
	残差分析	−1.8	1.8			
跳舞**	频数	37	9	46	√	
	比例（%）	80.4	19.6			
	残差分析	3.8	−3.8			
真人CS拓展训练**	频数	12	1	13	√	
	比例（%）	92.3	7.7			
	残差分析	2.8	−2.8			
爬山与露营**	频数	132	45	177	√	
	比例（%）	74.6	25.4			
	残差分析	6.0	−6.0			
钓鱼休闲*	频数	41	20	61	√	
	比例（%）	67.2	32.8			
	残差分析	2.3	−2.3			
瑜伽与塑体**	频数	55	4	59	√	
	比例（%）	93.2	6.8			
	残差分析	6.3	−6.3			
保龄球**	频数	23	1	24	√	
	比例（%）	95.8	4.2			
	残差分析	4.2	−4.2			
漂流与极限**	频数	14	0	14	√	
	比例（%）	100.0	0			
	残差分析	3.5	−3.5			
骑马**	频数	6	0	6	√	
	比例（%）	100.0	0			
	残差分析	2.9	−2.9			
滑雪**	频数	11	0	11	√	
	比例（%）	100.0	0			
	残差分析	3.1	−3.1			

续表

体育消费内容		体育消费类型		总计	体育消费内容界定	
		收费	不收费		物品密集型	时间密集型
现场看比赛**	频数	133	15	148	√	
	比例（%）	89.9	10.1			
	残差分析	9.4	.-9.4			
电视看比赛**	频数	12	245	257		√
	比例（%）	4.7	95.3			
	残差分析	-16.8	16.8			
总计		964	853	1817		

注：* 表示 $P < 0.05$，** 表示 $P < 0.01$。

2. 性别结构与体育消费内容

要检验性别结构与体育消费内容两个变量整体之间的关联性，需要进行卡方检验，通过计算所得 $\chi^2 = 145.848$，$P < 0.05$，如表 5 - 25 所示，卡方值具有统计显著性，可以进行下一步的残差分析来检验不同体育消费内容在性别结构中的差异情况。如表 5 - 26 所示，通过标准化残差分析可以发现，不同体育消费内容在男女性别结构中存在一定的差异，特别是在足球、篮球、力量训练、跳舞、瑜伽与塑体五个体育消费内容上呈现非常显著性差异。前三个体育消费项目中男性所占比例分别为89.7%、83.0% 和 96.7%，要远远高于女性的比例，而后两个体育消费项目中女性比例分别为 71.7% 和 86.4%，也要远远高于男性的比例。从男性与女性选择的体育消费项目特征来看，双方都比较重视身体文化的"健"与"美"，只不过前者更注重"健"中的力量表达，"美"中的激情释放，而后者则更注重"健"中的形体塑造，"美"中的阴柔和谐。

表 5 - 25　　　　　　　　性别结构与体育消费内容的卡方分析

	数值	自由度	渐近显著性（双尾）
Pearson 卡方	145.848[a]	21	0
概似比	160.191	21	0
线性对线性的关联	4.499	1	0.034
有效观察值个数	1817		

注：a 5 格（11.4%）的预期个数少于 5，最小预期个数为 2.45。

表 5 – 26   不同性别的体育消费内容比例分布

体育消费内容		性别		总体
		女	男	
乒乓球	频数	59	112	171
	比例（%）	34.5	65.5	
	标准化残差分析	− 1.3	1.1	
足球**	频数	4	35	39
	比例（%）	10.3	89.7	
	标准化残差分析	− 3.0	2.5	
羽毛球	频数	111	125	236
	比例（%）	47.0	53.0	
	标准化残差分析	1.5	1.2	
游泳	频数	80	117	197
	比例（%）	40.6	59.4	
	标准化残差分析	0	0	
网球	频数	13	12	25
	比例（%）	52.0	48.0	
	标准化残差分析	0.9	− 0.7	
高尔夫	频数	5	5	10
	比例（%）	50.0	50.0	
	标准化残差分析	0.5	− 0.4	
篮球**	频数	15	73	88
	比例（%）	17.0	83.0	
	标准化残差分析	− 3.5	2.9	
力量训练**	频数	1	29	30
	比例（%）	3.3	96.7	
	标准化残差分析	− 3.2	2.7	
慢跑	频数	73	100	173
	比例（%）	42.2	57.8	
	标准化残差分析	0.3	− 0.2	
排球	频数	3	6	9
	比例（%）	33.3	66.7	
	标准化残差分析	− 0.4	0.3	

续表

体育消费内容		性别		总体
		女	男	
武术	频数	8	15	23
	比例（%）	34.8	65.2	
	标准化残差分析	-0.5	0.4	
跳舞**	频数	33	13	46
	比例（%）	71.7	28.3	
	标准化残差分析	3.3	-2.7	
真人 CS 拓展训练	频数	2	11	13
	比例（%）	15.4	84.6	
	标准化残差分析	-1.4	1.2	
爬山与露营	频数	79	98	177
	比例（%）	44.6	55.4	
	标准化残差分析	0.8	-0.7	
钓鱼休闲	频数	16	45	61
	比例（%）	26.2	73.8	
	标准化残差分析	-1.8	1.5	
瑜伽与塑体**	频数	51	8	59
	比例（%）	86.4	13.6	
	标准化残差分析	5.5	-4.6	
保龄球	频数	9	15	24
	比例（%）	37.5	62.5	
	标准化残差分析	-0.3	0.2	
漂流与极限	频数	5	9	14
	比例（%）	35.7	64.3	
	标准化残差分析	-0.3	0.2	
骑马	频数	5	1	6
	比例（%）	83.3	16.7	
	标准化残差分析	1.6	-1.4	
滑雪	频数	5	6	11
	比例（%）	45.5	54.5	
	标准化残差分析	0.2	-0.2	

续表

体育消费内容		性别		总体
		女	男	
现场看比赛	频数	60	88	148
	比例（%）	40.5	59.5	
	标准化残差分析	−0.1	0.0	
电视看比赛	频数	105	152	257
	比例（%）	40.9	59.1	
	标准化残差分析	0.0	0.0	
总计		742	1075	1817

注：＊＊表示 P<0.01。

3. 年龄结构与体育消费内容

如表 5 - 27 所示，尽管由卡方检验所得 $\chi^2 = 185.044$，P<0.05，但是线性对线性关联值为 0.442，P = 0.506 > 0.05，Kendall's tau - c 系数值为 − 0.008，P = 0.642 > 0.05。这两个值表明年龄结构与体育消费内容没有线性关系，并且卡方检验中有 50% 的预期个数少于 5，说明卡方检验的结果偏差明显，[①] 不能进一步来进行标准化残差分析，但仍然可以从表 5 - 28 中各体育消费内容在不同年龄结构的比例分布上看出一些较为明显的特征。可以发现，除武术这一体育消费内容集中于 51—60 岁这个年龄阶段，占 43.5%，比例分布较高以外，其他体育消费内容的比例分布主要集中于 21—30 岁和 31—40 岁两个年龄阶段，这说明体育消费的主体偏年轻化趋势比较明显。

表 5 - 27　　　　　　　　　年龄结构与体育消费内容的卡方分析

	数值	自由度	渐近显著性（双尾）
Pearson 卡方	185.044[a]	84	0
概似比	187.093	84	0

---

① 邱皓政（2009）认为，卡方检验主要适用于探讨两个类别变量之间是否具有关联，如果变量超过四个以上的类别变量分析，必须有多个控制变量，这就造成分析上的难度，所以一般而言都会避免同时分析过多变量的关联。而且，运用卡方检验分析时，有一个特殊的要求，就是各单元格期望次数（或理论次数）不得小于 5，小于 5 时可能造成统计基本假设的违反，导致统计检验值高估的情形，一般而言，要有 80% 以上的单元格期望值大于 5，否则卡方检验的结果偏差非常明显。Kendall's tau - c 系数通常用于任意格数的列联表分析。

续表

	数值	自由度	渐近显著性（双尾）
线性对线性的关联	0.442	1	0.506
Kendall's tau－c 系数	－0.008	—	0.642
有效观察值个数	1817		

注：a 55 格（50%）的预期个数少于 5，最小预期个数为 0.06。

表 5－28　　　　不同年龄结构的体育消费内容比例分布

体育消费内容		年龄结构					总计
		20 岁以下	21—30 岁	31—40 岁	41—50 岁	51—60 岁	
乒乓球	频数	0	54	67	40	10	171
	比例（%）	0	31.6	39.2	23.4	5.8	
足球	频数	1	21	12	3	2	39
	比例（%）	2.6	53.8	30.8	7.7	5.1	
羽毛球	频数	2	82	98	38	16	236
	比例（%）	0.8	34.7	41.5	16.1	6.8	
游泳	频数	1	61	84	35	16	197
	比例（%）	0.5	31.0	42.6	17.8	8.1	
网球	频数	1	12	4	5	3	25
	比例（%）	4.0	48.0	16.0	20.0	12.0	
高尔夫	频数	0	2	3	4	1	10
	比例（%）	0	20.0	30.0	40.0	10.0	
篮球	频数	2	49	28	6	3	88
	比例（%）	2.3	55.7	31.8	6.8	3.4	
力量训练	频数	0	14	7	5	4	30
	比例（%）	0	46.7	23.3	16.7	13.3	
慢跑	频数	1	45	70	35	22	173
	比例（%）	0.6	26.0	40.5	20.2	12.7	
排球	频数	0	7	0	1	1	9
	比例（%）	0	77.8	0	11.1	11.1	
武术	频数	1	0	4	8	10	23
	比例（%）	4.3	0	17.4	34.8	43.5	

续表

体育消费内容		年龄结构					总计
		20 岁以下	21—30 岁	31—40 岁	41—50 岁	51—60 岁	
跳舞	频数	0	23	13	6	4	46
	比例（%）	0	50.0	28.3	13.0	8.7	
真人 CS 拓展训练	频数	0	6	1	6	0	13
	比例（%）	0	46.2	7.7	46.2	0.0	
爬山与露营	频数	1	61	59	38	18	177
	比例（%）	0.6	34.5	33.3	21.5	10.2	
钓鱼休闲	频数	0	22	23	13	3	61
	比例（%）	0	36.1	37.7	21.3	4.9	
瑜伽与塑体	频数	1	22	24	11	1	59
	比例（%）	1.7	37.3	40.7	18.6	1.7	
保龄球	频数	1	18	1	4	0	24
	比例（%）	4.2	75.0	4.2	16.7	0.0	
漂流与极限	频数	0	6	7	1	0	14
	比例（%）	0	42.9	50.0	7.1	0.0	
骑马	频数	0	3	3	0	0	6
	比例（%）	0	50.0	50.0	0.0	0.0	
滑雪	频数	0	5	4	2	0	11
	比例（%）	0	45.5	36.4	18.2	0.0	
现场看比赛	频数	3	59	58	21	7	148
	比例（%）	2.0	39.9	39.2	14.2	4.7	
电视看比赛	频数	3	84	98	49	23	257
	比例（%）	1.2	32.7	38.1	19.1	8.9	
总计		18	656	668	331	144	1817

另外，为进一步探讨不同性质的体育消费内容与年龄结构之间的关系，本书根据前面对体育消费内容的界定，将体育消费内容分为时间密集型体育消费与物品密集型体育消费两类再与年龄结构进行交互分析，如表 5 - 29 和表 5 - 30 所示，$\chi^2 = 5.446$，P > 0.05，这说明年龄结构与不同性质的体育消费内容也没有统计显著差异，年龄结构不是研究体育

消费内容的重要解释性变量。

表 5 - 29   年龄结构与不同性质的体育消费内容的卡方分析

	数值	自由度	渐近显著性（双尾）
Pearson 卡方	5.446ᵃ	4	0.245
概似比	5.441	4	0.245
线性对线性的关联	2.722	1	0.0909
Kendall's tau - c 系数	0.39	—	0.128
有效观察值个数	1817		

注：a 0 格（0）的预期个数少于 5，最小预期个数为 8.45。

表 5 - 30   年龄结构与不同性质的体育消费内容之间比例分布

体育消费内容		年龄结构					总计
		20 岁以下	21—30 岁	31—40 岁	41—50 岁	51—60 岁	
物品密集型	频数	9	363	348	179	65	964
	比例（%）	0.9	37.7	36.1	18.6	6.7	100
	标准化残差分析	-0.2	0.8	-0.3	0.3	1.3	
时间密集型	频数	9	293	320	152	79	853
	比例（%）	1.1	34.3	37.5	17.8	9.3	100
	标准化残差分析	0.2	-0.9	0.4	-0.3	1.4	
总计	频数	18	656	668	331	144	1817
	比例（%）	1.0	36.1	36.8	18.2	7.9	100

4. 家庭结构与体育消费内容

从家庭结构入手分析不同类型的家庭在体育消费内容选择上的差异，如表 5 - 31 所示，$\chi^2 = 8.096$，$P > 0.05$，这说明不同类型的家庭在时间密集型和物品密集型两类体育消费内容的选择上没有统计显著性。但是，从表 5 - 32 和图 5 - 13 中还是可以看出一些较为明显的特征，比如无论是时间密集型还是物品密集型的体育消费，由夫妇和孩子构成的家庭类型进行体育消费的比例最高，其次是单身家庭类型和夫妇家庭类型，这表明在体育消费实践活动中核心家庭占据着重要地位。

表 5 – 31　　　　家庭结构与不同性质的体育消费内容的卡方分析

	数值	自由度	渐近显著性（双尾）
Pearson 卡方	8.096ᵃ	6	0.231
概似比	8.372	6	0.212
线性对线性的关联	2.663	1	0.103
Kendall's tau – c 系数	– 0.31	—	0.156
有效观察值个数	1817		

注：a 1 格（7.1%）的预期个数少于 5，最小预期个数为 4.69。

表 5 – 32　　　　家庭结构与不同性质的体育消费内容之间比例分布

体育消费内容		家庭结构							总计
		夫妇	夫妇与孩子	母亲与孩子	父亲与孩子	其他亲属	非亲属	单身	
物品密集型	频数	101	666	32	6	39	8	112	964
	比例（%）	10.5	69.1	3.3	0.6	4.0	0.8	11.6	100
	标准化残差分析	0.1	– 0.7	0.6	– 0.5	1.0	1.2	0.6	
时间密集型	频数	88	622	22	8	24	2	87	853
	比例（%）	10.3	72.9	2.6	0.9	2.8	0.2	10.2	100
	标准化残差分析	– 0.1	0.7	– 0.7	0.6	– 1.0	– 1.2	– 0.7	
总计	频数	189	1288	54	14	63	10	199	1817
	比例（%）	10.4	70.9	3.0	0.8	3.5	0.6	11.0	100

5. 职业结构与体育消费内容

从职业结构入手分析不同职业类型在体育消费内容上的差异，如表 5 – 33 所示，尽管两者并不呈现线性关系，线性对线性关联值为 0.628，$P > 0.05$，但是卡方值 $\chi^2 = 41.506$，$P < 0.05$，并且 0 格（0）的预期个数少于 5，这说明卡方检验并没有被高估，两者存在统计显著性，可以进行下一步的标准化残差分析。如表 5 – 34 和图 5 – 14 所示，相对来说，建筑、采矿和制造业系统工作者与批发零售、餐饮休闲与居民服务业工作者选择时间密集型的体育消费项目较多，而其他行业的工作者

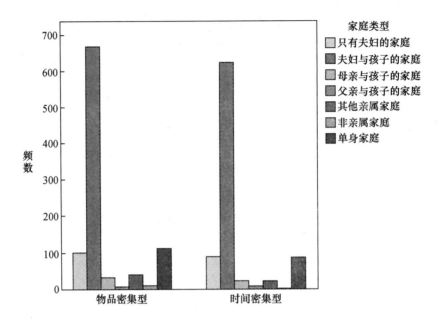

图 5 - 13　不同家庭结构的体育消费内容比较

则选择物品密集型的体育消费项目较多一些。其中，具有统计显著性的
行业为文化、卫生和体育系统工作者和批发零售、餐饮休闲和居民服务
业工作者，前者选择物品密集型的体育消费所占比例为 64.6%，而后
者选择时间密集型的体育消费所占比例为 59%，这说明两个行业之间
在体育消费内容的选择上是有区分的。

表 5 - 33　　职业结构与不同性质的体育消费内容的卡方分析

	数值	自由度	渐近显著性（双尾）
Pearson 卡方	41.506ᵃ	6	0
概似比	41.829	6	0
线性对线性的关联	0.628	1	0.428
Kendall's tau - c 系数	0.024	—	0.359
有效观察值个数	1817		

注：a 0 格（0）的预期个数少于 5，最小预期个数为 46.95。

表 5 - 34　　　职业结构与不同性质的体育消费内容之间比例分布

职业结构		体育消费内容		总计
		物品密集型	时间密集型	
党政机关公务员	频数	102	89	191
	比例（%）	53.4	46.6	100
	标准化残差分析	0.1	- 0.1	
文化、卫生和体育系统工作者 *	频数	117	64	181
	比例（%）	64.6	35.4	100
	标准化残差分析	2.1	- 2.3	
邮电、电力、交通系统工作者	频数	65	35	100
	比例（%）	65.0	35.0	100
	标准化残差分析	1.6	- 1.7	
建筑、采矿和制造业系统工作者	频数	266	275	541
	比例（%）	49.2	50.8	100
	标准化残差分析	- 1.2	1.3	
批发零售、餐饮休闲与居民服务业工作者 **	频数	125	180	305
	比例（%）	41.0	59.0	100
	标准化残差分析	- 2.9	3.1	
计算机、金融与房地产销售工作者	频数	111	77	188
	比例（%）	59.0	41.0	100
	标准化残差分析	1.1	- 1.2	
教育、科学研究技术服务工作者	频数	178	133	311
	比例（%）	57.2	42.8	100
	标准化残差分析	1.0	- 1.1	
总计	频数	964	853	1817
	比例（%）	53.1	46.9	100

注：* 表示 $P < 0.05$，** 表示 $P < 0.01$。

6. 阶层结构与体育消费内容

从阶层结构入手分析不同社会阶层在体育消费内容选择上的差异，如表 5 - 35 所示，卡方值 $\chi^2 = 47.727$，$P < 0.05$，并且 0 格（0）的预期个数少于 5，Kendall's tau - c 系数值为 - 0.06，$P < 0.05$，说明阶层结构与体育消费内容之间有统计显著性关联，并且不同阶层结构在体育消

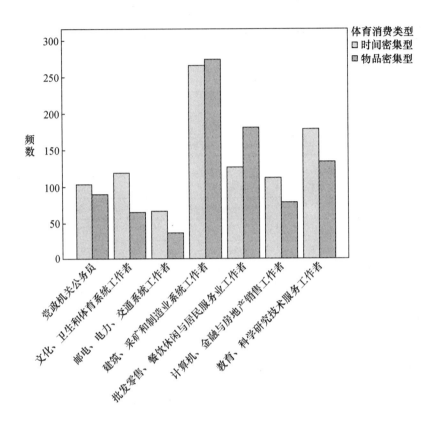

图 5 – 14　不同职业结构的体育消费内容比较

费内容选择上有统计显著性，可以进一步用标准化残差分析。如表 5 –
36 和图 5 – 15 所示，阶层结构中的社会上层选择时间密集型的体育消
费的比例仅为 18.2%，主要是以物品密集型的体育消费为主；中上层
与中中层主要也是倾向于物品密集型的体育消费，所占比例分别为
62.9% 和 57.2%，而中下层与社会底层主要倾向于选择时间密集型的
体育消费，所占比例分别为 50.4% 和 66.5%。其中，中上层与社会底
层在两种不同性质的体育内容选择上呈现统计显著性差异，这说明可以
通过比较物品密集型与时间密集型两种体育消费来甄别出人们的阶层
身份。

表 5 - 35　　　　阶层结构与不同性质的体育消费内容的卡方分析

	数值	自由度	渐近显著性（双尾）
Pearson 卡方	47.727ᵃ	4	0
概似比	48.508	4	0
线性对线性的关联	—	—	—
Kendall's tau - c 系数	- 0.060	—	0.018
有效观察值个数	1817		

注：a 0 格（0）的预期个数少于 5，最小预期个数为 5.16。

表 5 - 36　　　　阶层结构与不同性质的体育消费内容之间比例分布

阶层结构		体育消费内容		总计
		物品密集型	时间密集型	
社会底层 **	频数	55	109	164
	比例（%）	33.5	66.5	100
	标准化残差分析	- 3.4	3.6	
社会上层	频数	9	2	11
	比例（%）	81.8	18.2	100
	标准化残差分析	1.3	- 1.4	
中上层 *	频数	180	106	286
	比例（%）	62.9	37.1	100
	标准化残差分析	2.3	- 2.4	
中下层	频数	361	367	728
	比例（%）	49.6	50.4	100
	标准化残差分析	- 1.3	1.4	
中中层	频数	359	269	628
	比例（%）	57.2	42.8	100
	标准化残差分析	1.4	- 1.5	
总计	频数	964	853	1817
	比例（%）	53.1	46.9	100

注：* 表示 P < 0.05，** 表示 P < 0.01。

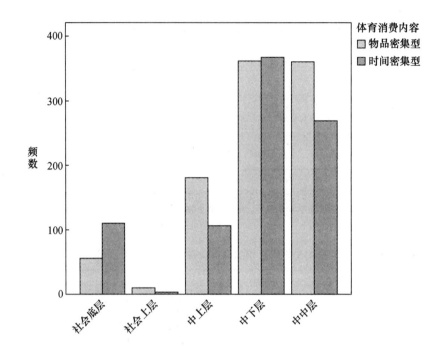

图 5 – 15　不同阶层结构的体育消费内容比较

7. 收入结构与体育消费内容

从收入结构入手分析不同收入阶层在体育消费内容上的差异，如表 5 – 37 所示，卡方值 χ^2 = 64.022，P < 0.01，并且 0 格（0）的预期个数少于 5，Kendall's tau – c 系数值为 – 0.206，P < 0.01，这说明收入结构与体育消费内容之间不仅有统计显著性关联，而且不同收入结构在体育消费内容选择上有统计显著性差异，可以进一步用标准化残差分析。如表 5 – 38 和图 5 – 16 所示，在收入结构中，当收入超过 3500 元/月时，人们选择物品密集型的体育消费比例增加，而当收入低于 2000 元/月时，人们将集中选择时间密集型的体育消费，所占比例为 60%，由标准化残差分析，两者标准化残差值都大于 2.58，P < 0.01，呈现统计显著性差异。另外，当人们的收入在 5001—6500 元/月和 8001 元以上时，人们倾向于物品密集型的体育消费，所占比例分别为 64.2% 和 67.9%，并呈现统计显著性差异，这说明高收入阶层是物品密集型体育消费的主体人群。

表 5 - 37　　　收入结构与不同性质的体育消费内容的卡方分析

	数值	自由度	渐近显著性（双尾）
Pearson 卡方	64.022[a]	5	0
概似比	64.717	5	0
线性对线性的关联	54.111	1	0
Kendall's tau - c 系数	- 0.206	—	0
有效观察值个数	1817		

注：a 0 格（0）的预期个数少于 5，最小预期个数为 32.86。

表 5 - 38　　　收入结构与不同性质的体育消费内容之间比例分布

收入结构		体育消费内容		总计
		物品密集型	时间密集型	
2001 元以下 **	频数	148	222	370
	比例（%）	40.0	60.0	100
	标准化残差分析	- 3.4	3.7	
2001—3500 元	频数	279	302	581
	比例（%）	48.0	52.0	100
	标准化残差分析	- 1.7	1.8	
3501—5000 元	频数	255	175	430
	比例（%）	59.3	40.7	100
	标准化残差分析	1.8	- 1.9	
5001—6500 元 *	频数	113	63	176
	比例（%）	64.2	35.8	100
	标准化残差分析	2.0	- 2.2	
6501—8000 元	频数	40	30	70
	比例（%）	57.1	42.9	100
	标准化残差分析	0.5	- 0.5	
8001 元以上 **	频数	129	61	190
	比例（%）	67.9	32.1	100
	标准化残差分析	2.8	- 3.0	
总计	频数	964	853	1817
	比例（%）	53.1	46.9	100

注：* 表示 P < 0.05，** 表示 P < 0.01。

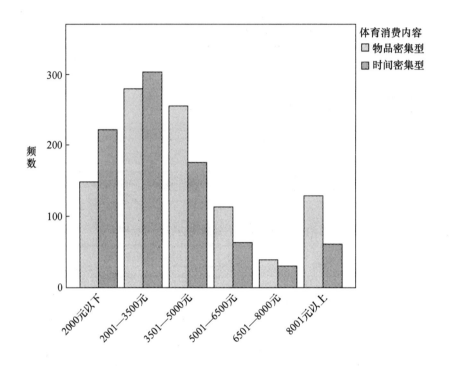

图 5-16　不同收入结构的体育消费内容比较

8. 教育文化结构与体育消费内容

　　从教育文化结构入手分析不同教育文化程度在体育消费内容上的差异，如表 5-39 所示，卡方值 $\chi^2 = 75.384$，$P < 0.01$，并且 0 格（0）的预期个数少于 5，Kendall's tau-c 系数值为 -0.209，$P < 0.01$，这说明教育文化结构与体育消费内容之间不仅有统计显著性关联，而且不同教育文化结构在体育消费内容选择上有统计显著性差异，可以进行下一步的标准化残差分析。如表 5-40 和图 5-17 所示，教育文化程度在大学本科以下学历的人们选择时间密集型的体育消费比例较高，其中在高中或中专毕业和大学专科这两个学历层次上呈现统计显著性差异，在大学本科以上学历的人们选择物品密集型的体育消费比例较高，并在大学本科层次上呈现统计显著性差异，这说明教育文化结构是人们选择不同性质的体育消费内容的重要解释变量，随着教育文化程度的提高，人们更倾向于选择物品密集型的体育消费，而其中的大学本科学历可以作为一个重要的甄别指标。

表5-39 教育文化结构与不同性质的体育消费内容的卡方分析

	数值	自由度	渐近显著性（双尾）
Pearson 卡方	75.384[a]	8	0
概似比	76.051	8	0
线性对线性的关联	53.003	1	0
Kendall's tau-c 系数	-0.209	—	0
有效观察值个数	1817		

注：a 3 格（16.7%）的预期个数少于5，最小预期个数为1.88。

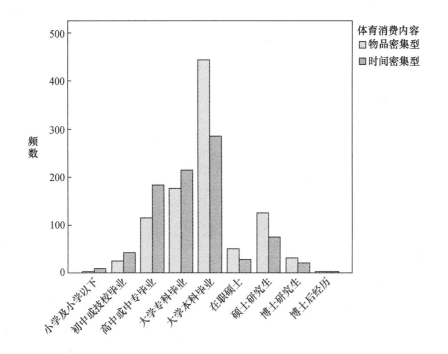

图5-17 不同教育文化程度的体育消费内容比较

表5-40 教育文化结构与不同性质的体育消费内容之间比例分布

教育文化结构		体育消费内容		总计
		物品密集型	时间密集型	
小学及小学以下	频数	2	8	10
	比例（%）	20.0	80.0	100
	标准化残差分析	-1.4	1.5	

续表

教育文化结构		体育消费内容		总计
		物品密集型	时间密集型	
初中或技校毕业	频数	24	41	65
	比例（%）	36.9	63.1	100
	标准化残差分析	−1.8	1.9	
高中或中专毕业**	频数	114	182	296
	比例（%）	38.5	61.5	100
	标准化残差分析	−3.4	3.7	
大学专科毕业*	频数	176	213	389
	比例（%）	45.2	54.8	100
	标准化残差分析	−2.1	2.2	
大学本科毕业**	频数	443	284	727
	比例（%）	60.9	39.1	100
	标准化残差分析	2.9	−3.1	
在职硕士	频数	48	28	76
	比例（%）	63.2	36.8	100
	标准化残差分析	1.2	−1.3	
硕士研究生	频数	125	74	199
	比例（%）	62.8	37.2	100
	标准化残差分析	1.9	−2.0	
博士研究生	频数	30	21	51
	比例（%）	58.8	41.2	100
	标准化残差分析	0.6	−0.6	
博士后经历	频数	2	2	4
	比例（%）	50.0	50.0	100
	标准化残差分析	−0.1	0.1	
总计	频数	964	853	1817
	比例（%）	53.1	46.9	100

注：* 表示 $P<0.05$，** 表示 $P<0.01$。

二　体育消费方式的差异分析

1. 体育消费方式的总体特征

在体育消费方式与不同性质的体育消费内容之间进行卡方分析可以发现，如表 5 – 41 所示，卡方值 $\chi^2 = 1392.397$，$P < 0.01$，并且 0 格（0）的预期个数少于 5，Kendall's tau – c 系数值为 0.905，$P < 0.01$，这说明体育消费方式与体育消费内容之间不仅有非常显著性的线性关联，而且不同体育消费方式在时间密集型和物品密集型这两种体育消费内容的体现上有非常统计显著性差异，可以进行下一步的标准化残差分析。如表 5 –42 所示，标准化残差分析表明，选择物品密集型的体育消费所采用的体育消费方式主要集中于现金支付、信用卡或信贷支付和会员卡支付这三种方式，所占比例分别为 96.7% 、94.9% 和 94.2% ，并呈现非常显著性差异；而选择时间密集型的体育消费所采用的体育消费方式主要为其他支付方式，并呈现非常显著性差异。这一支付方式主要是以几乎没有任何支付为主，所涉及的体育消费项目有慢跑、电视看比赛、羽毛球、乒乓球、篮球、足球、武术、爬山和露营等，所占比例为 94.7% 。从实际情况来看，这些项目的特点基本上也都是免费的，不需要任何形式的支付，比较符合时间密集型体育消费的特征。因此，为了更好地探讨体育消费方式与不同社会结构变量之间的作用关系，研究的切入点一方面是从物品密集型的体育消费进行分析，因为它能够更好地体现出研究之初对体育消费的界定，毕竟时间密集型的体育消费在货币支出方面是欠缺的，并不能完全地符合研究的要求。另一方面，根据现金支付、信用卡或信贷支付和会员卡支付这三种支付方式的特点，将其定义为直接消费；而根据信誉支付、朋友或他人支付以及其他支付这三种支付方式的特点，将其定义为间接消费。

表 5 –41　体育消费方式与不同性质的体育消费内容的卡方分析

	数值	自由度	渐近显著性（双尾）
Pearson 卡方	1392.397[a]	5	0
概似比	1708.330	5	0
线性对线性的关联	1269.969	1	0

续表

	数值	自由度	渐近显著性（双尾）
Kendall's tau – c 系数	0.905	—	0
有效观察值个数	1817		

注：a 0 格（0.0%）的预期个数少于 5，最小预期个数为 1.88。

表 5 – 42   体育消费方式与不同性质的体育消费内容之间的比例分布

体育消费方式		体育消费内容		总计
		物品密集型	时间密集型	
现金支付**	频数	595	20	615
	比例（%）	96.7	3.3	100
	标准化残差分析	14.9	– 15.8	
信用卡或信贷**	频数	56	3	59
	比例（%）	94.9	5.1	100
	标准化残差分析	4.4	– 4.7	
会员卡支付**	频数	196	12	208
	比例（%）	94.2	5.8	100
	标准化残差分析	8.2	– 8.7	
信誉支付	频数	10	4	14
	比例（%）	71.4	28.6	100
	标准化残差分析	0.9	– 1.0	
朋友或他人支付	频数	64	52	116
	比例（%）	55.2	44.8	100
	标准化残差分析	0.3	– 0.3	
其他支付**	频数	43	762	805
	比例（%）	5.3	94.7	100
	标准化残差分析	– 18.6	19.8	
总计	频数	964	853	1817
	比例（%）	53.1	46.9	100

注：** $P < 0.01$。

2. 体育消费方式与性别结构

从性别结构入手分析男性与女性在选择不同体育消费方式进行不同

性质的体育消费内容之间的差异。如表 5 - 43 所示，物品密集型的体育消费中所采用的体育消费方式在性别结构中呈现显著性差异，卡方值 $\chi^2 = 25.549$，P < 0.01，并且 1 格（8.3%）的预期个数少于 5，Kendall's tau - c 系数值为 0.095，P < 0.01，这不仅说明性别结构与不同体育消费方式有统计显著性线性关联，而且也表明男性与女性在选择不同体育消费方式进行物品密集型体育消费时有很大的不同。标准化残差分析表明，如表 5 - 44 所示，女性更愿意采用会员卡支付的消费方式，所占比例为 53.6%，而男性使用会员卡支付的比例为 46.4%，两者呈现统计显著性差异。与之不同，时间密集型的体育消费中所采用的体育消费方式与其性别结构不存在统计显著性线性关联，Kendall's tau - c 系数值为 0.012，P > 0.05，但是，不同体育消费方式在性别结构中也呈现显著性差异，卡方值 $\chi^2 = 25.284$，P < 0.01，并且有 5 格（41.7%）的预期个数少于 5，需要进一步用费舍尔精确检验进行分析。[1] 如表 5 - 44 所示，结果表明，男性与女性在选择不同体育消费方式进行时间密集型体育消费时也有很大的不同。标准化残差分析表明，女性更愿意采用会员卡支付的消费方式，所占比例为 100%，而男性使用会员卡的比例为 0，两者之间存在显著性差异。

表 5 - 43　　　　　体育消费方式与性别结构的卡方分析

		数值	自由度	渐近显著性（双尾）	Monte Carlo Sig.（2 - sided）
物品密集型	Pearson 卡方	25.549[a]	5	0	0[b]
	概似比	29.045	5	0	0[b]
	费舍尔精确检验	26.338			0[b]
	线性对线性的关联	4.758[c]		0.029	0.034[b]
	Kendall's tau - c 系数	0.095	—	0.003	0.003
	有效观察值个数	964			

---

① 卢纹岱（2006）认为，当许多单元格的频数小于 5，应该用费舍尔精确检验结果得出结论。

续表

		数值	自由度	渐近显著性（双尾）	Monte Carlo Sig.（2-sided）
时间密集型	Pearson 卡方	25.284[d]	5	0	0[b]
	概似比	30.815	5	0	0[b]
	费舍尔精确检验	25.972			0[b]
	线性对线性的关联	0.021[e]	1	0.886	0.909[b]
	Kendall's tau-c 系数	0.012	—	0.557	0.594
	有效观察值个数	853			

注：a 1 格（8.3%）的预期个数少于 5，最小预期个数为 4.20；

  b 基于 1817 个样本表格的种子数为 134453947；

  c 标准化的统计值是 2.181；

  d 5 格（41.7%）的预期个数少于 5，最小预期个数为 1.19；

  e 标准化的统计值是 -0.144。

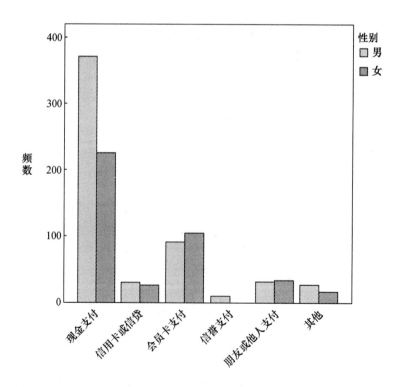

图 5-18　物品密集型体育消费中不同性别的体育消费方式比较

表 5 - 44　　　　　　体育消费方式与性别结构之间的比例分布

			性别结构		总计
			男	女	
物品密集型	现金支付	频数	370	225	595
		比例（%）	62.2	37.8	100
		标准化残差分析	1.3	- 1.6	
	信用卡或信贷	频数	30	26	56
		比例（%）	53.6	46.4	100
		标准化残差分析	- 0.4	0.5	
	会员卡支付*	频数	91	105	196
		比例（%）	46.4	53.6	100
		标准化残差分析	- 2.1	2.5	
	信誉支付	频数	10	0	10
		比例（%）	100.0	0	100
		标准化残差分析	1.7	- 2.0	
	朋友或他人支付	频数	31	33	64
		比例（%）	48.4	51.6	100
		标准化残差分析	- 1.0	1.2	
	其他支付	频数	27	16	43
		比例（%）	62.8	37.2	100
		标准化残差分析	0.4	- 0.5	
	总计	频数	559	405	964
		比例（%）	58.0	42.0	100
时间密集型	现金支付	频数	14	6	20
		比例（%）	70.0	30.0	100
		标准化残差分析	0.5	- 0.7	
	信用卡或信贷	频数	2	1	3
		比例（%）	66.7	33.3	100
		标准化残差分析	0.1	- 0.2	
	会员卡支付*	频数	0	12	12
		比例（%）	0	100	100
		标准化残差分析	- 2.7	3.3	

续表

			性别结构		总计
			男	女	
时间密集型	信誉支付	频数	4	0	4
		比例（%）	100	0	100
		标准化残差分析	1.0	−1.3	
	朋友或他人支付	频数	38	14	52
		比例（%）	73.1	26.9	100
		标准化残差分析	1.2	−1.4	
	其他支付	频数	458	304	762
		比例（%）	60.1	39.9	100
		标准化残差分析	−0.1	0.2	
	总计	频数	516	337	853
		比例（%）	60.5	39.5	100

注：* 表示 P<0.05。

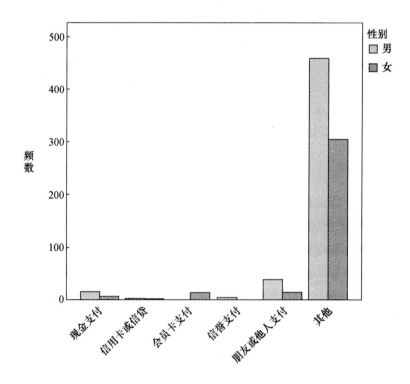

图 5−19　时间密集型体育消费中不同性别的体育消费方式比较

3. 年龄结构与体育消费方式

从年龄结构入手分析不同年龄阶段的人们在物品密集型的体育消费中所采用的不同体育消费方式之间的差异。如表 5 – 45 和表 5 – 46 所示，物品密集型的体育消费中所采用的体育消费方式在年龄结构中不呈现显著性差异，卡方值 $\chi^2 = 1.546$，P > 0.05，不需要进行下一步的标准化残差分析。这说明不同体育消费方式与年龄结构没有关系，不同年龄阶段的人们既有可能选择由现金支付、信用卡或信贷以及会员卡支付构成的直接消费方式，也有可能出现不需要自己花钱消费而由信誉支付、朋友支付或其他支付构成的间接消费方式，这两种方式出现的随机化过程比较明显。尽管如此，还是有必要进一步对直接体育消费方式进行区分，也就是从无卡消费（现金消费）和持卡消费两方面分析不同年龄阶段的人们在物品密集型的体育消费中的选择，毕竟持卡消费与无卡消费在消费形式上还是有一定的区别，是否具有不同的社会表征意义，特别是对于阶层消费而言，这种表征意义是否存在，有待于进一步分析研究。

表 5 – 45　　　　年龄结构与不同体育消费方式的卡方分析

	数值	自由度	渐近显著性（双尾）
Pearson 卡方	1.546[a]	4	0.818
概似比	1.532	4	0.821
线性对线性的关联	0.768	1	0.381
Kendall's tau – c 系数	– 0.022	—	0.335
有效观察值个数	964		

注：a 1 格（10%）的预期个数少于 5，最小预期个数为 1.09。

表 5 – 46　　年龄结构与物品密集型的体育消费方式之间的比例分布

体育消费方式		年龄结构					总计
		20 岁以下	21—30 岁	31—40 岁	41—50 岁	51—60 岁	
直接消费	频数	8	313	310	158	58	847
	比例（%）	0.9	37.0	36.6	18.7	6.8	100
	标准化残差	0.0	– 0.3	0.2	0.1	0.1	

续表

体育消费方式		年龄结构					总计
		20 岁以下	21—30 岁	31—40 岁	41—50 岁	51—60 岁	
间接消费	频数	1	50	38	21	7	117
	比例（%）	0.9	42.7	32.5	17.9	6.0	100
	标准化残差	−0.1	0.9	−0.7	−0.2	−0.3	
总计	频数	18	9	363	348	179	65
	比例（%）	1.0	0.9	37.7	36.1	18.6	6.7

如表 5 - 47 所示，物品密集型体育消费中所采用的无卡和持卡这两种直接体育消费方式在年龄结构中呈现显著性差异，卡方值 $\chi^2 =$ 11.704，P < 0.05，可以进行下一步的标准化残差分析。如表 5 - 48 和图 5 - 20 所示，调整后标准化残差分析表明[1]，21—30 岁和 51—60 岁的体育消费者在选择无卡（现金）消费和持卡消费这两种直接体育消费方式时呈统计显著性差异，21—30 岁的体育消费者更倾向于无卡（现金）消费的方式，所占比例为 74.8%，而 51—60 岁的体育消费者也倾向于无卡（现金）消费的方式，所占比例为 55.2%。这说明不同年龄阶段的人们对于持卡进行体育消费的认同感还比较低，仍然偏重于现金支付的体育消费方式。不过，随着年龄的不断增长，持卡消费的比例有增加的趋势，特别是到了 51—60 岁，持卡消费的比例达到了 44.8%，其原因可能是随着年龄的增长，人们越来越重视自己的健康，体育参与意识增强，参与次数增加，持卡消费比较方便与快捷，减少了现金支付的烦琐性，所以比例较高。但这只是一种推断，仍然有待于进一步分析证明。

表 5 - 47　年龄结构与不同直接体育消费方式的卡方分析（物品密集型）

	数值	自由度	渐近显著性（双尾）
Pearson 卡方	11.704[a]	4	0.020
概似比	11.200	4	0.024

---

[1]　邱皓政（2009）认为，值得注意的是，上面计算的残差或标准化残差会随着边缘期望值的大小变动而产生波动，这时可以考虑将标准化残差各边缘比率进行调整，得到调整后标准化残差来排除此问题。

续表

	数值	自由度	渐近显著性（双尾）
线性对线性的关联	7.273	1	0.007
Kendall's tau-c 系数	0.087	—	0.013
有效观察值个数	847		

注：a 1 格（10%）的预期个数少于 5，最小预期个数为 2.38。

表 5-48　　　　年龄结构与不同直接体育消费方式之间的
比例分布（物品密集型）

年龄结构		直接体育消费方式		总计
		无卡	持卡	
20 岁以下	频数	4	4	8
	比例（%）	50.0	50.0	100
	标准化残差分析	-0.7	1.0	
	调整标准化残差分析	-1.3	1.3	
21—30 岁*	频数	234	79	313
	比例（%）	74.8	25.2	100
	标准化残差分析	1.0	-1.5	
	调整标准化残差分析	2.2	-2.2	
31—40 岁	频数	219	91	310
	比例（%）	70.6	29.4	100
	标准化残差分析	0.1	-0.1	
	调整标准化残差分析	0.2	-0.2	
41—50 岁	频数	106	52	158
	比例（%）	67.1	32.9	100
	标准化残差分析	-0.5	0.7	
	调整标准化残差分析	-1.0	1.0	
51—60 岁*	频数	32	26	58
	比例（%）	55.2	44.8	100
	标准化残差分析	-1.4	2.1	
	调整标准化残差分析	-2.6	2.6	

续表

年龄结构		直接体育消费方式		总计
		无卡	持卡	
总计	频数	595	252	847
	比例（%）	70.2	29.8	100

注：＊表示 $P < 0.05$。

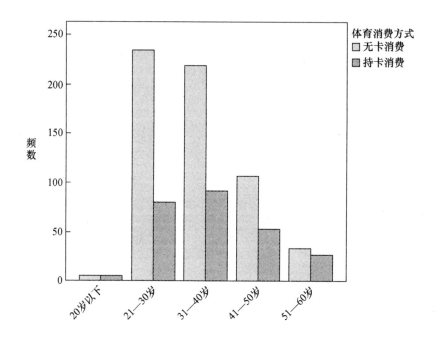

图5-20　物品密集型体育消费中不同年龄的直接体育消费方式比较

4. 家庭结构与体育消费方式

从家庭结构入手分析不同类型的家庭在体育消费方式选择上的差异，如表5-49所示，费舍尔精确检验值为1.429，$P > 0.05$，这说明不同类型的家庭在直接和间接两类体育消费方式选择上没有统计显著性，不需要进行下一步的标准化残差分析。但是，从表5-50和图5-21可知，无论是选择直接消费还是间接消费方式，由夫妇与孩子构成的核心家庭是物品密集型体育消费的主力军，所占比例分别为68.8%和70.9%，其次主要是夫妇和单身两种类型的家庭，选择直接消费方式的

比例分别为 10.4% 和 11.8%，选择间接消费方式的比例分别为 11.1%
和 10.3%，这说明在物品密集型的体育消费活动中以家庭为单位所采
用的体育消费方式比较多元化，既有选择直接消费方式，也有选择间接
消费方式，两者之间并没有十分明显的区分。

表 5 - 49　　　　　家庭结构与不同体育消费方式的
卡方分析（物品密集型）

	数值	自由度	渐近显著性（双尾）	Monte Carlo Sig.（2 - sided）
Pearson 卡方	1.796[a]	6	0.937	0.952[b]
概似比	2.774	6	0.837	0.906[b]
费舍尔精确检验	1.429			0.968[b]
线性对线性的关联	0.460[c]	1	0.497	0.498[b]
Kendall's tau - c 系数	-0.013	—	0.493	0.518[b]
有效观察值个数	964			

注：a 4 格（28.6%）的预期个数少于 5，最小预期个数为 0.73；

　　b 基于 1817 个样本表格的种子数为 2048628469；

　　c 标准化的统计值是 -0.679。

表 5 - 50　　　　　家庭结构与不同体育消费方式之间的
比例分布（物品密集型）

体育消费方式		家庭结构							总计
		夫妇	夫妇与孩子	母亲与孩子	父亲与孩子	其他亲属	非亲属	单身	
直接消费	频数	88	583	29	5	34	8	100	847
	比例（%）	10.4	68.8	3.4	0.6	4.0	0.9	11.8	100
	标准化残差	-0.1	-0.1	0.2	-0.1	0	0.4	0.2	
	调整后残差分析	-0.2	-0.5	0.5	-0.3	-0.1	1.1	0.5	
间接消费	频数	13	83	3	1	5	0	12	117
	比例（%）	11.1	70.9	2.6	0.9	4.3	0	10.3	100

续表

体育消费方式		家庭结构							总计
		夫妇	夫妇与孩子	母亲与孩子	父亲与孩子	其他亲属	非亲属	单身	
间接消费	标准化残差	0.2	0.2	-0.4	0.3	0.1	-1.0	-0.4	
	调整后残差分析	0.2	0.5	-0.5	0.3	0.1	-1.1	-0.5	
总计	频数	101	666	32	6	39	8	112	964
	比例（%）	10.5	69.1	3.3	0.6	4.0	0.8	11.6	100

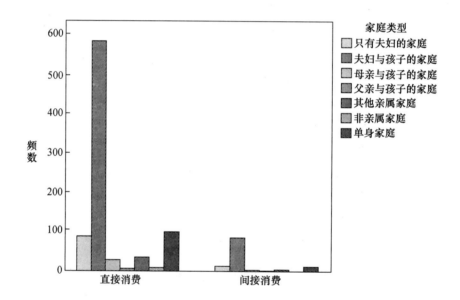

图 5-21　不同家庭结构的体育消费方式比较（物品密集型）

　　另外，在此基础上进一步分析不同直接体育消费方式与家庭结构之间的关系，如表 5-51 所示，费舍尔精确检验值为 12.469，P < 0.05，这说明不同类型的家庭在无卡和持卡两类直接体育消费方式选择上有统计显著性，可以进行下一步的标准化残差分析。如表 5-52 和图 5-22所示，调整标准化残差分析表明，夫妇与孩子构成的核心家庭与单身家庭在选择直接体育消费方式上都呈现显著性差异，两类家庭都倾向于选择无卡消费，所占比例分别为 68.1% 和 84.0%，这说明两类家庭对于持卡进行体育消费的认同感比较低，仍然热衷于选择以直接现金支付的

形式来进行消费。

表 5 – 51 家庭结构与不同直接体育消费
方式的卡方分析（物品密集型）

	数值	自由度	渐近显著性 （双尾）	Monte Carlo Sig. (2 – sided)
Pearson 卡方	11. 549[a]	6	0. 073	0. 074[b]
概似比	12. 669	6	0. 049	0. 062[b]
费舍尔精确检验	12. 469			0. 045[b]
线性对线性的关联	9. 826[c]		0. 002	0. 001[b]
Kendall's tau – c 系数	– 0. 08	—	0. 004	0. 005[b]
有效观察值个数	847			

注：a 3 格（214%）的预期个数少于 5，最小预期个数为 1. 49；

b 基于 1817 个样本表格的种子数为 1509375996；

c 标准化的统计值是 – 3. 135。

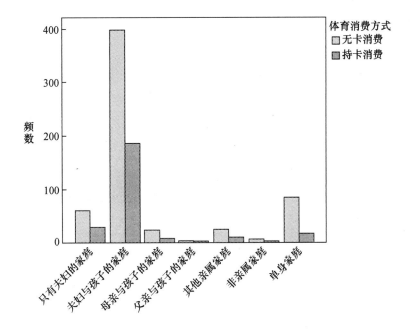

图 5 – 22 不同家庭结构的直接体育消费方式比较（物品密集型）

表 5 - 52 　　　　　　　**家庭结构与不同直接体育消费**

方式之间的比例分布（物品密集型）

家庭结构		直接体育消费方式		总计
		无卡	持卡	
只有夫妇的家庭	频数	59	29	88
	比例（%）	67.0	33.0	100
	标准化残差分析	- 0.4	0.6	
	调整标准化残差分析	- 0.7	0.7	
夫妇与孩子的家庭*	频数	397	186	583
	比例（%）	68.1	31.9	100
	标准化残差分析	- 0.6	1.0	
	调整标准化残差分析	- 2.0	2.0	
母亲与孩子的家庭	频数	22	7	29
	比例（%）	75.9	24.1	100
	标准化残差分析	0.4	- 0.6	
	调整标准化残差分析	0.7	- 0.7	
父亲与孩子的家庭	频数	3	2	5
	比例（%）	60.0	40.0	100
	标准化残差分析	- 0.3	0.4	
	调整标准化残差分析	- 0.5	0.5	
其他亲属家庭	频数	24	10	34
	比例（%）	70.6	29.4	100
	标准化残差分析	0	0	
	调整标准化残差分析	0	0	
非亲属家庭	频数	6	2	8
	比例（%）	75.0	25.0	100
	标准化残差分析	0.2	- 0.2	
	调整标准化残差分析	0.3	- 0.3	
单身家庭*	频数	84	16	100
	比例（%）	84.0	16.0	100
	标准化残差分析	1.6	- 2.5	
	调整标准化残差分析	3.2	- 3.2	

续表

家庭结构		直接体育消费方式		总计
		无卡	持卡	
总计	频数	595	252	847
	比例（%）	70.2	29.8	100

注：＊表示 P＜0.05。

5. 职业结构与体育消费方式

从职业结构入手分析不同职业类型在物品密集型体育消费中所采用的体育消费方式的差异，如表5－53所示，$\chi^2 = 16.679$，P＜0.05，这说明不同职业类型在直接和间接两类体育消费方式选择上有统计显著性，可以进行下一步的标准化残差分析。如表5－54和图5－23所示，调整后标准化残差分析表明，文化、卫生和体育系统工作者与教育、科学研究技术服务工作者在选择直接体育消费方式进行物品密集型体育消费的比例较高，并呈现统计显著性差异，所占比例分别为94.9%和92.7%，而其他职业类型中也都倾向于选择直接体育消费方式来进行物品密集型的体育消费，尽管没有呈现显著性差异，但是足以说明直接体育消费方式是不同职业类型的主要消费方式。

表5－53　　　　　　职业结构与不同体育消费方式的
卡方分析（物品密集型）

	数值	自由度	渐近显著性（双尾）
Pearson 卡方	16.679[a]	6	0.011
概似比	17.997	6	0.006
线性对线性的关联	0.080	1	0.777
Kendall's tau－c 系数	0.003	—	0.896
有效观察值个数	964		

注：a 0 格（0）的预期个数少于5，最小预期个数为7.89。

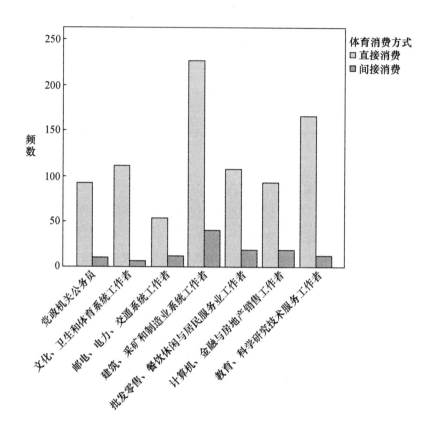

图 5 - 23   不同职业结构的体育消费方式比较（物品密集型）

表 5 - 54　　　　职业结构与不同直接体育消费方式

之间的比例分布（物品密集型）

职业结构		直接体育消费方式		总计
		无卡	持卡	
党政机关公务员	频数	92	10	102
	比例（%）	90.2	9.8	100
	标准化残差分析	0.3	-0.7	
	调整标准化残差分析	0.8	-0.8	
文化、卫生和体育系统工作者*	频数	111	6	117
	比例（%）	94.9	5.1	100
	标准化残差分析	0.8	-2.2	
	调整标准化残差分析	2.5	-2.5	

续表

职业结构		直接体育消费方式		总计
		无卡	持卡	
邮电、电力、交通系统工作者	频数	53	12	65
	比例（%）	81.5	18.5	100
	标准化残差分析	− 0.5	1.5	
	调整标准化残差分析	− 1.6	1.6	
建筑、采矿和制造业系统工作者	频数	226	40	266
	比例（%）	85.0	15.0	100
	标准化残差分析	− 0.5	1.4	
	调整标准化残差分析	− 1.7	1.7	
批发零售、餐饮休闲与居民服务业工作者	频数	107	18	125
	比例（%）	85.6	14.4	100
	标准化残差分析	− 0.3	0.7	
	调整标准化残差分析	− 0.8	0.8	
计算机、金融与房地产销售工作者	频数	93	18	111
	比例（%）	83.8	16.2	100
	标准化残差分析	− 0.5	1.2	
	调整标准化残差分析	− 1.4	1.4	
教育、科学研究技术服务工作者*	频数	165	13	178
	比例（%）	92.7	7.3	100
	标准化残差分析	0.7	− 1.9	
	调整标准化残差分析	2.2	− 2.2	
总计	频数	847	117	964
	比例（%）	87.9	12.1	100

注：* 表示 $P < 0.05$。

另外，在此基础上进一步分析不同职业类型在选择不同直接体育消费方式上的差异，如表 5－55 所示，$\chi^2 = 36.834$，$P < 0.05$，这说明不同职业类型在无卡和持卡两类直接体育消费方式选择上有统计显著性，可以进行下一步的标准化残差分析。如表 5－56 和图 5－24 所示，调整后的标准化残差分析表明，文化、卫生和体育系统工作者，建筑、采矿和制造业系统工作者和教育、科学研究技术服务工作者比较倾向于选择无卡的直接体育消费方式进行物品密集型的体育消费，所占比例分别为 76.6%、78.3% 和 62.4%，并呈现统计显著性差异，而邮电、电力、交通系统工作者

则倾向于选择持卡的直接体育消费方式进行物品密集型的体育消费，所占比例为58.5%，并呈现统计显著性差异。这说明持卡的直接体育消费方式还是具有一定的区分功能，能够表达一定的社会身份与地位。

表5-55　　　　　职业结构与不同直接体育消费方式的
卡方分析（物品密集型）

	数值	自由度	渐近显著性（双尾）
Pearson 卡方	36.834[a]	6	0
概似比	35.034	6	0
线性对线性的关联	0.889	1	0.346
Kendall's tau-c 系数	0.031	—	0.398
有效观察值个数	847		

注：a 0 格（0）的预期个数少于5，最小预期个数为7.89。

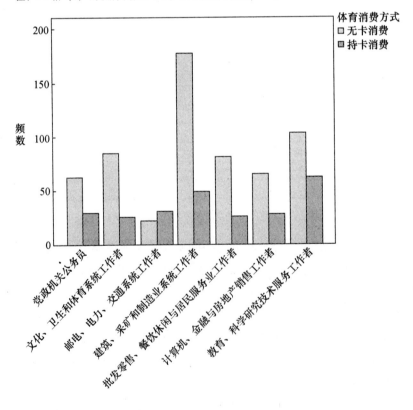

图5-24　不同职业结构的直接体育消费方式比较（物品密集型）

表 5 - 56 职业结构与不同直接体育消费方式
之间的比例分布（物品密集型）

职业结构		直接体育消费方式		总计
		无卡	持卡	
党政机关公务员	频数	62	30	92
	比例（%）	67.4	32.6	100
	标准化残差分析	- 0.3	0.5	
	调整标准化残差分析	- 0.6	0.6	
文化、卫生和体育系统工作者 *	频数	85	26	111
	比例（%）	76.6	23.4	100
	标准化残差分析	0.8	- 1.2	
	调整标准化残差分析	1.6	- 1.6	
邮电、电力、交通系统工作者 **	频数	22	31	53
	比例（%）	41.5	58.5	100
	标准化残差分析	- 2.5	3.8	
	调整标准化残差分析	- 4.7	4.7	
建筑、采矿和制造业系统工作者 **	频数	177	49	226
	比例（%）	78.3	21.7	100
	标准化残差分析	1.4	- 2.2	
	调整标准化残差分析	3.1	- 3.1	
批发零售、餐饮休闲与居民服务业工作者	频数	81	26	107
	比例（%）	75.7	24.3	100
	标准化残差分析	0.7	- 1.0	
	调整标准化残差分析	1.3	- 1.3	
计算机、金融与房地产销售工作者	频数	65	28	93
	比例（%）	69.9	30.1	100
	标准化残差分析	0	0.1	
	调整标准化残差分析	- 1.1	1.1	
教育、科学研究技术服务工作者 *	频数	103	62	165
	比例（%）	62.4	37.6	100
	标准化残差分析	- 1.2	1.8	
	调整标准化残差分析	- 2.4	2.4	

续表

职业结构		直接体育消费方式		总计
		无卡	持卡	
总计	频数	595	252	847
	比例（%）	70.2	29.8	100

注：＊表示 P＜0.05，＊＊表示 P＜0.01。

6. 阶层结构与体育消费方式

从阶层结构入手分析不同社会阶层在体育消费方式选择上的差异，如表5-57所示，卡方值$\chi^2 = 1.417$，P＞0.05，这说明不同社会阶层在体育消费方式选择上没有统计显著性差异，不需要进行下一步的标准化残差分析。但是，由表5-58和图5-25可知，相对来说，不同社会阶层都倾向于选择直接体育消费方式，而选择间接体育消费方式的比例较小，这说明由直接和间接消费方式所构成的体育消费方式在一定程度上不是区分不同社会阶层的主要解释性变量，需要进一步分析不同社会阶层在不同直接体育消费方式选择上的差异。如表5-59所示，$\chi^2 = 41.628$，P＜0.05，这说明不同社会阶层在无卡和持卡两类直接体育消费方式选择上有统计显著性，可以进行下一步的标准化残差分析。如表5-60和图5-26所示，调整后的标准化残差分析表明，社会底层、中上层、中中层和中下层都倾向于采用无卡的直接消费方式进行物品密集型的体育消费活动，所占比例分别为89.4%、55.4%、65.7%和79.6%，并呈现统计显著性差异，这说明持卡的体育消费方式在不同社会阶层中还没有得到广泛的认同，但是从持卡消费的比例分布来看，随着阶层地位的提高，持卡消费的比例也随之增加，特别是中上层的持卡比例已经接近45%，这在一定程度上也反映了不同阶层地位对于持卡消费的认可度。

表5-57   阶层结构与不同体育消费方式的卡方分析

	数值	自由度	渐近显著性（双尾）
Pearson 卡方	1.417[a]	4	0.841
概似比	1.257	4	0.869

续表

	数值	自由度	渐近显著性（双尾）
线性对线性的关联	—	—	—
Kendall's tau - c 系数	- 0.018	—	0.439
有效观察值个数	964		

注：a 1 格（10%）的预期个数少于 5，最小预期个数为 1.09。

表 5 - 58　　　　　　　　阶层结构与不同体育消费方式
之间的比例分布（物品密集型）

阶层结构		体育消费方式		总计
		直接消费	间接消费	
社会底层	频数	47	8	55
	比例（%）	85.5	14.5	100
	标准化残差分析	- 0.2	0.5	
	调整标准化残差分析	- 0.6	0.6	
社会上层	频数	7	2	9
	比例（%）	77.8	22.2	100
	标准化残差分析	- 0.3	0.9	
	调整标准化残差分析	- 0.9	0.9	
中上层	频数	157	23	180
	比例（%）	87.2	12.8	100
	标准化残差分析	- 0.1	0.2	
	调整标准化残差分析	- 0.3	0.3	
中下层	频数	318	43	361
	比例（%）	88.1	11.9	100
	标准化残差分析	0	- 0.1	
	调整标准化残差分析	0.2	- 0.2	
中中层	频数	318	41	359
	比例（%）	88.6	11.4	100
	标准化残差分析	0.1	- 0.4	
	调整标准化残差分析	0.5	- 0.5	

续表

职层结构		体育消费方式		总计
		直接消费	间接消费	
总计	频数	847	117	964
	比例（％）	87.9	12.1	100

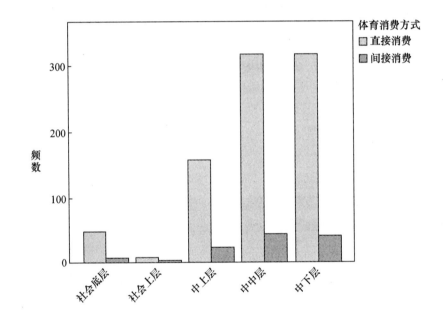

图5-25 不同阶层结构的体育消费方式比较（物品密集型）

表5-59   阶层结构与不同直接体育消费方式的卡方分析

	数值	自由度	渐近显著性（双尾）
Pearson 卡方	41.628[a]	4	0
概似比	43.046	4	0
线性对线性的关联	—	—	—
Kendall's tau-c 系数	0.021	—	0.559
有效观察值个数	847		

注：a 2 格（20％）的预期个数少于5，最小预期个数为2.08。

表5－60　　　　　　　阶层结构与不同直接体育消费方式
之间的比例分布（物品密集型）

阶层结构		直接体育消费方式		总计
		无卡	持卡	
社会底层**	频数	42	5	47
	比例（%）	89.4	10.6	100
	标准化残差分析	1.6	−2.4	
	调整标准化残差分析	2.9	−2.9	
社会上层	频数	4	3	7
	比例（%）	57.1	42.9	100
	标准化残差分析	−0.4	0.6	
	调整标准化残差分析	−0.8	0.8	
中上层**	频数	87	70	157
	比例（%）	55.4	44.6	100
	标准化残差分析	−2.2	3.4	
	调整标准化残差分析	−4.5	4.5	
中下层**	频数	253	65	318
	比例（%）	79.6	20.4	100
	标准化残差分析	2.0	−3.0	
	调整标准化残差分析	4.6	−4.6	
中中层*	频数	209	109	318
	比例（%）	65.7	34.3	100
	标准化残差分析	−1.0	1.5	
	调整标准化残差分析	−2.2	2.2	
总计	频数	595	252	847
	比例（%）	70.2	29.8	100

注：* 表示 P＜0.05，** 表示 P＜0.01。

7. 收入结构与体育消费方式

从收入结构入手分析不同收入阶层在物品密集型体育消费中所采用的体育消费方式的差异，如表5－61所示，$\chi^2 = 11.972$，$P＜0.05$，这说明不同收入阶层在直接和间接两类体育消费方式选择上有统计显著性，可以进行下一步的标准化残差分析。如表5－62和图5－27所示，

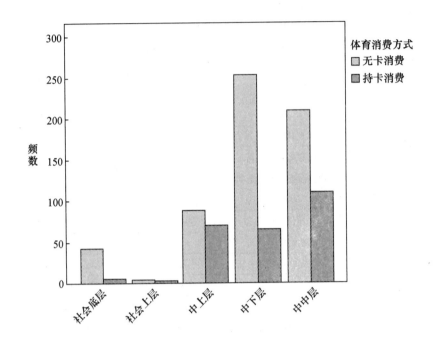

图 5-26 不同阶层结构的直接体育消费方式比较（物品密集型）

调整后标准化残差分析表明，个人收入在 3501—5001 元和 6501—8000 元两个收入阶层倾向于选择直接体育消费方式进行物品密集型的体育消费活动，所占比例分别为 84.3% 和 100%，并呈现统计显著性差异，而其他收入阶层选择直接体育消费方式的比例也高于选择间接体育消费方式的比例，这说明直接体育消费方式是不同收入阶层进行物品密集型体育消费活动的重要选择。

表 5-61 收入结构与不同体育消费方式的卡方分析（物品密集型）

	数值	自由度	渐近显著性（双尾）
Pearson 卡方	11.972[a]	4	0.035
概似比	16.626	4	0.005
线性对线性的关联	0.867	1	0.352
Kendall's tau-c 系数	-0.007	—	0.739
有效观察值个数	964		

注：a 1 格（8.3%）的预期个数少于 5，最小预期个数为 4.85。

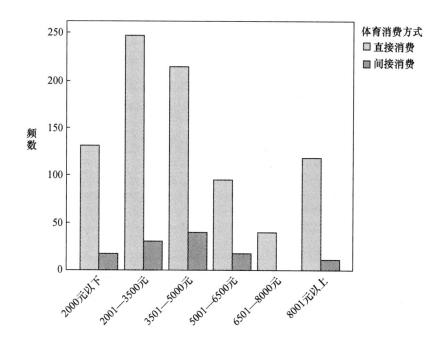

图 5 – 27　不同收入结构的体育消费方式比较（物品密集型）

表 5 – 62　　　　　　收入结构与不同体育消费方式之间的
　　　　　　　　　　比例分布（物品密集型）

收入结构		体育消费方式		总计
		直接消费	间接消费	
2000 元以下	频数	131	17	148
	比例（%）	88.5	11.5	100
	标准化残差分析	0.1	− 0.2	
	调整标准化残差分析	0.3	− 0.3	
2001—3500 元	频数	248	31	278
	比例（%）	88.9	11.1	100
	标准化残差分析	0.2	− 0.5	
	调整标准化残差分析	0.6	− 0.6	

续表

收入结构		体育消费方式		总计
		直接消费	间接消费	
3501—5000 元*	频数	215	40	255
	比例（%）	84.3	15.7	100
	标准化残差分析	−0.6	1.6	
	调整标准化残差分析	−2.0	2.0	
5001—6500 元	频数	95	18	113
	比例（%）	84.1	15.9	100
	标准化残差分析	−0.4	1.2	
	调整标准化残差分析	−1.3	1.3	
6501—8000 元*	频数	40	0	40
	比例（%）	100.0	0	100
	标准化残差分析	0.8	−2.2	
	调整标准化残差分析	2.4	−2.4	
8001 元以上	频数	118	11	129
	比例（%）	91.5	8.5	100
	标准化残差分析	0.4	−1.2	
	调整标准化残差分析	1.3	−1.3	
总计	频数	847	117	946
	比例（%）	87.9	12.1	100

注：* 表示 P < 0.05。

　　另外，在此基础上进一步分析不同收入结构在不同直接体育消费方式选择上的差异。如表 5 − 63 所示，$\chi^2 = 16.726$，P < 0.05，这说明不同收入阶层在无卡和持卡两类直接体育消费方式选择上有统计显著性差异，可以进行下一步的标准化残差分析。如表 5 − 64 和图 5 − 28 所示，调整标准化残差表明，个人收入在 2001—3500 元、3501—5000 元和 8001 元以上三个收入阶层倾向于选择无卡的直接体育消费方式，所占比例分别为 75.8%、64.7% 和 61%，并呈现统计显著性差异，而其他收入阶层选择无卡的直接体育消费方式的比例也高于选择持卡的直接体育消费方式的比例，这说明无卡的直接体育消费方式是不同收入阶层进行物品密集型体育消费活动的重要选择。

表 5 - 63 收入结构与不同直接体育消费方式的
卡方分析（物品密集型）

	数值	自由度	渐近显著性（双尾）
Pearson 卡方	16.726[a]	5	0.005
概似比	16.906	5	0.005
线性对线性的关联	6.512	1	0.011
Kendall's tau - c 系数	− 0.098	—	0.005
有效观察值个数	847		

注：a 1 格（0）的预期个数少于 5，最小预期个数为 11.90。

表 5 - 64 收入结构与不同直接体育消费方式之间的
比例分布（物品密集型）

收入结构		直接体育消费方式		总计
		无卡	持卡	
2000 元以下	频数	99	32	131
	比例（%）	75.6	24.4	100
	标准化残差分析	0.7	− 1.1	
	调整标准化残差分析	1.4	− 1.4	
2001—3500 元 *	频数	188	60	248
	比例（%）	75.8	24.2	100
	标准化残差分析	1.0	− 1.6	
	调整标准化残差分析	2.3	− 2.3	
3501—5000 元 *	频数	139	76	215
	比例（%）	64.7	35.3	100
	标准化残差分析	− 1.0	1.5	
	调整标准化残差分析	− 2.1	2.1	
5001—6500 元	频数	64	31	95
	比例（%）	67.4	32.6	100
	标准化残差分析	− 0.3	0.5	
	调整标准化残差分析	− 0.7	0.7	

续表

收入结构		直接体育消费方式		总计
		无卡	持卡	
6501—8000 元	频数	33	7	40
	比例（％）	82.5	17.5	100
	标准化残差分析	0.9	−1.4	
	调整标准化残差分析	1.7	−1.7	
8001 元以上 *	频数	72	46	118
	比例（％）	61.0	39.0	100
	标准化残差分析	−1.2	1.8	
	调整标准化残差分析	−2.4	2.4	
总计	频数	595	252	847
	比例（％）	70.2	29.8	100

注：＊表示 $P < 0.05$。

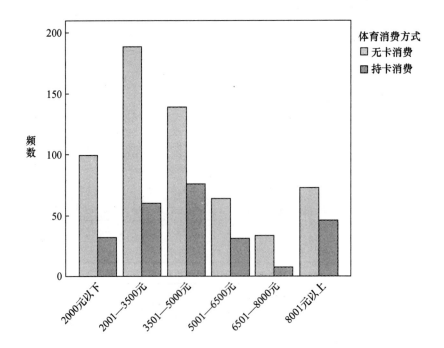

图 5-28 不同收入结构的直接体育消费方式比较（物品密集型）

8. 教育文化结构与体育消费方式

从教育文化结构入手分析不同教育文化程度在体育消费方式上的差异，如表 5 – 65 所示，卡方值 $\chi^2 = 25.269$，P < 0.01，这说明拥有不同教育文化程度的人们在选择直接或间接体育消费方式进行物品密集型体育消费活动时有统计显著性差异，可以进行下一步的标准化残差分析。

表 5 – 65　　　　　教育文化结构与不同体育消费方式的
卡方分析（物品密集型）

	数值	自由度	渐近显著性 （双尾）	Monte Carlo Sig. （2 – sided）
Pearson 卡方	25.269[a]	8	0.001	0.004[b]
概似比	23.0344	8	0.003	0.003[b]
费舍尔精确检验	22.596			0.002[b]
线性对线性的关联	0.697[c]	1	0.404	0.397[b]
Kendall's tau – c 系数	– 0.023	—	0.357	0.316[b]
有效观察值个数	964			

注：a 6 格（33.3%）的预期个数少于 5，最小预期个数为 0.24；
　　b 基于 1817 个样本表格的种子数为 2000000；
　　c 标准化的统计值是 – 0.835。

表 5 – 66　　　教育文化结构与不同体育消费方式之间的比例分布

教育文化结构		直接体育消费方式		总计
		直接消费	间接消费	
小学及 小学以下	频数	2	0	2
	比例（%）	100.0	0	100
	标准化残差分析	0.2	– 0.5	
	调整标准化残差分析	0.5	– 0.5	
初中或技 校毕业	频数	22	2	24
	比例（%）	91.7	8.3	100
	标准化残差分析	0.2	– 0.5	
	调整标准化残差分析	0.6	– 0.6	

续表

教育文化结构		体育消费方式		总计
		直接消费	间接消费	
高中或 中专毕业	频数	95	19	114
	比例（%）	83.3	16.7	100
	标准化残差分析	− 0.5	1.4	
	调整标准化残差分析	− 1.6	1.6	
大学专科	频数	148	28	176
	比例（%）	84.1	15.9	100
	标准化残差分析	− 0.5	1.4	
	调整标准化残差分析	− 1.7	1.7	
大学本科*	频数	406	37	443
	比例（%）	91.6	8.4	100
	标准化残差分析	0.8	− 2.3	
	调整标准化残差分析	3.3	− 3.3	
在职硕士**	频数	34	14	48
	比例（%）	70.8	29.2	100
	标准化残差分析	− 1.3	3.4	
	调整标准化残差分析	− 3.7	3.7	
硕士研究生	频数	110	15	125
	比例（%）	88.0	12.0	100
	标准化残差分析	0	0	
	调整标准化残差分析	0.1	− 0.1	
博士研究生	频数	28	2	30
	比例（%）	93.3	6.7	100
	标准化残差分析	0.3	− 0.9	
	调整标准化残差分析	0.9	− 0.9	
博士后经历	频数	2	0	2
	比例（%）	100.0	0	100
	标准化残差分析	0.2	− 0.5	
	调整标准化残差分析	0.5	− 0.5	
总计	频数	847	117	964
	比例（%）	87.9	12.1	100

注：* 表示 $P < 0.05$，** 表示 $P < 0.01$。

　　如表 5 – 66 和图 5 – 29 所示，调整后标准化残差分析表明，教育文
化程度在大学本科和在职硕士两个层次上倾向于选择直接体育消费方式
进行物品密集型的体育消费活动，所占比例分别为 91.6% 和 70.8%，
并呈现统计显著性差异，而其他教育文化阶层选择直接体育消费方式的
比例也高于选择间接体育消费方式的比例，这说明直接体育消费方式是
不同教育文化程度的人们进行物品密集型体育消费活动的重要选择。

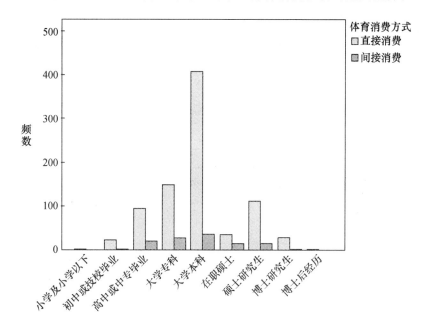

图 5 – 29　不同教育文化程度的体育消费方式比较（物品密集型）

　　另外，在此基础上进一步分析拥有不同教育文化程度的人们在不同
直接体育消费方式选择上的差异。如表 5 – 67 所示，费舍尔精确检验值
为 15.657，P < 0.05，这说明拥有不同教育文化程度的人们在无卡和持
卡两类直接体育消费方式选择上有统计显著性差异，可以进行下一步的
标准化残差分析。如表 5 – 68 和图 5 – 30 所示，调整标准化残差分析表
明，拥有高中或中专毕业和大学本科两个层次的教育文化程度的人们都
倾向于选择无卡的直接体育消费方式，所占比例分别为 81.1% 和 67%，
而拥有其他教育文化程度的人们也都倾向于选择无卡的直接体育消费方
式，这说明拥有不同教育文化程度的人们对持卡的直接体育消费认同感

比较低，人们依然普遍采用传统的现金直接支付的方式来参与体育消费实践活动，但是学历越高的人们对这种直接消费方式认可度相对要高一些，这一点可以在教育文化结构与不同直接体育消费方式之间的比例分布中得到一定的体现。

表 5-67　　　　　　　教育文化结构与不同直接体育消费
方式的卡方分析（物品密集型）

	数值	自由度	渐近显著性 （双尾）	Monte Carlo Sig. （2-sided）
Pearson 卡方	16.607[a]	8	0.034	0.027[b]
概似比	18.293	8	0.019	0.020[b]
费舍尔精确检验	15.657			0.031[b]
线性对线性的关联	0.505[c]	1	0.477	0.470[b]
Kendall's tau-c 系数	0.036	—	0.259	0.275[b]
有效观察值个数	847			

注：a 4 格（22.2%）的预期个数少于 5，最小预期个数为 0.60；

　　b 基于 1817 个样本表格的种子数为 2048628469；

　　c 标准化的统计值是 0.711。

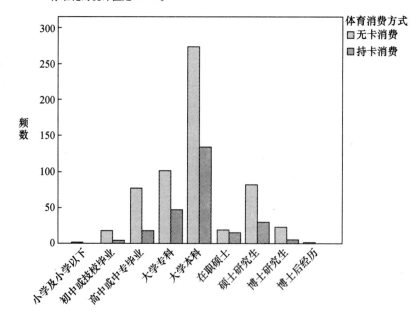

图 5-30　不同教育文化程度的直接体育消费方式比较（物品密集型）

表 5 – 68　教育文化结构与不同直接体育消费方式之间的比例分布

教育文化结构		直接体育消费方式		总计
		无卡	持卡	
小学及 小学以下	频数	2	0	2
	比例（%）	100.0	0	100
	标准化残差分析	0.5	− 0.8	
	调整标准化残差分析	0.9	− 0.9	
初中或 技校毕业	频数	18	4	22
	比例（%）	81.8	18.2	100
	标准化残差分析	0.6	− 1.0	
	调整标准化残差分析	1.2	− 1.2	
高中或 中专毕业*	频数	77	18	95
	比例（%）	81.1	18.9	100
	标准化残差分析	1.3	− 1.9	
	调整标准化残差分析	2.4	− 2.4	
大学专科	频数	101	47	148
	比例（%）	68.2	31.8	100
	标准化残差分析	− 0.3	0.4	
	调整标准化残差分析	− 0.6	0.6	
大学本科*	频数	272	134	406
	比例（%）	67.0	33.0	100
	标准化残差分析	− 0.8	1.2	
	调整标准化残差分析	− 2.0	2.0	
在职硕士	频数	19	15	34
	比例（%）	55.9	44.1	100
	标准化残差分析	− 1.0	1.5	
	调整标准化残差分析	− 1.9	1.9	
硕士研究士	频数	81	29	110
	比例（%）	73.6	26.4	100
	标准化残差分析	0.4	− 0.7	
	调整标准化残差分析	0.8	− 0.8	
博士研究生	频数	23	5	28
	比例（%）	82.1	17.9	100

续表

教育文化结构		直接体育消费方式		总计
		无卡	持卡	
博士研究生	标准化残差分析	0.8	−10.2	
	调整标准化残差分析	1.4	−1.4	
博士后经历	频数	2	0	2
	比例（%）	100.0	0	100
	标准化残差分析	0.5	−0.8	
	调整标准化残差分析	0.9	−0.9	
总计	频数	595	252	847
	比例（%）	70.2	29.8	100

注：＊表示 P＜0.05。

三　体育消费意识的差异分析

1. 体育消费意识的总体特征

以物品密集型和时间密集型两种体育消费类别为控制变量，分析体育消费意识的总体特征，如表5－69所示，这两种体育消费类型的体育消费意识没有显著性差异，P＞0.05，因此，可以将其合并为一个样本总体，进一步分析不同社会结构变量影响下的体育消费意识之间的差异。

表 5 – 69　　　　　　不同类型的体育消费意识均值与

标准差比较（$\overline{X} \pm S$；$N = 1817$）

类型	学习意识	社会认同意识	健康与技能意识	社会身份意识	社会交往意识	体育消费意识
物品密集型	3.48±0.68	3.47±0.64	3.97±0.59	2.48±0.80	3.64±0.69	3.50±0.50
时间密集型	3.54±0.63	3.51±0.60	3.93±0.56	2.47±0.75	3.65±0.64	3.51±0.46
T检验	1.322	1.078	1.048	0.143	0.209	0.550
P	0.187	0.281	0.295	0.886	0.834	0.582

2. 性别结构与体育消费意识

以性别结构为控制变量，分析男性与女性在体育消费意识不同维度

之间的差异。如表 5 - 70 所示，T 检验表明，男性与女性在学习意识和
社会交往意识上有显著性差异，P < 0.05，在社会身份意识和体育消费
意识上有非常显著性差异，P < 0.01，这说明男性比女性在这四个方面
有更强的消费意识。

表 5 - 70 不同性别的体育消费意识均值与

标准差比较 ($\overline{X} \pm S$；$N = 550$)

性别结构	学习意识*	社会认同意识	健康与技能意识	社会身份意识**	社会交往意识*	体育消费意识**
女性	3.38 ± 0.69	3.44 ± 0.55	3.88 ± 0.54	2.37 ± 0.79	3.63 ± 0.68	3.44 ± 0.45
男性	3.52 ± 0.65	3.52 ± 0.61	3.88 ± 0.54	2.71 ± 0.85	3.75 ± 0.64	3.54 ± 0.48
一致性检验（F）	3.715	1.055	0.178	1.572	2.318	0.236
P	0.054	0.305	0.673	0.210	0.128	0.627
T 检验	2.370	1.559	0.027	4.686	2.192	2.696
P	0.018	0.119	0.979	0.000	0.029	0.007

注：＊表示 P < 0.05，＊＊表示 P < 0.01。

3. 年龄结构与体育消费意识

以年龄结构为控制变量，分析不同年龄阶段的人们在体育消费意识
各维度之间的差异。如表 5 - 71 所示，方差齐性检验表明，在社会认同
意识上方差不具有齐性结论，应该用 Dunnett' T3 方法进行下一步的多重
比较分析。[1] 多重比较分析表明，不同年龄阶段的人们在体育消费意识
各维度之间没有表现出显著性差异，P > 0.05，但是，Dunnett' T3 方法
的分析表明，20 岁以下与 51—60 岁两个年龄阶段在学习意识上表现出
显著性差异，P < 0.05，如图 5 - 31 所示。也就是说，相对于 51—60 岁
的中老年体育消费者而言，20 岁以下的年轻体育消费者在参与体育消
费实践活动时有更高的学习意识。

---

① 邱皓政（2009）认为，方差分析在各组变异数不同质时，也就是违反齐性检验时，
并不会对 F 检验进行校正，此时需采用校正程序来进行各平均数的事后比较，才能处理违反
方差齐性所造成的对平均数比较的影响，此时建议可使用 Dunnett' T3 方法。

表 5 – 71   不同年龄的体育消费意识均值与

标准差比较（$\overline{X} \pm S$；$N = 550$）

年龄结构	学习意识	社会认同意识	健康与技能意识	社会身份意识	社会交往意识	体育消费意识
20 岁以下	4.00 ± 0.17	3.91 ± 0.14	3.89 ± 0.50	2.77 ± 1.07	4.08 ± 0.38	3.83 ± 0.21
21—30 岁	3.47 ± 0.70	3.45 ± 0.65	3.85 ± 0.60	2.56 ± 0.87	3.74 ± 0.75	3.49 ± 0.51
31—40 岁	3.44 ± 0.71	3.51 ± 0.53	3.91 ± 0.47	2.51 ± 0.83	3.71 ± 0.63	3.50 ± 0.45
41—50 岁	3.46 ± 0.56	3.46 ± 0.58	3.83 ± 0.51	2.58 ± 0.85	3.60 ± 0.56	3.46 ± 0.44
51—60 岁	3.49 ± 0.66	3.56 ± 0.60	3.95 ± 0.59	2.74 ± 0.76	3.70 ± 0.66	3.56 ± 0.50
方差齐性检验	1.532	2.686	2.251	0.856	2.074	1.056
P	0.191	0.031	0.062	0.490	0.083	0.378
方差分析（F）	0.553	0.895	0.800	0.806	1.049	0.752
P	0.697	0.467	0.526	0.522	0.381	0.557

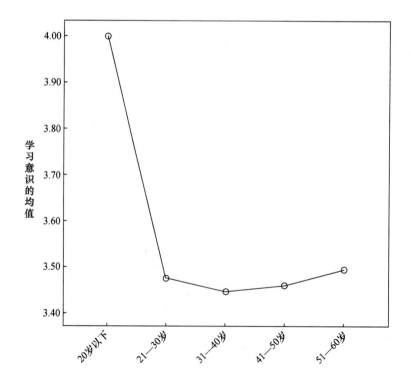

图 5 – 31 不同年龄结构的体育消费学习意识比较

4. 家庭结构与体育消费意识

以家庭结构为控制变量，分析不同家庭结构在体育消费意识各维度之间的差异。如表5－72所示，方差分析表明，不同家庭结构在学习意识上有显著性差异，$P < 0.05$，也就是说，不同家庭结构的成员在体育消费实践过程中学习意识的支配不同，如图5－32所示，其中得分较高的依次是父亲与孩子构成的家庭、单身家庭、夫妇与孩子构成的家庭。另外，由于在社会身份意识上具有方差不齐性的特征，应该用Dunnett' T3方法进行下一步的多重比较分析。多重比较分析表明，非亲属家庭较之由夫妇构成的家庭、夫妇与孩子构成的家庭两种类型的家庭在社会身份意识维度上有显著性差异，$P < 0.05$，这在一定程度上说明非亲属家庭的成员在体育消费实践过程中基本上没有追求时尚、表现财富与地位的社会身份意识。

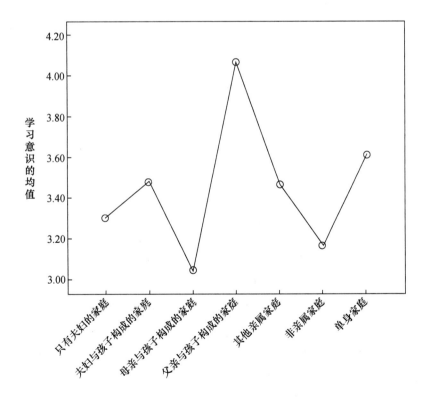

图 5－32　不同家庭结构的体育消费学习意识比较

表 5 - 72 不同家庭的体育消费意识均值与

标准差比较（$\bar{X} \pm S$；$N = 550$）

家庭结构	学习意识*	社会认同意识	健康与技能意识	社会身份意识	社会交往意识	体育消费意识
只有夫妇	3.30 ± 0.71	3.50 ± 0.54	3.84 ± 0.46	2.70 ± 0.86	3.67 ± 0.55	3.47 ± 0.45
夫妇与孩子	3.48 ± 0.66	3.50 ± 0.59	3.90 ± 0.54	2.59 ± 0.83	3.69 ± 0.66	3.51 ± 0.49
母亲与孩子	3.05 ± 0.86	3.35 ± 0.48	3.67 ± 0.71	2.26 ± 0.61	3.56 ± 1.09	3.26 ± 0.40
父亲与孩子	4.07 ± 0.56	4.00 ± 0.79	4.30 ± 0.55	3.07 ± 1.59	4.20 ± 0.79	4.00 ± 0.67
其他亲属家庭	3.47 ± 0.69	3.59 ± 0.51	4.02 ± 0.42	2.60 ± 0.73	3.74 ± 0.58	3.57 ± 0.40
非亲属家庭	3.17 ± 0.00	3.75 ± 0.00	4.00 ± 0.00	2.33 ± 0.00	4.50 ± 0.00	3.63 ± 0.00
单身家庭	3.62 ± 0.61	3.31 ± 0.62	3.79 ± 0.56	2.27 ± 0.85	3.80 ± 0.66	3.44 ± 0.34
方差齐性检验	1.511	1.038	1.709	2.571	2.040	1.488
P	0.172	0.400	0.117	0.018	0.059	0.180
方差分析（F）	2.669	1.751	1.430	1.924	1.297	1.828
P	0.015	0.107	0.201	0.075	0.257	0.092

注：* 表示 $P < 0.05$。

5. 职业结构与体育消费意识

以职业结构为控制变量，分析不同职业结构在体育消费意识各维度之间的差异。如表 5 - 73 所示，方差分析表明，不同职业结构在体育消费意识各个维度上没有显著性差异，$P > 0.05$。另外，由于在社会身份意识上存在方差不齐性的特征，应采用 Dunnett' T3 方法进行下一步的多重比较分析。多重比较分析表明，不同职业结构在社会身份意识上没有显著性差异，$P > 0.05$，也就是说，将体育消费实践活动作为一种社会身份的表达并没有在不同职业结构中出现分化，职业身份不能通过体育消费实践活动这一中介活动来反映出不同职业的社会地位。

表 5 - 73　　　　不同职业结构的体育消费意识均值与标准差比较

$$(\overline{X} \pm S; \ N = 550)$$

职业结构	学习意识	社会认同意识	健康与技能意识	社会身份意识	社会交往意识	体育消费意识
党政机关公务员	3.41 ± 0.68	3.49 ± 0.47	3.84 ± 0.41	2.61 ± 0.83	3.72 ± 0.59	3.49 ± 0.41
文化、卫生、体育系统工作者	3.56 ± 0.64	3.70 ± 0.51	3.95 ± 0.46	2.66 ± 0.91	3.83 ± 0.64	3.63 ± 0.40
邮电、电力、交通系统工作者	3.27 ± 0.65	3.47 ± 0.66	3.89 ± 0.57	2.77 ± 0.67	3.68 ± 0.73	3.47 ± 0.50
建筑、采矿和制造业系统工作者	3.43 ± 0.76	3.40 ± 0.61	3.86 ± 0.60	2.53 ± 0.79	3.68 ± 0.73	3.45 ± 0.50
批发零售、餐饮休闲和居民服务业工作者	3.58 ± 0.63	3.53 ± 0.61	3.84 ± 0.55	2.64 ± 0.93	3.77 ± 0.66	3.53 ± 0.39
计算机、金融与房地产销售工作者	3.47 ± 0.53	3.55 ± 0.49	4.02 ± 0.48	2.49 ± 1.00	3.65 ± 0.49	3.46 ± 0.49
教育、科学研究技术服务工作者	3.44 ± 0.63	3.46 ± 0.61	3.89 ± 0.53	2.43 ± 0.75	3.62 ± 0.65	3.50 ± 0.47
方差齐性检验	0.917	1.176	1.290	3.110	1.237	0.727
P	0.482	0.317	0.260	0.005	0.285	0.628
方差分析（F）	1.351	1.881	0.921	1.096	0.803	1.215
P	0.233	0.082	0.479	0.363	0.568	0.297

6. 阶层结构与体育消费意识

以阶层结构为控制变量，分析不同阶层结构在体育消费意识各维度之间的差异。如表 5 - 74 所示，方差分析表明，不同阶层结构在社会认同意识、社会身份意识、社会交往意识和体育消费意识四个方面分别有显著性差异，$P < 0.05$，而且在社会认同意识维度还有非常显著性差异，$P < 0.01$，这说明人们的体育消费意识会因为人们所处的阶层地位不同而有所差异。如图 5 - 33、图 5 - 34、图 5 - 35 和图 5 - 36 所示，随着阶层地位的提高，人们的社会身份意识和体育消费意识呈现不断上升的趋势，而在社会认同意识和社会交往意识方面，呈现波浪上升的趋势，

通过 LSD 多重比较分析发现，中下层在这两个方面较之社会底层、中中层和中上层而言，有显著性差异，$P < 0.05$，这说明中下层在这两方面有更高的诉求，表现为强烈地、不断地朝着地位等级较高的社会阶层流动的愿望。然而，需要注意的是，由于在社会身份意识上存在方差不齐性的特征，所以对于社会身份意识这一维度的相关结论需要重新进行审定，采用 Dunnett' T3 方法进行下一步的多重比较分析。多重比较分析表明，不同阶层结构在社会身份意识上没有显著性差异，$P > 0.05$，也就是说，尽管随着阶层地位的提升，人们的社会身份意识有所增强，但是并不符合统计学上的检验要求，因此，在意识层面上，说明人们尚未就体育消费实践活动能够表征社会身份、区分社会地位达成普遍的共识。

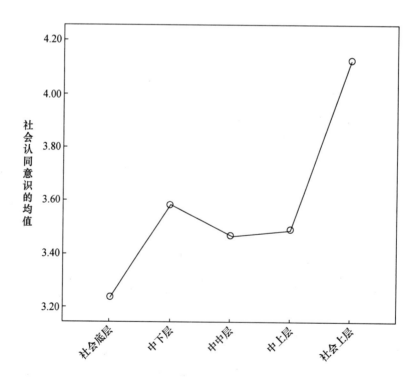

图 5-33 不同阶层结构的体育消费社会认同意识比较

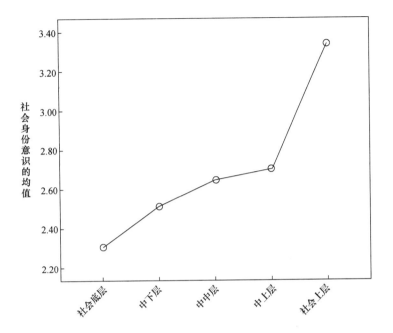

图 5 – 34 不同阶层结构的体育消费社会身份意识比较

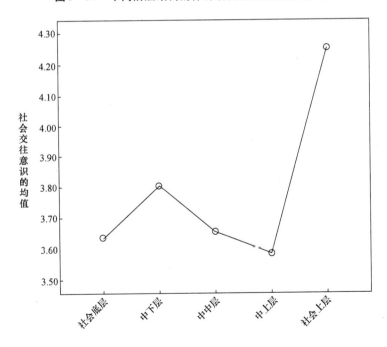

图 5 – 35 不同阶层结构的体育消费社会交往意识比较

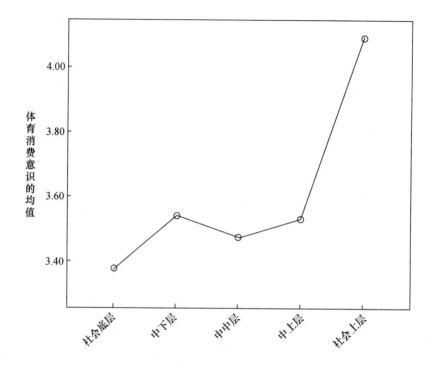

图 5 - 36　不同阶层结构的体育消费意识比较

表 5 - 74　　　　　　不同阶层的体育消费意识均值与标准差比较

$$(\overline{X} \pm S; N = 550)$$

阶层结构	学习意识	社会认同意识**	健康与技能意识	社会身份意识*	社会交往意识*	体育消费意识*
社会底层	3.52 ± 0.70	3.24 ± 0.64	3.79 ± 0.70	2.31 ± 0.93	3.64 ± 0.71	3.38 ± 0.48
中下层	3.50 ± 0.70	3.58 ± 0.55	3.87 ± 0.50	2.51 ± 0.84	3.80 ± 0.66	3.54 ± 0.47
中中层	3.37 ± 0.63	3.47 ± 0.56	3.88 ± 0.49	2.65 ± 0.75	3.65 ± 0.62	3.47 ± 0.43
中上层	3.52 ± 0.62	3.49 ± 0.62	3.97 ± 0.59	2.71 ± 0.93	3.58 ± 0.67	3.53 ± 0.53
社会上层	4.25 ± 0.82	4.13 ± 0.53	4.17 ± 0.94	3.33 ± 1.89	4.25 ± 0.71	4.09 ± 0.86
方差齐性检验	0.463	0.880	2.193	3.679	0.180	0.623
P	0.763	0.475	0.069	0.006	0.949	0.646
方差分析（F）	2.001	4.905	1.218	3.152	2.726	2.509
P	0.093	0.001	0.302	0.014	0.029	0.041

注：* 表示 P < 0.05，** 表示 P < 0.01。

7. 收入结构与体育消费意识

以收入结构为控制变量，分析不同收入结构在体育消费意识各维度之间的差异。如表5－75所示，方差分析表明，不同收入结构在社会认同意识、健康与技能意识、社会身份意识、社会交往意识和体育消费意识五个方面有显著性差异，P＜0.05，而且在健康与技能意识和体育消费意识两个方面有非常显著性差异，P＜0.01，这说明人们的体育消费意识会因为人们的个人收入不同而有所差异，但是这样的结论有待于进一步探讨，因为，在社会认同意识、社会身份意识和体育消费意识三个维度上有方差不齐性的特征，所以需要用Dunnett'T3方法进行下一步的多重比较分析。多重比较分析表明，不同收入结构在社会认同意识维度上没有显著性差异，P＞0.05，而在社会身份意识方面，有3501—5000元的收入阶层较之2000元以下和2001—3500元的阶层有显著性差异，P＜0.05；在体育消费意识方面，只有3501—5000元和2001—3500元的收入阶层之间有显著性差异，这说明人们的体育消费意识和社会身份意识在不同收入结构中只表现为一定的或部分的差异。但是，在健康与技能意识、社会交往意识两个方面，因为方差具有齐性的特征，可以说不同收入结构具有较高的解释力，不同收入阶层的人们在这两个方面有显著性差异。如图5－37和图5－38所示，随着收入的不断增加，人们的健康与技能意识呈现波浪上升的趋势，其中3501—5000元的收入阶层是一个比较重要的拐点，随之高收入阶层将出现一定程度的下降，8001元以上的收入阶层的健康与技能意识最强；而人们的社会交往意识并没有较明显的上升或下降规律，其中3501—5000元收入阶层的社会交往意识最强，综合这些显示说明，通过合理的引导，3501—5000元收入阶层将是体育消费实践活动的主体消费群体。

表5－75　　　不同收入结构的体育消费意识均值与标准差比较

$$(\bar{X} \pm S; \ N = 550)$$

收入结构	学习意识	社会认同意识*	健康与技能意识**	社会身份意识*	社会交往意识*	体育消费意识**
2000元以下	3.49±0.64	3.49±0.58	3.80±0.52	2.47±0.95	3.77±0.73	3.49±0.48
2001—3500元	3.40±0.71	3.41±0.59	3.78±0.58	2.49±0.82	3.62±0.67	3.42±0.47

续表

收入结构	学习意识	社会认同意识*	健康与技能意识**	社会身份意识*	社会交往意识*	体育消费意识**
3501—5000 元	3.56 ± 0.70	3.61 ± 0.60	4.00 ± 0.52	2.80 ± 0.78	3.84 ± 0.66	3.63 ± 0.50
5001—6500 元	3.48 ± 0.60	3.42 ± 0.45	3.95 ± 0.49	2.48 ± 0.62	3.58 ± 0.58	3.47 ± 0.33
6501—8000 元	3.33 ± 0.47	3.69 ± 0.37	3.86 ± 0.44	2.58 ± 0.68	3.70 ± 0.46	3.53 ± 0.23
8001 元以上	3.40 ± 0.65	3.46 ± 0.66	4.07 ± 0.44	2.57 ± 0.96	3.58 ± 0.51	3.50 ± 0.51
方差齐性检验	0.900	2.376	1.598	3.534	1.011	2.764
P	0.481	0.038	0.159	0.004	0.410	0.018
方差分析（F）	1.133	2.249	4.838	2.877	2.712	3.179
P	0.341	0.048	0.000	0.014	0.020	0.008

注：* 表示 $P < 0.05$，** 表示 $P < 0.01$。

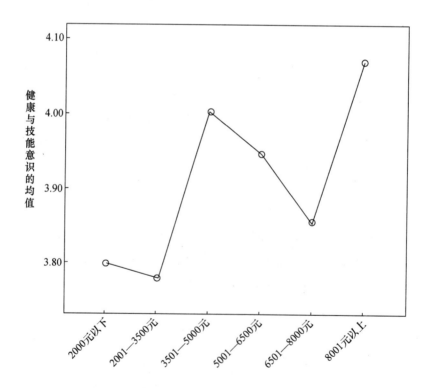

图 5-37 不同收入结构的体育消费健康与技能意识比较

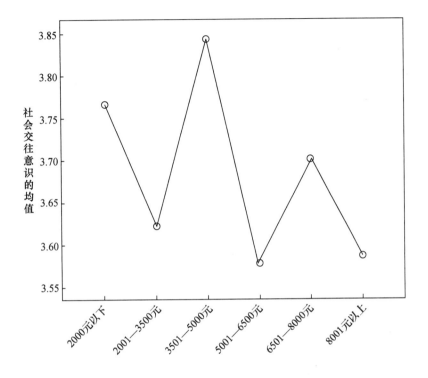

图 5 - 38　不同收入结构的体育消费社会交往意识比较

　　8. 教育文化结构与体育消费意识

　　以教育文化结构为控制变量，分析不同教育文化结构在体育消费意识各维度之间的差异。如表 5 - 76 所示，方差分析表明，不同教育文化结构在学习意识和社会身份意识两个方面有显著性差异，但是，在学习意识维度上存在方差不齐性特征，所以需采用 Dunnett' T3 方法进行下一步的多重比较分析。多重比较分析表明，拥有博士后经历的人们较之大学专科、大学本科和在职硕士三个教育文化层次有显著性差异，不足以说明人们的学习意识会因为不同学历层次而有所差异。另外，因为在社会身份意识维度上符合方差齐性检验，因此，用传统的 LSD 多重比较分析表明，人们的社会身份意识会因为不同学历层次而有所差异，如图 5 - 39 所示，随着教育文化层次的提升，人们在体育消费实践过程中的社会身份意识出现逐渐降低的趋势，这说明学历层次较低的人们对于体育消费的认识趋于一种时尚的、有品位的消费活动，能够表征人们的社会地位，而学历层次高的人们则普遍不认同它的社会区分功能，这可能与他们的体育消费经历有关系，他们在学校里接受高等教育的时候大都能够广泛接触到不同类型的体育消费活动，从而直接影响到他们对于体育消费实践活动的认识，而这些经历对于学历层次较低的人们来说是缺失的，所以才出现这样截然相反的认识。

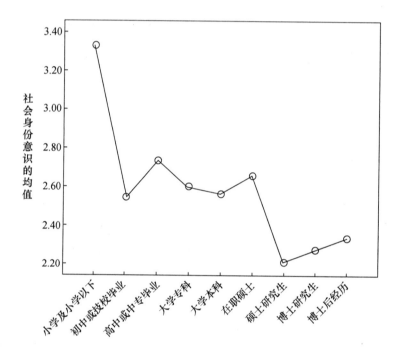

图 5-39 不同教育文化结构的体育消费社会身份意识的比较

表 5-76   不同教育文化结构的体育消费意识均值与标准差比较

$$(\bar{X} \pm S;\ N = 550)$$

教育文化结构	学习意识*	社会认同意识	健康与技能意识	社会身份意识*	社会交往意识	体育消费意识
小学及小学以下	2.79±0.69	3.28±0.16	3.88±0.61	3.33±0.72	3.63±0.32	3.36±0.20
初中或技校毕业	3.56±0.53	3.44±0.61	3.76±0.58	2.54±0.86	3.74±0.69	3.48±0.50
高中或中专毕业	3.64±0.63	3.64±0.61	3.90±0.56	2.73±0.85	3.81±0.68	3.62±0.52
大学专科	3.35±0.73	3.47±0.57	3.88±0.47	2.60±0.91	3.69±0.69	3.47±0.48

续表

教育文化结构	学习意识*	社会认同意识	健康与技能意识	社会身份意识*	社会交往意识	体育消费意识
大学本科	3.44±0.70	3.46±0.61	3.89±0.60	2.56±0.81	3.68±0.65	3.48±0.48
在职硕士	3.37±0.31	3.40±0.44	3.77±0.44	2.65±0.79	3.68±0.63	3.43±0.33
硕士研究生	3.51±0.61	3.40±0.53	3.95±0.38	2.21±0.73	3.61±0.61	3.45±0.38
博士研究生	3.65±0.79	3.84±0.20	3.89±0.61	2.27±0.76	3.68±0.66	3.61±0.33
博士后经历	3.67±0.00	3.13±0.00	3.83±0.00	2.33±0.00	3.25±0.00	3.33±0.00
方差齐性检验	2.242	1.998	1.849	1.220	0.584	1.157
P	0.023	0.045	0.066	0.285	0.791	0.324
方差分析（F）	2.105	1.770	0.458	2.356	0.633	1.200
P	0.034	0.080	0.885	0.017	0.750	0.297

注：*表示 $P < 0.05$。

四　体育消费行为的差异分析

1. 体育消费行为的总体特征

从前面关于体育消费形成与生长的微观机理研究来看，体育消费作为一种消费实践活动，可以区分为高卷入度和低卷入度两种体育消费活动类型，而体育消费行为作为体育消费活动外显特征的表达，也可以划分为高卷入度和低卷入度两种体育消费行为。在形式上，前者主要表现为消费次数和消费频率较高，投入的消费时间相应地就比较长；后者主要表现为消费次数和消费频率较低，投入的消费时间相应地就比较短。因此，结合此特征，本书采用加权求和的评价方法，构建了"两因素体育消费行为"的方法来测量体育消费行为的类别。首先，将体育消费次数和体育消费时间各划分为五个等级：（1）体育消费次数等级：①少于一个月一次；②大约一个月一次；③一个月几次；④一个星期几次；⑤几乎每天。（2）体育消费时间等级：①10分钟左右；②30分钟左右；③50分钟左右；④70分钟左右；⑤90分钟以上。然后，分别设定体育消费次数和体育消费时间的加权值，如表5-77所示，通过加权求和来计算体育消费行为的指数，不同的指数范围代表不同的体育消费行为等级，共有五个等级，依次是高、较高、一般、较低和低。在这里根据研究需要，设定等级Ⅲ为参照标准，以体育消费行为指数30为临界值，大于或等于30的体育消费行为指数为高卷入度体育消费行为，而小于或等于29的体育消费行为指数为低卷入度体育消费行为，从而有利于在综合社会结构变量的基础上进一步进行科学统计与分析。另外，如表5－78所示，从体育消费行为的总体特征来看，当体育消费行为指数为29时，样本的累积百分比已经接近50%，也就是满足了等组比较的条件，因此，基于这样的标准来划分高卷入度体育消费行为和低卷入度体育消费行为两种类型并进行接下来的比较分析是合适的。

表5－77　　加权合并体育消费次数和体育消费时间以区分体育消费行为

消费次数等级	体育消费次数加权值	体育消费时间等级	体育消费时间加权值	体育消费行为指数计算	体育消费行为指数	体育消费行为等级
Ⅰ	5×7	Ⅰ	5×4	5×7+5×4=55	55—52	Ⅰ（高）
Ⅱ	4×7	Ⅱ	4×4	4×7+4×4=44	51—41	Ⅱ（较高）
Ⅲ	3×7	Ⅲ	3×4	3×7+3×4=33	40—30	Ⅲ（一般）
Ⅳ	2×7	Ⅳ	2×4	2×7+2×4=22	29—19	Ⅳ（较低）
Ⅴ	1×7	Ⅴ	1×4	1×7+1x4=11	18—11	Ⅴ（低）

表5－78　　　　　　　　体育消费行为指数分布

指数	频数	百分比	有效百分比	累积百分比
11.00	39	2.1	2.1	2.1
15.00	127	7.0	7.0	9.1
18.00	2	0.1	0.1	9.2
19.00	117	6.4	6.4	15.7
22.00	85	4.7	4.7	20.4
23.00	103	5.7	5.7	26.0
25.00	12	0.7	0.7	26.7
26.00	110	6.1	6.1	32.7
27.00	166	9.1	9.1	41.9
29.00	128	7.0	7.0	48.9
30.00	70	3.9	3.9	52.8

续表

指数	频数	百分比	有效百分比	累积百分比
32.00	6	0.3	0.3	53.1
33.00	132	7.3	7.3	60.4
34.00	57	3.1	3.1	63.5
36.00	86	4.7	4.7	68.2
37.00	100	5.5	5.5	73.7
39.00	5	0.3	0.3	74.0
40.00	83	4.6	4.6	78.6
41.00	103	5.7	5.7	84.3
43.00	73	4.0	4.0	88.3
44.00	59	3.2	3.2	91.5
47.00	41	2.3	2.3	93.8
48.00	42	2.3	2.3	96.1
51.00	43	2.4	2.4	98.5
55.00	28	1.5	1.5	100.0
总计	1817	100.0	100.0	

在此基础上，研究以物品密集型和时间密集型体育两种消费内容为控制变量，分析体育消费行为的总体特征。如表5-79所示，从不同体育消费内容与不同体育消费行为的交互分析可以发现，卡方值 $\chi^2 = 40.106$，$P < 0.01$，并且 0 格（0）的预期个数少于 5，Kendall's tau-c 系数值为 -0.148，$P < 0.01$，这说明不同体育消费行为在不同体育消费内容之间有非常统计显著性差异，可以进行下一步的残差分析。如表5-80所示，标准化残差分析表明，人们在选择时间密集型体育消费活动时，往往表现为高卷入度体育消费行为，而选择物品密集型体育消费活动时，往往表现为低卷入度体育消费行为，这样的结论与日常生活的现象比较一致。因为，较之时间密集型的体育消费活动而言，物品密集型的体育消费活动需要较多的货币支出，这在一定程度上削弱了人们参与体育消费的卷入程度，所以，基于经济性的考虑，人们会在时间密集型的体育消费活动中表现出更多的卷入度。但是，为了更好地探讨体育消费行为与不同社会结构变量之间的作用关系，研究的切入点是从物

品密集型的体育消费活动进行分析的，毕竟时间密集型的体育消费活动在货币支出方面是欠缺的，并不符合研究之初对于体育消费的界定。

表5-79　体育消费行为与不同性质的体育消费内容的卡方分析

	数值	自由度	渐近显著性（双尾）
Pearson 卡方	40.106[a]	1	0
概似比	40.268	1	0
线性对线性的关联	40.084	1	0
Kendall's tau-c 系数	-0.148	—	0
有效观察值个数	1817	—	—

注：a 0 格（0）的预期个数少于5，最小预期个数为417.35。

表5-80　体育消费行为与不同性质的体育消费内容之间的比例分布

体育消费行为		体育消费内容		总计
		物品密集型	时间密集型	
高卷入度体育 消费行为**	频数	425	503	928
	比例（%）	45.8	54.2	100
	标准化残差分析	-3.0	3.2	—
低卷入度体育 消费行为**	频数	539	350	889
	比例（%）	60.6	39.4	—
	标准化残差分析	3.1	3.3	100
总计	频数	964	853	1817
	比例（%）	53.1	46.9	100

注：**表示 P<0.01。

2. 性别结构与体育消费行为

从性别结构入手分析男性与女性在进行物品密集型体育消费实践活动时所呈现的体育消费行为之间的差异。如表5-81所示，在物品密集型的体育消费中男性与女性所表现出的体育消费行为没有呈现显著性差异，卡方值 $\chi^2 = 1.233$，Kendall's tau-c 系数值为 -0.035，P>0.05，因此，不需要进行下一步的残差分析。这也说明性别结构不是区分体育消费行为的重要解释性变量，男性与女性既有可能表现为高卷入度的体育消费行为，也可能表现为低卷入度的体育消费行为，随机性比较强。但是，从表5-82的比例分布中还是可以看出，无论是男性还是女性，表现为低卷入度的体育消费行为比例要多一些。

表5-81　　　　　　　　体育消费行为与性别结构的卡方分析

	数值	自由度	渐近显著性（双尾）
Pearson 卡方	1.233ᵃ	1	0.267
概似比	1.232	1	0.267
线性对线性的关联	1.231	1	0.267
Kendall's tau-c 系数	-0.035	—	0.267
有效观察值个数	964	—	—

注：a 0 格（0）的预期个数少于 5，最小预期个数为 178.55。

表5-82　　　　　　　　体育消费行为与性别结构之间的比例分布

性别结构		体育消费行为		总计
		高卷入度	低卷入度	
男性	频数	238	321	559
	比例（%）	42.6	57.4	100
	标准化残差分析	-0.5	0.5	—
女性	频数	187	218	405
	比例（%）	46.2	53.8	100
	标准化残差分析	0.6	-0.6	—
总计	频数	425	539	964
	比例（%）	44.1	55.9	100

3. 年龄结构与体育消费行为

从年龄结构入手分析不同年龄阶段的人们在物品密集型的体育消费中所呈现的不同体育消费行为之间的差异。如表5-83所示，人们在物品密集型的体育消费中所呈现的体育消费行为在年龄结构中呈现统计显著性差异，卡方值 $\chi^2 = 39.749$，$P < 0.01$，并且 1 格（10.0%）的预期

个数少于 5，Kendall's tau - c 系数值为 - 0.166，P < 0.01，可以进行下一步的残差分析。如表 5 - 84 和图 5 - 40 所示，标准化残差分析表明，年龄层次在 20 岁以下、21—30 岁以及 51—60 岁三个层次上所呈现的体育消费行为有统计显著性差异，P < 0.05，其中 20 岁以下和 21—30 岁两个年龄层次主要呈现为低卷入度体育消费行为，所占比例分别为 88.9% 和 62.8%，而 51—60 岁这个年龄阶层主要呈现为高卷入度体育消费行为，所占比例为 76.9%，这说明年龄结构是区分体育消费行为的重要解释性变量，随着年龄的增长，其体育消费行为逐渐呈现高卷入度的体育消费行为。

表 5 - 83　　　　　体育消费行为与年龄结构的卡方分析

	数值	自由度	渐近显著性（双尾）
Pearson 卡方	39.749[a]	4	0
概似比	41.225	1	0
线性对线性的关联	27.923	1	0
Kendall's tau - c 系数	- 0.166	—	0
有效观察值个数	964	—	—

注：a 1 格（10.0%）的预期个数少于 5，最小预期个数为 3.97。

表 5 - 84　　　年龄结构与不同体育消费行为之间的比例分布（物品密集型）

年龄结构		体育消费行为		总计
		高卷入度	低卷入度	
20 岁以下*	频数	1	8	9
	比例（%）	11.1	88.9	100
	标准化残差分析	- 1.5	1.3	—
	调整标准化残差分析	- 2.0	2.0	—
21—30 岁**	频数	135	228	363
	比例（%）	37.2	62.8	100
	标准化残差分析	- 2.0	1.8	—
	调整标准化残差分析	- 3.4	3.4	—

续表

年龄结构		体育消费行为		总计
		高卷入度	低卷入度	
31—40 岁	频数	158	190	348
	比例（%）	45.4	54.6	100
	标准化残差分析	0.4	−0.3	—
	调整标准化残差分析	0.6	−0.6	—
41—50 岁	频数	81	98	179
	比例（%）	45.3	54.7	100
	标准化残差分析	0.2	−0.2	—
	调整标准化残差分析	0.3	−0.3	—
51—60 岁 **	频数	50	15、	65
	比例（%）	76.9	23.1	100
	标准化残差分析	4.0	−3.5	—
	调整标准化残差分析	5.5	−5.5	—
总计	频数	425	539	964
	比例（%）	44.1	55.9	100

注：* 表示 P<0.05，** 表示 P<0.01。

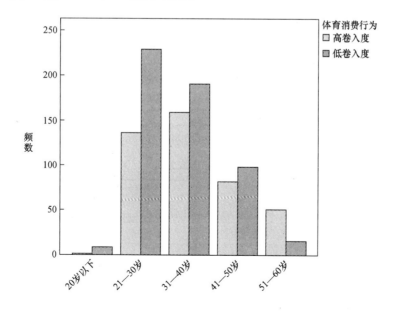

图 5−40 不同年龄结构的体育消费行为比较（物品密集型）

4. 家庭结构与体育消费行为

从家庭结构入手分析不同类型的家庭所呈现的体育消费行为的差异，如表 5 – 85 所示，费舍尔精确检验值为 34. 887，P < 0. 05，这说明不同类型的家庭在高卷入度和低卷入度两类体育消费行为选择上有显著性差异，需要进行下一步的残差分析。从表 5 – 86 和图 5 – 41 可知，标准化残差分析表明，只有夫妇的家庭、其他亲属家庭和单身家庭三种不同家庭类型所呈现的体育消费行为有统计显著性差异，P < 0. 05，其中，前两种家庭主要呈现高卷入度体育消费行为，所占比例分别为 55. 4% 和 66. 7%，而单身家庭则呈现为低卷入度体育消费行为，所占比例为 75%，这说明家庭结构是区分体育消费行为的重要解释性变量。

表 5 – 85　　家庭结构与不同体育消费行为的卡方分析（物品密集型）

	数值	自由度	渐近显著性（双尾）	Monte Carlo Sig.（2 – sided）
Pearson 卡方	34. 419[a]	6	0	0[b]
概似比	35. 433	6	0	0[b]
费舍尔精确检验	34. 887	—	—	0[b]
线性对线性的关联	8. 757[c]	1	0. 003	0. 002[b]
Kendall's tau – c 系数	0. 086	—	0. 004	0. 005[b]
有效观察值个数	964	—	—	

注：a 4 格（28. 6%）的预期个数少于 5，最小预期个数为 2. 65；

　　　b 基于 1817 个样本表格的种子数为 2000000；

　　　c 标准化的统计值是 2. 959。

表 5 – 86　　家庭结构与不同体育消费行为之间的比例分布（物品密集型）

家庭结构		体育消费行为		总计
		高卷入度	低卷入度	
只有夫妇的家庭[*]	频数	56	45	101
	比例（%）	55. 4	44. 6	100
	标准化残差分析	1. 7	– 1. 5	—
	调整标准化残差分析	2. 4	– 2. 4	—

续表

家庭结构		体育消费行为		总计
		高卷入度	低卷入度	
夫妇与孩子的家庭	频数	292	374	666
	比例（%）	43.8	56.2	100
	标准化残差分析	− 0.1	0.1	—
	调整标准化残差分析	− 0.2	0.2	—
母亲与孩子的家庭	频数	13	19	32
	比例（%）	40.6	59.4	100
	标准化残差分析	− 0.3	0.3	—
	调整标准化残差分析	− 0.4	0.4	—
父亲与孩子的家庭	频数	4	2	6
	比例（%）	66.7	33.3	100
	标准化残差分析	0.8	− 0.7	—
	调整标准化残差分析	1.1	− 1.1	—
其他亲属家庭**	频数	26	13	39
	比例（%）	66.7	33.3	100
	标准化残差分析	2.1	− 1.9	—
	调整标准化残差分析	2.9	− 2.9	—
非亲属家庭	频数	6	2	8
	比例（%）	75.0	25.0	100
	标准化残差分析	1.3	− 1.2	—
	调整标准化残差分析	1.8	− 1.8	—
单身家庭**	频数	28	84	112
	比例（%）	25.0	75.0	100
	标准化残差分析	− 3.0	2.7	—
	调整标准化残差分析	− 4.3	4.3	—
总计	频数	425	539	964
	比例（%）	44.1	55.9	100

注：＊表示 P<0.05，＊＊表示 P<0.01。

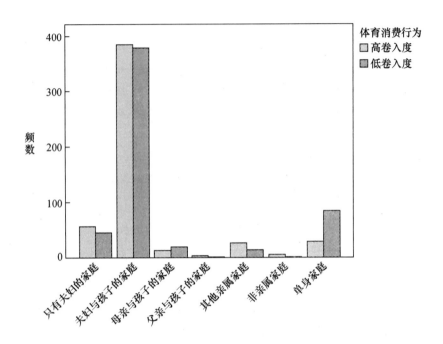

图5-41 不同家庭结构的体育消费行为比较

5. 职业结构与体育消费行为

从职业结构入手分析不同职业类型所呈现的体育消费行为的差异，如表5-87所示，卡方检验 $\chi^2 = 35.036$，$P < 0.05$，这说明不同职业类型在高卷入度和低卷入度两类体育消费行为选择上有显著性差异，需要进行下一步的残差分析。如表5-88和图5-42所示，标准化残差分析表明，邮电、电力和交通系统工作者和建筑、采矿和制造业系统工作者两种职业类型所呈现的体育消费行为有非常统计显著性差异，$P < 0.01$，其中，邮电、电力和交通系统工作者主要呈现为高卷入度体育消费行为，所占比例为73.8%，而建筑、采矿和制造业系统工作者主要呈现为低卷入度体育消费行为，所占比例为65.4%，这说明职业结构是区分体育消费行为的主要解释性变量。

表 5 – 87　　职业结构与不同体育消费行为的卡方分析（物品密集型）

	数值	自由度	渐近显著性（双尾）	Monte Carlo Sig. （2 – sided）
Pearson 卡方	35. 036[a]	6	0	0[b]
概似比	35. 581	6	0	0[b]
费舍尔精确检验	35. 291	—	—	0[b]
线性对线性的关联	0. 067[c]	1	0. 795	0. 807[b]
Kendall's tau – c 系数	0. 012	—	0. 743	0. 752[b]
有效观察值个数	964			

注：a 0 格（0）的预期个数少于 5，最小预期个数为 28. 66；

　　b 基于 1817 个样本表格的种子数为 329836257；

　　c 标准化的统计值是 0. 260。

表 5 – 88　　职业结构与不同体育消费行为之间的比例分布（物品密集型）

职业结构		体育消费行为		总计
		高卷入度	低卷入度	
党政机关公务员	频数	47	55	102
	比例（%）	46. 1	53. 9	100.
	标准化残差分析	0. 3	– 0. 3	—
	调整标准化残差分析	0. 4	– 0. 4	—
文化、卫生和体育系统工作者	频数	51	66	117
	比例（%）	43. 6	56. 4	100
	标准化残差分析	– 0. 1	0. 1	—
	调整标准化残差分析	– 0. 1	0. 1	—
邮电、电力、交通系统工作者**	频数	48	17	65
	比例（%）	73. 8	26. 2	100
	标准化残差分析	3. 6	– 3. 2	—
	调整标准化残差分析	5. 0	– 5. 0	—
建筑、采矿和制造业系统工作者**	频数	92	174	266
	比例（%）	34. 6	65. 4	100
	标准化残差分析	– 2. 3	2. 1	—
	调整标准化残差分析	– 3. 7	3. 7	—

续表

职业结构		体育消费行为		总计
		高卷入度	低卷入度	
批发零售、餐饮休闲与居民服务业工作者	频数	51	74	125
	比例（%）	40.8	59.2	100
	标准化残差分析	-0.6	0.5	—
	调整标准化残差分析	-0.8	0.8	—
计算机、金融与房地产销售工作者	频数	54	57	111
	比例（%）	48.6	51.4	100
	标准化残差分析	0.7	-0.6	—
	调整标准化残差分析	1.0	-1.0	—
教育、科学研究技术服务工作者	频数	82	96	178
	比例（%）	46.1	53.9	100
	标准化残差分析	0.4	-0.4	—
	调整标准化残差分析	0.6	-0.6	—
总计	频数	425	539	964
	比例（%）	44.1	55.9	100

注：**表示 $P < 0.01$。

6. 阶层结构与体育消费行为

从阶层结构入手分析不同阶层所呈现的体育消费行为的差异，如表5 – 89所示，卡方检验 $\chi^2 = 40.985$，$P < 0.05$，这说明不同社会阶层在高卷入度和低卷入度两类体育消费行为选择上有显著性差异，需要进行下一步的残差分析。如表5 – 90和图5 – 43所示，标准化残差分析表明，社会底层、中上层和中下层这三类阶层所呈现的体育消费行为有非常统计显著性差异，$P < 0.01$。其中，社会底层与中下层主要呈现为低卷入度体育消费行为，所占比例分别为85.5%和62.0%，而中上层主要呈现为高卷入度体育消费行为，所占比例为57.8%，这说明阶层结构是区分体育消费行为的重要解释性变量，而且随着阶层地位的提高，体育消费行为逐渐从低卷入度向高卷入度体育消费行为转变。

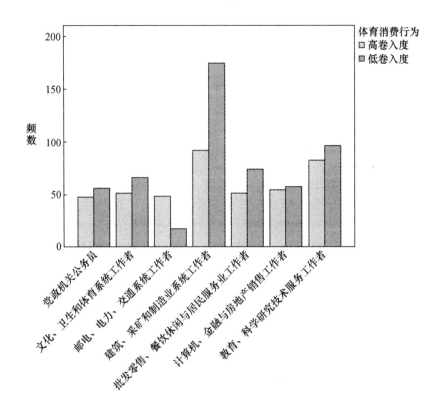

图 5 - 42　不同职业结构的体育消费行为比较（物品密集型）

表 5 - 89　　阶层结构与不同体育消费行为的卡方分析（物品密集型）

	数值	自由度	渐近显著性（双尾）	Monte Carlo Sig.（2 - sided）
Pearson 卡方	40.985[a]	4	0	0[b]
概似比	43.576	4	0	0[b]
费舍尔精确检验	42.932			0[b]
线性对线性的关联	—	—	—	
Kendall's tau - c 系数	0.034	—	0.326	0.329[b]
有效观察值个数	964			

注：a 1 格（10.0%）的预期个数少于 5，最小预期个数为 3.97；

　　b 基于 1817 个样本表格的种子数为 1487459085。

表5-90 阶层结构与不同体育消费行为之间的比例分布（物品密集型）

阶层结构		体育消费行为		总计
		高卷入度	低卷入度	
社会底层**	频数	8	47	55
	比例（%）	14.5	85.5	100
	标准化残差分析	-3.3	2.9	—
	调整标准化残差分析	-4.5	4.5	—
社会上层	频数	5	4	9
	比例（%）	55.6	44.4	100
	标准化残差分析	0.5	-0.5	—
	调整标准化残差分析	0.7	-0.7	—
中上层**	频数	104	76	180
	比例（%）	57.8	42.2	100
	标准化残差分析	2.8	-2.5	—
	调整标准化残差分析	4.1	-4.1	—
中下层**	频数	137	224	361
	比例（%）	38.0	62.0	100
	标准化残差分析	-1.8	1.6	—
	调整标准化残差分析	-3.0	3.0	—
中中层	频数	171	188	359
	比例（%）	47.6	52.4	100
	标准化残差分析	1.0	-0.9	—
	调整标准化残差分析	1.7	-1.7	—
总计	频数	425	539	964
	比例（%）	44.1	55.9	100

注：** 表示 $P < 0.01$。

7. 收入结构与体育消费行为

从收入结构入手分析不同收入阶层所呈现的体育消费行为的差异，如表5-91所示，卡方检验 $\chi^2 = 22.919$，$P < 0.05$，这说明不同收入阶层在高卷入度和低卷入度两类体育消费行为选择上有显著性差异，需要进行下一步的残差分析。如表5-92和图5-44所示，标准化残差分析

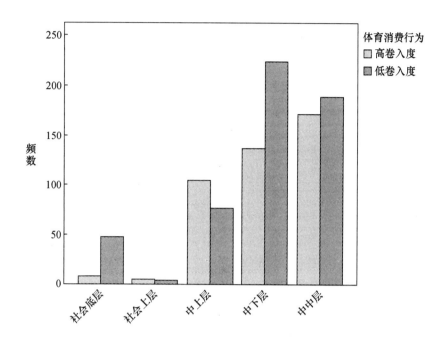

图 5 - 43　不同阶层结构的体育消费行为比较（物品密集型）

表明，2000 元以下、2001—3500 元、3501—5000 元和 8001 元以上四类不同收入阶层所呈现的体育消费行为有统计显著性差异，P < 0.05，其中，2000 元以下、2001—3500 元和 3501—5000 元三类收入阶层主要呈现为低卷入度体育消费行为，所占比例分别为 66.9%、60.9% 和 50.2%，而 8001 元以上收入阶层主要呈现为高卷入度体育消费行为，所占比例为 54.3%，这说明收入结构是区分体育消费行为的重要解释性变量。

表 5 - 91　　收入结构与不同体育消费行为的卡方分析（物品密集型）

	数值	自由度	渐近显著性（双尾）	Monte Carlo Sig.（2 - sided）
Pearson 卡方	22.919[a]	5	0	0[b]
概似比	23.118	5	0	0[b]
费舍尔精确检验	22.925	—	—	0[b]
线性对线性的关联	12.345[c]	1	0	0[b]
Kendall's tau - c 系数	- 0.139	—	0	0[b]
有效观察值个数	964	—	—	—

注：a 0 格（0）的预期个数少于 5，最小预期个数为 17.63；

　　b 基于 1817 个样本表格的种子数为 1131884899；

　　c 标准化的统计值是 - 3.514。

表5-92　　　收入结构与不同体育消费行为之间的比例分布（物品密集型）

收入结构		体育消费行为		总计
		高卷入度	低卷入度	
2000 元以下 **	频数	49	99	148
	比例（%）	33.1	66.9	100
	标准化残差分析	−2.0	1.8	
	调整标准化残差分析	−2.9	2.9	
2001—3500 元 *	频数	109	170	279
	比例（%）	39.1	60.9	100
	标准化残差分析	−1.3	1.1	
	调整标准化残差分析	−2.0	2.0	
3501—5000 元 *	频数	127	128	255
	比例（%）	49.8	50.2	100
	标准化残差分析	1.4	−1.2	
	调整标准化残差分析	2.1	−2.1	
5001—6500 元	频数	57	56	113
	比例（%）	50.4	49.6	100
	标准化残差分析	1.0	−0.9	
	调整标准化残差分析	1.4	−1.4	
6501—8000 元	频数	13	27	40
	比例（%）	32.5	67.5	100
	标准化残差分析	−1.1	1.0	
	调整标准化残差分析	−1.5	1.5	
8001 元以上 *	频数	70	59	129
	比例（%）	54.3	45.7	100
	标准化残差分析	1.7	−1.5	
	调整标准化残差分析	2.5	−2.5	
总计	频数	425	539	964
	比例（%）	44.1	55.9	100

注：* 表示 $P < 0.05$，** 表示 $P < 0.01$。

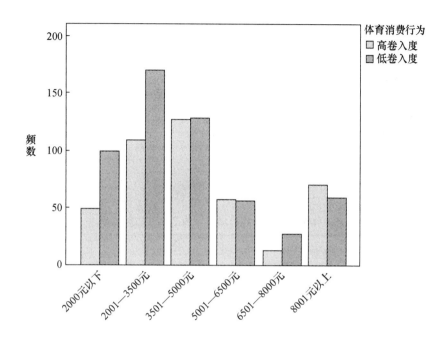

图 5 - 44　不同收入结构的体育消费行为比较（物品密集型）

8. 教育文化结构与体育消费行为

从教育文化结构入手分析不同教育文化层次的人们所呈现的体育消费行为的差异，如表 5 - 93 所示，费舍尔精确检验值为 14.264，P <0.05，这说明不同教育文化阶层在高卷入度和低卷入度两类体育消费行为选择上有显著性差异，需要进行下一步的残差分析。如表 5 - 94 和图 5 - 45 所示，标准化残差分析表明，只有高中或中专毕业和大学专科两类教育文化层次呈现统计显著性差异，P <0.05，前者倾向于高卷入度体育消费行为，而后者倾向于低卷入度体育消费行为，所占比例分别为 55.3% 和 63.6%。

表 5 93　教育文化结构与不同体育消费行为的卡方分析（物品密集型）

	数值	自由度	渐近显著性（双尾）	Monte Carlo Sig.（2 - sided）
Pearson 卡方	15.017[a]	8	0.059	0.040[b]
概似比	16.518	8	0.036	0.033[b]
费舍尔精确检验	14.264			0.048[b]

续表

	数值	自由度	渐近显著性（双尾）	Monte Carlo Sig.（2 – sided）
线性对线性的关联	0.410[c]	1	0.522	0.517[b]
Kendall's tau – c 系数	0.011	—	0.754	0.761[b]
有效观察值个数	964			

注：a 4 格（22.2%）的预期个数少于 5，最小预期个数为 0.88；

b 基于 1817 个样本表格的种子数为 743671174；

c 标准化的统计值是 0.641。

表 5 – 94   教育文化结构与不同体育消费行为之间的比例分布

教育文化结构		体育消费行为		总计
		高卷入度	低卷入度	
小学及小学以下	频数	2	0	2
	比例（%）	100.0	0.0	100
	标准化残差分析	1.2	− 1.1	
	调整标准化残差分析	1.6	− 1.6	
初中或技校毕业	频数	10	14	24
	比例（%）	41.7	58.3	100
	标准化残差分析	− 0.2	0.2	
	调整标准化残差分析	− 0.2	0.2	
高中或中专毕业 **	频数	63	51	114
	比例（%）	55.3	44.7	100
	标准化残差分析	1.8	− 1.6	
	调整标准化残差分析	2.6	− 2.6	
大学专科 *	频数	64	112	176
	比例（%）	36.4	63.6	100
	标准化残差分析	− 1.5	1.4	
	调整标准化残差分析	− 2.3	2.3	
大学本科	频数	193	250	443
	比例（%）	43.6	56.4	100
	标准化残差分析	− 0.2	0.1	
	调整标准化残差分析	− 0.3	0.3	
在职硕士	频数	24	24	48
	比例（%）	50.0	50.0	100
	标准化残差分析	0.6	− 0.5	
	调整标准化残差分析	0.8	− 0.8	

续表

教育文化结构		体育消费行为		总计
		高卷入度	低卷入度	
硕士研究生	频数	55	70	125
	比例（%）	44.0	56.0	100
	标准化残差分析	0	0	
	调整标准化残差分析	0	0	
博士研究生	频数	14	16	30
	比例（%）	46.7	53.3	100
	标准化残差分析	0.2	−0.2	
	调整标准化残差分析	0.3	−0.3	
博士后经历	频数	0	2	2
	比例（%）	0.0	100.0	100
	标准化残差分析	−0.9	0.8	
	调整标准化残差分析	−1.3	1.3	
总计	频数	425	539	964
	比例（%）	44.1	55.9	100

注：* 表示 $P < 0.05$，** 表示 $P < 0.01$。

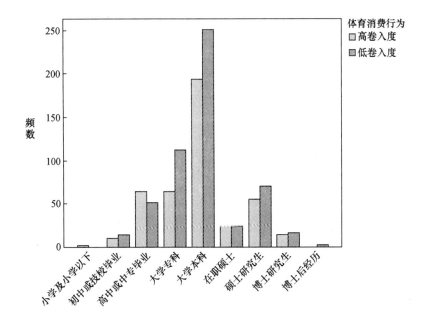

图 5 − 45　不同教育文化结构的体育消费行为比较（物品密集型）

第五节　结构与资本范式下的实证数据分析：以资本为变量

依据前面应用布迪厄的阶层理论对社会各个阶层所占有的资本总量的分析与比较，以不同资本占有的组合为阶层化的表征，将社会各阶层划分为由我国党政机关组织管理下的雇主和雇员两大社会阶层，雇主阶层主要由占有高经济资本、高文化资本的职业经理阶层和占有高经济资本、低文化资本的私营企业主阶层组成；雇员阶层主要由占有中等经济资本和文化资本的新雇员阶层、占有低经济资本和高文化资本的专业性技术服务阶层以及占有低经济资本和低文化资本的产业工人、非专业性服务阶层，总共五方面具体细分的社会阶层组成，从而进一步分析不同资本组合下的五大阶层之间涉及体育消费内容、体育消费方式、体育消费意识以及体育消费行为的差异。

一　体育消费内容的差异分析

以不同资本组合为控制变量，分析不同资本组合所代表的五大社会阶层在体育消费内容选择上的差异。如表 5 - 95 所示，卡方检验 $\chi^2 =$ 24.763，P < 0.05，这说明不同资本组合在物品密集型和时间密集型两类体育消费内容选择上有显著性差异，需要进行下一步的残差分析。如表 5 - 96 所示，标准化残差分析表明，高经济资本 + 高文化资本、低经济资本 + 高文化资本和低经济资本 + 低文化资本三种资本组合在体育消费内容的选择上有统计显著性差异，P < 0.05，其中前两者倾向于物品密集型体育消费，所占比例分别为 63.1% 和 57.6%，而后者倾向于时间密集型体育消费，所占比例为 53%。另外，从总体特征趋势来看，如图 5 - 46 所示，只有低经济资本 + 低文化资本这一组合在体育消费内容选择比例上倾向于时间密集型，而其他四类资本组合在选择上都倾向于物品密集型，这说明由不同资本组合所反映的不同社会阶层在体育消费内容的选择上有一定的差异，表现出一定的区隔特征。

表5－95　　　　　　　　体育消费行为与资本组合的卡方分析

	数值	自由度	渐近显著性（双尾）
Pearson 卡方	24. 763ᵃ	4	0
概似比	24. 847	1	0
线性对线性的关联	17. 954	1	0
Kendall's tau－c 系数	0. 121	—	0
有效观察值个数	964		

注：a 0 格（0）的预期个数少于5，最小预期个数为34.27。

表5－96　　　　不同资本组合与不同体育消费内容之间的比例分布

不同资本组合		体育消费行为		总计
		物品密集型	时间密集型	
高经济资本＋ 高文化资本*	频数	77	45	122
	比例（%）	63.1	36.9	100
	标准化残差分析	1.5	－1.6	
	调整标准化残差分析	2.3	－2.3	
高经济资本＋ 低文化资本	频数	42	31	73
	比例（%）	57.5	42.5	100
	标准化残差分析	0.5	－0.6	
	调整标准化残差分析	0.8	－0.8	
中等经济资本 和文化资本	频数	100	72	172
	比例（%）	58.1	41.9	100
	标准化残差分析	0.9	－1.0	
	调整标准化残差分析	1.4	－1.4	
低经济资本＋ 高文化资本**	频数	346	255	601
	比例（%）	57.6	42.4	100
	标准化残差分析	1.5	－1.6	
	调整标准化残差分析	2.7	－2.7	
低经济资本＋ 低文化资本**	频数	399	450	849
	比例（%）	47.0	53.0	100
	标准化残差分析	－2.4	2.6	
	调整标准化残差分析	－4.8	4.8	

续表

不同资本组合		体育消费行为		总计
		物品密集型	时间密集型	
总计	频数	964	853	1817
	比例（%）	53.1	46.9	100

注：＊表示 P<0.05，＊＊表示 P<0.01。

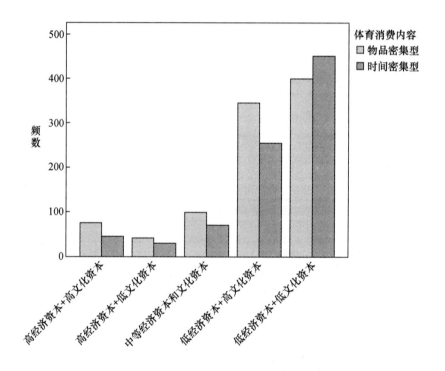

图 5－46　不同资本组合的体育消费内容比较

二　体育消费方式的差异分析

从物品密集型体育消费实践活动中入手分析不同资本组合在体育消费方式选择上的差异。如表 5－97 所示，卡方检验 $\chi^2 = 25.994$，P<0.05，这说明不同资本组合在物品密集型和时间密集型两类体育消费内容选择上有显著性差异，需要进行下一步的残差分析。如表 5－98 所示，标准化残差分析表明，高经济资本＋高文化资本、低经济资本＋高文化资本和低经济资本＋低文化资本三种资本组合在体育消费内容的选

择上有统计显著性差异，P < 0.01，并且都倾向于选择直接体育消费的方式进行体育消费实践活动，所占比例分别为 98.7%、91.9% 和 83.0%。另外，从总体特征趋势来看，如图 5 - 47 所示，由不同资本组合所代表的五大社会阶层都倾向于选择直接体育消费的方式，这说明体育消费方式并不能够完全地体现出不同资本组合之间的区隔特征。

表 5 - 97 体育消费行为与资本组合的卡方分析

	数值	自由度	渐近显著性（双尾）
Pearson 卡方	25.994[a]	4	0
概似比	30.404	1	0
线性对线性的关联	13.303	1	0
Kendall's tau - c 系数	0.084	—	0
有效观察值个数	964		

注：a 0 格（0）的预期个数少于 5，最小预期个数为 5.10。

表 5 - 98 不同资本组合与不同体育消费方式之间的比例分布
（物品密集型）

资本组合		体育消费行为		总计
		直接消费	间接消费	
高经济资本 + 高文化资本 **	频数	76	1	77
	比例（%）	98.7	1.3	100
	标准化残差分析	1.0	- 2.7	
	调整标准化残差分析	3.0	- 3.0	
高经济资本 + 低文化资本	频数	39	3	42
	比例（%）	92.9	7.1	100
	标准化残差分析	0.3	- 0.9	
	调整标准化残差分析	1.0	- 1.0	
中等经济资本 和文化资本	频数	83	17	100
	比例（%）	83.0	17.0	100
	标准化残差分析	- 0.5	1.4	
	调整标准化残差分析	- 1.6	1.6	

续表

资本组合		体育消费行为		总计
		直接消费	间接消费	
低经济资本 + 高文化资本 **	频数	318	28	346
	比例（%）	91.9	8.1	100
	标准化残差分析	0.8	−2.2	
	调整标准化残差分析	2.9	−2.9	
低经济资本 + 低文化资本 **	频数	331	68	399
	比例（%）	83.0	17.0	100
	标准化残差分析	−1.0	2.8	
	调整标准化残差分析	−3.9	3.9	
总计	频数	847	117	964
	比例（%）	87.9	12.1	100

注：** 表示 P < 0.01。

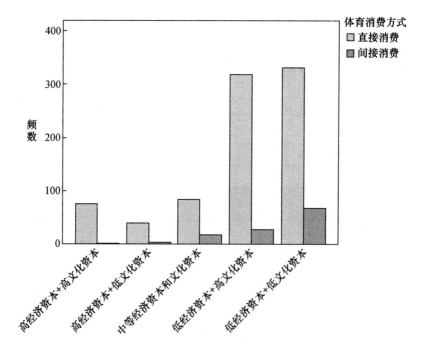

图 5 – 47　不同资本组合的体育消费方式比较（物品密集型）

在此基础上，进一步分析不同资本组合在体育消费实践过程中所采用的直接体育消费方式是持卡消费还是无卡（现金）消费，如表5－99所示，卡方检验 $\chi^2 = 8.326$，$P > 0.05$，这说明不同资本组合在持卡和无卡两类直接体育消费方式选择上没有显著性差异，不需要进行下一步的残差分析。这样的结果也进一步说明了体育消费方式不能够完全地体现出由不同资本组合所反映的不同社会阶层之间的差异。

表5－99　不同资本组合与不同直接体育消费方式之间的卡方分析

	数值	自由度	渐近显著性（双尾）
Pearson 卡方	8.326[a]	4	0.080
概似比	8.557	1	0.073
线性对线性的关联	2.430	1	0.119
Kendall's tau－c 系数	0.034	—	0
有效观察值个数	847		

注：a 0 格（0）的预期个数少于5，最小预期个数为10.41。

三　体育消费意识的差异分析

以不同资本组合为控制变量，分析由不同资本组合所代表的不同社会阶层在体育消费意识方面的差异。如表5－100所示，不同资本组合在社会认同意识、健康与技能意识和体育消费意识三个方面分别有显著性差异，$P < 0.05$，而且在社会认同意识维度还有非常显著性差异，$P < 0.01$，这说明人们的体育消费意识会因为人们所拥有的不同资本总量而有所差异。如图5－48、图5－49、图5－50所示，随着资本总量的降低，人们的体育消费意识和体育消费健康与技能意识呈现逐步下降的趋势。LSD 多重比较分析表明，在体育消费意识方面，由高经济资本＋高文化资本组成的资本组合所代表的经理阶层与低经济资本＋低文化资本、低经济资本＋高文化资本两类资本组合所代表的社会阶层之间有显著性差异，$P < 0.05$；在体育消费健康与技能意识方面，由高经济资本＋高文化资本组成的资本组合所代表的经理阶层与低经济资本＋低文化资本所代表的社会阶层之间、中等经济资本和文化资本组成的资本组合所代表的社会阶层与低经济资本＋低文化资本所代表的社会阶层之间

有显著性差异，P < 0.05，这说明不同社会阶层在体育消费意识、健康与技能意识方面有着不同的认识程度，拥有资本总量越高的人们其体育消费意识及健康与技能意识就越强，反之则越低。

表5－100　　不同资本组合的体育消费意识均值与标准差比较

$$(\overline{X} \pm S; \ N = 550)$$

资本组合	学习意识	社会认同意识**	健康与技能意识*	社会身份意识	社会交往意识	体育消费意识*
高经济资本 + 高文化资本	3.62 ± 0.64	3.87 ± 0.45	4.08 ± 0.52	2.68 ± 0.81	3.81 ± 0.64	3.72 ± 0.46
高经济资本 + 低文化资本	3.50 ± 0.58	3.56 ± 0.37	4.01 ± 0.30	2.90 ± 0.84	3.62 ± 0.43	3.58 ± 0.29
中等经济资本和文化资本	3.48 ± 0.53	3.59 ± 0.49	4.01 ± 0.49	2.49 ± 1.0	3.69 ± 0.49	3.55 ± 0.40
低经济资本 + 高文化资本	3.47 ± 0.67	3.51 ± 0.58	3.88 ± 0.48	2.57 ± 0.84	3.72 ± 0.65	3.51 ± 0.47
低经济资本 + 低文化资本	3.43 ± 0.71	3.41 ± 0.62	3.83 ± 0.59	2.54 ± 0.81	3.69 ± 0.71	3.45 ± 0.49
方差齐性	0.968	3.033	2.294	2.044	1.602	1.912
P	0.425	0.017	0.058	0.087	0.172	0.107
方差分析（F）	0.585	5.040	2.793	1.395	0.373	2.738
P	0.674	0.001	0.026	0.234	0.828	0.028

注：* 表示 P < 0.05，** 表示 P < 0.01。

　　另外，由于在社会认同意识上存在方差不齐性的特征，所以对于社会认同意识这一维度的相关结论需要重新进行审定，采用 Dunnett' T3 方法进行下一步的多重比较分析，多重比较分析表明，由高经济资本 + 高文化资本组成的资本组合所代表的经理阶层与低经济资本 + 低文化资本所代表的社会阶层之间、高经济资本 + 高文化资本组成的资本组合所代表的经理阶层与低经济资本 + 低文化资本所代表的专业性服务阶层之间有非常显著性差异，P < 0.01，这说明相对于这两个阶层而言，经理

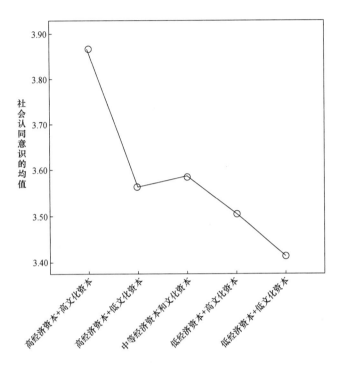

图5－48　不同资本组合的体育消费社会认同意识比较

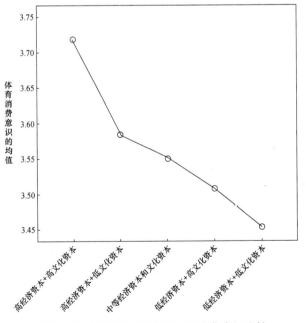

图5－49　不同资本组合的体育消费意识比较

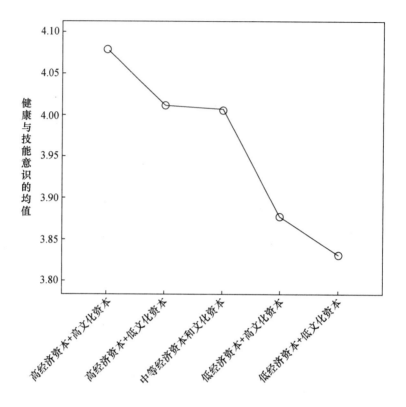

图 5 - 50　不同资本组合的体育消费健康与技能意识比较

阶层在体育消费实践过程中所获得的认同感比较高，阶层之间通过体育消费所获得的社会认同方面有一定的区隔。最后，从图 5 - 51 中可以看出，高经济资本 + 低文化资本所代表的私营企业主阶层在社会身份意识方面的均值得分最高，尽管方差分析在此维度上没有呈现显著性差异，但是在一定程度上也说明私营企业主阶层更注重通过体育消费实践活动来获得社会地位的提升，追求社会时尚，表明社会身份。

四　体育消费行为的差异分析

从不同资本组合入手分析不同资本组合所代表的不同社会阶层在进行物品密集型体育消费实践活动时所呈现的体育消费行为之间的差异。如表 5 - 101 所示，在物品密集型的体育消费中不同资本组合的体育消费行为没有呈现显著性差异，卡方值 $\chi^2 = 8.321$，P > 0.05；但是线性关联值为 7.140，Kendall's tau - c 系数值为 0.087，P < 0.05，这说明两者

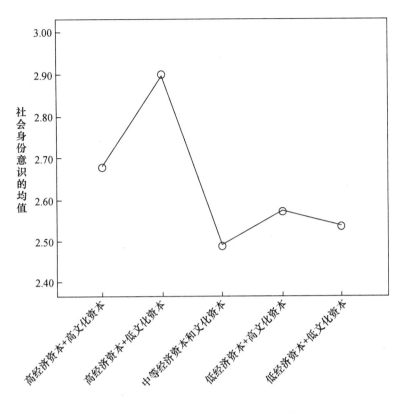

图 5 - 51　不同资本组合的体育消费社会身份意识比较

之间还是存在一定的线性关联。因此，有必要进行下一步的残差分析。如表 5 - 102 所示，残差分析表明，只有高经济资本 + 高文化资本所代表的经理阶层所呈现的体育消费行为倾向于高卷入度体育消费行为，并具有显著性差异，P < 0.05，所占比例为 55.8%，而其他资本组合没有呈现出显著性差异，这说明不同资本组合并不能够完全地作为区分体育消费行为的重要解释性变量。

表 5 - 101　　　　体育消费行为与不同资本组合的卡方分析

	数值	自由度	渐近显著性（双尾）
Pearson 卡方	8.321[a]	1	0.080
概似比	8.279	1	0

续表

	数值	自由度	渐近显著性（双尾）
线性对线性的关联	7.140	1	0.008
Kendall's tau - c 系数	0.087	—	0.012
有效观察值个数	1817		

注：a 0 格（0）的预期个数少于 5，最小预期个数为 18.52。

表 5 - 102　　不同资本组合与不同体育消费行为之间的比例分布
（物品密集型）

资本组合		体育消费行为		总计
		高卷入度	低卷入度	
高经济资本 + 高文化资本*	频数	43	34	77
	比例（%）	55.8	44.2	100
	标准化残差分析	1.6	-1.4	
	调整标准化残差分析	2.2	-2.2	
高经济资本 + 低文化资本	频数	19	23	42
	比例（%）	45.2	54.8	100
	标准化残差分析	0.1	-0.1	
	调整标准化残差分析	0.2	-0.2	
中等经济资本 和文化资本	频数	51	49	100
	比例（%）	51.0	49.0	100
	标准化残差分析	1.0	-0.9	
	调整标准化残差分析	1.5	-1.5	
低经济资本 + 高文化资本	频数	150	196	346
	比例（%）	43.4	56.6	100
	标准化残差分析	-0.2	0.2	
	调整标准化残差分析	-0.3	0.3	
低经济资本 + 低文化资本	频数	162	237	399
	比例（%）	40.6	59.4	100
	标准化残差分析	-1.0	0.9	
	调整标准化残差分析	-1.8	1.8	
总计	频数	425	539	964
	比例（%）	44.1	55.9	100

注：* 表示 P < 0.05。

第六节　结构与资本范式下的实证结果讨论

一　社会结构的嵌入是转型时期体育消费阶层化的内在主要动力

（1）从体育消费内容的差异分析来看，性别结构、职业结构、阶层结构、收入结构和教育文化结构对于体育消费内容的差异有着较高的解释性。具有不同的职业结构、阶层结构、收入结构和教育文化结构的人们能够从体育消费内容的选择上反映出体育消费的"阶层消费"特征。具体地，具有统计显著性的职业为文化、卫生和体育系统工作者及批发零售、餐饮休闲和居民服务业工作者，前者倾向于选择物品密集型的体育消费，所占比例为 64.6%，而后者倾向于选择时间密集型的体育消费，所占比例为 59%；具有统计显著性的阶层为中上层和社会底层，前者倾向于选择物品密集型的体育消费，所占比例为 62.9%，而后者倾向于选择时间密集型的体育消费，所占比例为 66.5%；具有统计显著性的收入阶层为 5001—6500 元和 2000 元以下，前者倾向于选择物品密集型的体育消费，所占比例为 64.2%，而后者倾向于选择时间密集型的体育消费，所占比例为 60.0%；具有统计显著性的教育文化结构为大学本科、高中或中专毕业和大学专科，前者倾向于选择物品密集型的体育消费，所占比例为 60.9%，而后两者倾向于选择时间密集型的体育消费，所占比例为 61.5% 和 54.8%。

（2）从体育消费方式的差异分析来看，性别结构、家庭结构、年龄结构、职业结构、收入结构和教育文化结构对于体育消费方式的差异有着较高的解释性。但是，只有不同职业结构的人们能够从体育消费方式的选择上反映出体育消费的"阶层消费"特征。具体地，具有统计显著性的邮电、电力和交通系统工作者倾向于选择持卡的直接体育消费方式进行物品密集型体育消费，所占比例为 58.5%，而建筑、采矿和制造业系统工作者倾向于选择无卡的直接体育消费方式进行物品密集型体育消费，所占比例为 78.3%，两者之间有明显的区分。

（3）从体育消费意识的差异分析来看，性别结构、阶层结构和收入结构对于总的体育消费意识有着较高的解释性。具有不同阶层结构和收入结构的人们能够从体育消费意识方面反映出体育消费的"阶层消费"特征，特别是阶层结构变量所体现的体育消费"阶层化"特征最明显，阶层地位越高，体育消费意识越强。另外，从体育消费意识中的社会身份意识的差异分析来看，性别结构、家庭结构、收入结构和教育文化结构对于社会身份意识有着较高的解释性，特别是由教育文化结构变量所体现的体育消费"阶层化"特征最明显，学历层次越高，社会身份意识越低。这说明学历层次较低的人们对于体育消费的认识趋于一种时尚的、有品位的消费活动，能够表征人们的社会地位，而学历层次高的人们则普遍不认同它的社会区分功能，这可能与他们的体育消费经历有关系，他们在学校里接受高等教育的时候大都能够广泛接触到不同类型的体育消费活动，从而直接影响到他们对于体育消费实践活动的认识，而这些经历对于学历层次较低的人们来说是缺失的，所以才出现这样截然相反的认识。

（4）从体育消费行为的差异分析来看，家庭结构、年龄结构、阶层结构、职业结构、收入结构和教育文化结构对于体育消费行为的差异有着较高的解释性。具有不同职业结构、阶层结构、收入结构和教育文化结构的人们能够从体育消费行为方面反映出体育消费的"阶层消费"特征。具体地，具有统计显著性的职业是邮电、电力和交通系统工作者与建筑、采矿和制造业系统工作者，前者主要呈现为高卷入度体育消费行为，所占比例为73.8%，后者主要呈现为低卷入度体育消费行为，所占比例为65.4%；具有统计显著性的阶层为中上层、中下层和社会底层，前者主要呈现为高卷入度体育消费行为，所占比例为57.8%，后两者主要呈现为低卷入度体育消费行为，所占比例分别为62.0%和85.5%；具有统计显著性的收入阶层为2000元以下、2001—3500元、3501—5000元和8001元以上四类，其中，前三类收入阶层主要呈现为低卷入度体育消费行为，所占比例分别为66.9%、60.9%和50.2%，而8001元以上收入阶层主要呈现为高卷入度体育消费行为，所占比例为54.3%；具有统计显著性的教育文化结构为高中或中专毕业和大学专科，前者倾向于高卷入度体育消费行为，所占比例为55.3%，后者倾向于低卷入度体育消费行为，所占比例为63.6%。

二　不同资本的嵌入是转型时期体育消费阶层化的内在次要动力

（1）从体育消费内容的差异分析来看，不同资本组合对于体育消费内容的差异有着较高的解释性。拥有不同资本总量的人们能够从体育消费内容的选择上反映出体育消费的"阶层消费"特征。具体地，具有统计显著性的有高经济资本+高文化资本、低经济资本+高文化资本和低经济资本+低文化资本三种资本组合。其中前两者倾向于物品密集型体育消费，所占比例分别为63.1%和57.6%，而后者倾向于时间密集型体育消费，所占比例为53%。

（2）从体育消费方式的差异分析来看，不同资本组合对于体育消费内容的差异有一定的解释性，因为，研究结果表明由不同资本组合所代表的五大社会阶层都倾向于选择直接体育消费的方式，这说明体育消费方式并不能够完全地体现出不同资本组合之间的区隔特征，因此，拥有不同资本总量的人们不能够从体育消费方式的选择上反映出体育消费的"阶层消费"特征。

（3）从体育消费意识的差异分析来看，不同资本组合对于体育消费内容的差异有着较高的解释性。拥有不同资本总量的人们能够通过体育消费意识反映出体育消费的"阶层消费"特征。具体表现为，拥有的资本总量越高，其总的体育消费意识及健康与技能消费意识越强。

（4）从体育消费行为的差异分析来看，不同资本组合对于体育消费行为的差异有一定的解释性，也就是说，拥有不同资本总量的人们并不能够完全地通过体育消费行为来反映出体育消费的"阶层消费"特征。

第七节　转型时期"城中村"体育消费的个案研究

一　北京 GBD 村的基本情况

北京 GBD 村是一个历史悠久的千年古村。据古籍《日下旧闻考》、《松溪纪闻云》等记载：古时 GBD 村草肥水美，依水而居。辽金时就已成村，至元时通惠河成，GBD 村平津闸即成为皇粮漕运的转运码头。

自那以后，每天停靠平津闸的运粮船络绎不绝，各种小商贩、手工业者看到 GBD 村这一得天独厚的地理位置，也齐聚于此，共谋商机，于是，各种商品、物资云集 GBD 村，使得 GBD 村盛极一时。那时，人们经常形容："过了庆丰闸，柳荫深处，锣鼓喧天，即是鱼肥米贱的 GBD 村到了"，也许，因为大米买卖的缘故，GBD 村也被称为"高米店"。当然，也有一些无从考证的传说，GBD 村也被称为"高蜜店"。如此之多的称谓，可见，GBD 的盛誉，远近闻名。但是，随着漕运文化的衰落，GBD 村也渐渐地淡出了人们的视线，成为一个普通的乡村，往日的繁荣与辉煌只能尘封于人们的记忆中。今天，地处北京市东长安街延长线上，距天安门仅 8 公里，辖区面积达到 2.7 平方公里的 GBD 村，历经改革开放 30 多年的社会结构变迁，逐步实现了从"叫农村无农业，称农民无耕地，农转居无工作"到现代新农村的转变，那些几乎被人遗忘的、璀璨的历史文化正在慢慢地复苏，一个充满希望与未来的"城中村"正在逐渐成为现代城市化进程中的奇葩，昔日的辉煌再次重现。

1. 乡村现状

据 2007 年调查，GBD 村的现有常住人口为 5970 人，流动人口已达到 10784 人，共发展党员 257 人，下设 13 个党支部。这些支部在村党委统一领导下，立足于 GBD 村深厚的文化底蕴，大力发展文化产业经济，齐心协力为全村上下谋发展。截至 2008 年，全村共实现总收入 18.8 亿元，利润为 9200 万元，不仅摆脱了"叫农村无农业，称农民无耕地，农转居无工作"城中村的困境，而且走出了一条主动适应市场经济发展、支持推进城市化进程的创新之路。全村居民生活水平显著提高，千年古村的繁荣景象正逐步地从尘封已久的记忆中走出来变为现实。可以说，现在的 GBD 村是一个"发展有动力、人人有事做、生活有乐趣"的"三有"新城中村。

从 GBD 村的整体发展布局来看，GBD 村规划了包括 GBD 漕运历史文化区、中国古典家具艺术文化区、老北京民俗文化区、国际民俗接待区、中国医药港湾交易区和陶家湾开发小区总共六个区。其中，以民俗文化街、古典家具一条街、漕运历史文化区最为著名。位于 GBD 村的西北方向，由"郊亭"景观、平津码头遗址、郭守敬雕像和人民公社博物馆所组成的 GBD 漕运历史文化区，可以说是了解 GBD、感受 GBD

最重要的窗口。在这里，不仅能够领略千年古闸的风貌，而且激发了一种感慨，感慨当年漕运文化的繁荣景象。位于 GBD 村的东北方向，民俗文化街可谓其文化品牌，街中既有展现京味市井文化、花鸟鱼虫、古玩字画、首饰把玩的华声天桥，又有追溯千年科举文化的中国古牌匾额博物馆·励志堂和精美的民族传统硬木雕刻技艺的北京聚仙堂木雕艺术馆等，畅游其中，能够深刻地感受到中华民族文化的深厚底蕴与博大精深。当然，还有华夏民俗文化园中的民俗体育文化活动，特别是五月节的娘娘庙会、高跷会等一直以来就是 GBD 村的象征性文化。另外，位于 GBD 的核心地带，由 400 多家古典家具店铺组成的古典家具一条街，不仅有专业生产明清古典家具的特色经营，也有一些极具收藏价值的古玩字画、玉石瓷器、铜器银件等工艺精品可以挑选，徜徉其中，更多的是体会到浓郁的古家具文化气息。也许正是这种文化氛围使得 GBD 的古典家具市场远近闻名，年销售额已经达到上亿元，利税 600 多万元，已成为推动 GBD 村经济发展的重要力量。

2. 未来发展

从 GBD 村基于六个区域的规划建设来看，未来的 GBD 村将会继续做大做强本村的文化产业，特别是着力发展国际民俗文化旅游产业，逐步建立并完善古木家具文化产业、通惠人家餐饮产业、国际民俗接待产业、医药销售批发产业和非物质文化产业五大产业链，从而推进 GBD 村进入一个新的发展阶段。

访谈（1）村干部 A：

问：请问 GBD 村未来的发展规划是什么？

答：我们正在实施进行西区改造项目，这是 2009 年朝阳区区政府的折子工程，主要按照"政府专项扶持、集体统一设计、村民出资建房"的模式进行的。

问：这对你们发展有帮助吗？

答：当然了，这是我们村子的头等大事。按规定，每人出资 30 万—40 万元建一个 2—3 层的、具有古色古香建筑风格的楼房。一层供民俗旅游开发商使用，其他供我们村民自住，到时候，我们村子将会接待更多的国际友人入住，能够大力促进我们村国际民俗文化旅游产业的发展。不仅如此，在市政配套设施建设方面，将引进天然气、市政自来水和消防管线，实施电力改造工程。在公共服务设施建设方面，将建设一处商店、一处社区服务中心、一处博物馆、6个公厕和密闭式垃圾房及550个停车位。这样一来，我们村的生活水平和生活环境将上一个新的台阶。

二 结构嵌入：体育消费的建构过程

从 GBD 村的发展历史来看，自 1983 年以来，随着村子里的耕地逐步地被京沈铁路、京通快速路、五环路、华能电厂、北京 GBD 污水处理厂、高压线路等国家和市政重点工程——征占，村民的身份作为征地的补偿已从农业户口向城镇户口转变，成为城里人，农业耕种已经不再是村民的谋生手段，村民可以面临更多的职业选择。但是，限制于村民"离土不离乡"的思想观念以及较低的文化水平，所谓的职业选择机会其实是很少的，基本上处于无耕地、无工作的状态。但是，村子依据自身深厚的文化底蕴与有利的地理位置，通过走文化产业化的道路，使得大多数村民成为乡镇企业的工人、文化工作者、加工服务人员、租赁服务人员等，收入不断提高，社会地位也不断提升，个人角色结构日趋多元化。可以说，这样的变革是深刻的，不仅仅只是表现为村民职业结构的变化，更是涉及 GBD 村人口结构、阶层结构、组织结构、制度结构以及群体结构等全面的社会结构变迁。在这场规模庞大的社会结构变迁过程中，村民的体育消费活动是一个重要研究视角。因为，村子的文化产业经济中涉及较多的体育文化活动，这些活动的开展是作为一种经济活动的投入，必然要涉及消费的过程，可以称之为民俗类的体育消费活动。因此，从嵌入的结构视角下分析体育消费与社会结构之间的关系，既是前面研究假设的验证，也是深刻了解 GBD 村社会结构变迁过程的重要方面。

1. 组织结构与体育消费

早期的 GBD 村在复兴民俗文化时，一方面提供物质支持，集体购买一些如高跷、腰鼓、花车等民俗类的体育产品；另一方面采用专人负责制，通过积极的宣传与动员，以身作则，积极带动全村村民参与一些民俗体育文化活动，同时，多次组织"金秋艺术节"、"村歌大联唱"等活动来提高村民的参与意识，形成良好的文化氛围。在这里，有组织的民俗体育文化活动所涉及的体育消费基本上是以团体形式出现的，村民的体育消费意识几乎没有，参与消费行为也是被动的。

访谈（2）村干部 A：

记得当时村委书记给我们党员干部布置任务，每人负责动员 25 人来参与村里组织的文体活动，我们都感到难度很大。因为，那个时候，村民没有土地，也没有了工作，大家没事的时候就会聚在一起打打麻将、聊聊天来混日子，要动员他们来参加文化活动，想想就知道有多难了。但没有办法，书记说："你是党员，你必须要发挥骨干作用，找不到人就自己上，要做表率。"于是，大家先从自己的家人、亲戚开始动员，也不知道磨了多少嘴皮子，大家还是很不情愿地来参加，定期训练原来 GBD 庙会文化中的体育活动，中间有人退出，还要持续不断地做工作，挺难的。不过现在想想，正是有过最艰难的日子，才有我们现在的民俗文化旅游产业的发展。

随着民俗体育文化活动的不断深入，特别是在举办第七届北京市国际旅游文化节之际，GBD 的民俗体育文化可以说是大放异彩，前期的工作努力获得了很高的评价，从而增强了居民的参与意识。于是，各种民俗体育文化活动协会相继成立，组织方式从村委直接管理转变为村民自治，组织结构更加弹性化、灵活化。

访谈（3）村干部 B：

问：现如今 GBD 村的民俗体育文化发展如何？

答：经过这些年的磨炼，现如今我们的民俗文化活动可是我们村的品牌，最有名的就是高跷会了。他们曾经出访英国，在伦敦鸽子广场表演绝活儿，可给咱北京争气了啊。当然，还有小车会、秧歌队、合唱队、扇子舞等总共有 20 多支队，大约有 500 人参与，规模都比较大。这些队伍在由村里组织的大型节庆活动中都能派上用场，不瞒你说，上次电视台的（记者）来采访，称赞我们都能赶上央视的水平了。

问：那么这些队伍都是由村子直接管理吗？由哪些部门管理？

答：现在这些队伍都是自发的、每一个队伍好像一个协会，都由会长协调安排工作、组织训练，有的还有爱心活动之类的，会员有什么事情大家都去帮忙，很团结。没有哪个固定的部门来管理，团委那边主要管年轻人的活动，宣传科主要负责联络各会长参加活动，计生办主要是提供一些服装、器械之类的，但如果组织大型活动的话，可能要统一行动，具体分工。

问：那现在村民是不是都自己购买一些民俗体育产品？

答：他们要参与进来，与大家一起训练，当然要买一些必备的民俗体育产品了，要不没有办法统一训练。

从访谈（3）中可以看出，村民现在的体育消费方式不再是团体式、带有免费性质的使用，而是以个人或家庭消费为主，具有更高的灵活性，不仅如此，村民的体育消费意识也在不断地增强，体育消费行为变得积极、主动。这样的转变反映了村民对健康的主动追求，但更重要的是村民对组织目标的认同，也就是积极参与其中，共同努力推动GBD村民俗文化产业的发展。

2. 人口结构与体育消费

GBD村的人口结构是由流动人口和常住人口组成的，常住人口主要以GBD村的村民为主，流动人口的构成比较复杂，既有个体企业主、艺术家、文化工作者，也有农民工、加工服务人员、工人等。

访谈（3）村干部B：

问：请问这些民俗体育文化队中有流动人口参加吗？

答：有，但是比例很小。他们一般较少参与我们的训练，但是如果举行大型庆祝活动的时候，他们也会上台表演，比如，个人演唱、两人的相声等。我给你们看个宣传片吧，刚才那个演唱的女孩就是我们村的流动人口，唱得很好，我们对她印象很深刻。后来，因为工作原因，她就走了。

访谈（4）村民 A（女）：

问：请问您参加了村子里哪些民俗体育文化队？

答：我原来都参加过，高跷队没有。因为那个队训练比较苦，有难度，咱一个女的挑战那高难度干吗！给他们当个啦啦队倒是可以。我现在只参加秧歌队，都是女性，跟我的年龄差不多，早晚各练一会，感觉这一天做事有精神，而且，我们村子要大力发展民俗文化旅游，平常多练习一下，到时候拉出去就能表演，让他们瞧瞧我们的风采。

问：那你们队伍中有流动人口吗？

答：好像没有，前段时间有一个来参加，后来不知道什么原因，就没有来了。他们来北京工作不容易，每天都很忙、很累，哪有这工夫啊！再说，他们也不是很稳定，今天在这里住，赶明儿工作变了，人就走了。

访谈（4）流动人口 A：

问：请问您参加了村子里哪些民俗体育文化队？

答：我没有参加过，我们早晚都要上班，晚上回来的时候，什么都不想干，就想睡觉。不过村里面有节庆活动的时候，会去看一看。

问：那你空闲时间，比如周末的时候也不参与吗？

答：周末的时候，我们一般都与朋友或家人在一起，如果要参与体育消费的话，我们也是去打打球、跳跳舞。说句实话，我们对这些民俗类的活动不是很感兴趣，再说，你平常不去与人家一起练，周末偶尔去一下，也不是很好，感觉有点尴尬。

从这三个访谈材料来看，GBD 村所涉及的民俗类体育消费活动基本是以常住人口为主，他们收入来源比较稳定，大部分居民以出租房屋获得收入，空闲时间比较多，能够保证早上与晚上的练习或消费时间。他们普遍认可团体性的消费，认为一起进行练习或消费不仅仅是为自己，也可以为发展村子的文化产业做出自己的贡献，集体认同感很强。与之相反，流动人口对于村子的民俗类体育消费活动的认同感不强，他们并不参加这些集体式的消费，即使参加也是以个人的形式参与而且不能保证长久。所以，在村民的眼中对于他们的参与表面上是欢迎的，但是要想真正地融合在一起，还需要一个较长的接纳过程。虽然流动人口与常住人口是以混居的方式住在一起，但是，流动人口与常住人口的体育消费意识、消费行为不同，前者更重视自我的存在，对集体的认同比较差，而后者更重视集体的存在，认同感比较强。

3. 性别结构与体育消费

GBD 村的民俗类体育消费活动共涉及 20 多个项目，有 500 人参与，其中男性与女性的参与比例有较大的差异，女性参与的活动的比例较高，不仅如此，男性与女性在体育消费活动的选择与认识上也有很大不同。

访谈（5）村民 B（男）：

问：你参加过秧歌队、小车会等民俗体育文化队吗？

答：我没有参加过，那些都是女人的活动，咱一男人从事那个活动，扭来扭去不好看，再说，那些活动也没有什么难度，我喜欢有挑战性、有技巧的体育活动。跟你说，我是村子里高跷队的成员，参加过很多比赛，还到过伦敦去表演哪。我给你们看看照片吧，这是我们 2005 年春节在伦敦鸽子广场上拍的照片。我当时演渔翁角色，这角色别看高跷上动作难度不大，但是要把一个老翁演活也不容易，你看我那个时候把髯口一戴，银须飘飘，摆头弓背，像不像啊！这还不是最主要的，这个角色重要的是唱功，一清嗓子能够传百米那可叫本事，记得当时唱的时候，可是吸引了不少外国观众。不瞒你说，咱那时唱的是中文的，也不知道他们听懂了没，不过从他们的反应来看，好像还是能懂点，看看，跟我合影的人不少吧。

访谈（5）村民 C（女）：

问：你参加过哪些民俗体育文化队？

答：我原来参加过秧歌队、小车会、扇子舞，后来也就参加一个扇子舞了。那时候两个队都参加，训练有时候会冲突，时间排得太紧，自己的自由时间都没有，咱图个啥，能健身就行。

问：那你没有参加过高跷队吗？

答：这个咱可参加不了，要有一定的基础、有胆量才行。咱一个女人，可不去挑战那高难度。再说，那个队里基本上都是男人，他们能吃苦、身体也结实，训练时候摔个什么的也没事，可是，咱要是不小心摔着了，指不定出什么毛病哪，不去逞这个强。

从这两个访谈材料来看，男性主要选择难度较高的民俗类体育消费项目，这说明他们更喜欢表现自我，希望能够通过这样的活动来展示自己的能力或者也可以说是才华。他们更渴望得到村民们的认同，认同自己的努力、认同自己为村子的发展所贡献出来的一份力量，从而提高他们在村子里的地位。可以说，这对他们来说是很重要的，是一种较高的成就感与满足感的获得。与之相反，女性一般选择难度较低的民俗类体育消费项目，她们在选择的时候更多地考虑安全因素，不喜欢冒险，只要能够健身就可以了，这在她们心目中占有重要的位置。当然，她们也认同为村子的发展贡献自己的力量，只不过没有男性那么强烈。也许，受到中华民族传统道德的影响，在她们看来，村里民俗文化产业的发展还是要靠男人们撑起一片天。

4. 家庭结构与体育消费

随着社会结构的转型，原有的传统家庭逐渐被核心家庭所取代，家庭成员的数量随之减少，"四世同堂"变成了"三口之家"，"大庭院式"的生活变成了"独居"，一对年轻夫妇和一对年长的夫妇都各自拥有着自己的独立生活空间，他们不再"朝夕相对"，而成为可期盼的"短暂相聚"。这样的转型可以说是深刻的，并影响深远，已成为既定的事实和现实体现。GBD村的家庭结构变化也不例外，只不过在村民"离土不离乡"的观念影响下，这种转型的体现是缓慢的、渐进性的，更多地表现为以传统家庭与核心家庭并存的复合型家庭结构特征。因此，基于GBD村这样的家庭结构特征，不同家庭结构的体育消费特征是趋同还是趋异，有待于进一步分析。

访谈（6）村民D（女）：

问：村子里三代以上还居住在一起的传统家庭很多吗？他们在参加民俗类的体育文化活动方面有什么不同吗？

答：按照你的说法，我们村子里的传统家庭是不少。要说参加体育活动比较出名的，应该是高跷会的世家，张家吧。他们家五代人都玩高跷，而且玩得都很好。第一代创始人是张天宝，人称"二皮脸"。听说早些时候，根本就没有他的角色，他硬是黏着往里钻，再加上他的嗓子不错，有唱功，适合高跷里的渔翁角色，这一来二往还真成了，而且名声还挺大哪。张天宝往后有四个儿子，其中只有二儿子张震、三儿子张普继承了他的喜好，这词不好，应该是"家学"。他们都是当时最红火的高跷会第四代演员，特别是井字里走会可给我们GBD争脸了。再往后，张家的第三代传人就是张普的三个儿子张文玉、张文德和张文秀。他们都是从小就练习高跷技术，是我们村高跷会的领军人物。特别是张文玉曾经担任高跷会的总教练，培养了不少高跷好手，并带领他们还拿过龙潭杯花会冠军哪。张家的第四代传人有张文玉的三个儿子张爱革、张爱民和张爱星，以及张文秀的儿子张爱东、张爱利，他们都是这届龙潭杯花会比赛的主力队员，从小就接触高跷运动，是一群由张文玉在家里亲自调教出来的"娃娃兵"。就拿张文玉的儿子张爱革来说吧，六岁就开始练跷，七岁就上跷表演了，个人还获得最佳表演奖哪，可见跷上功夫了得。现在是咱村高跷会的副会长。张家的第五代传人是张爱东的儿子张岳，虽说在他父亲的指导下十二岁的时候才开始学跷，但是小娃悟性高，再加上有血脉，硬是一点一点地学成了，现在演得惟妙惟肖，让人们都叫好。说句实话，现在咱村的高跷会又一次红火起来，他们家的人可是出力不少啊，真的要很感谢他们。

问：请问您家是什么家庭呀，可有什么民俗类体育消费活动？

答：我们家应该是核心家庭吧，小孩自结婚后就不住在这里了，我们凑点钱在城里给他们买了房子，离这里还不近哪。他们也就是周末的时候回家来看看，平常很忙，根本就没有时间。平常就我们两个人，我参加了秧歌队，一周训练几次，日子过得比较充实。我爱人不喜欢凑这个热闹，他喜欢钓鱼，就在我们村外的通惠河边，有时候一待就是一天，中午饭都不吃。其他的体育消费，不知道爬山算不算，我和我的爱人有时候会去香山爬一爬，现在北京的公园也多，我们都去过。

问：那您或者您爱人没有玩过乒乓球、羽毛球、网球、篮球等项目？

答：这些基本上都没有，倒是打过一两次羽毛球，像网球、篮球这些运动都是我家小孩他们玩的，他们受过比较好的教育，又年轻，适合这些时尚运动。咱连看都看不懂，怎么玩啊！

问：那你的小孩参与民俗类的活动吗？

答：他们基本上不参加，他们有自己的生活。年轻人现在都会享受，哪会像我们这样古板，参加这些民俗类的活动。上次，我还跟他们说哪，要不你也参加个高跷会练练，给咱家风光风光。你猜他怎么说，他说，如果高跷会不用化妆、涂脸的话，我就去，我喜欢纯天然、生态、阳光般温暖的体育活动，要扮演什么角色的活动，参加不了，我连自己都不认识了，你能认出我吗？你看看，他们是怎么想的呀！

从访谈（6）的材料中可以看出，对于核心家庭而言，特别是年青一代的核心家庭，他们比较追求多元化的体育消费，不拘泥于一种或几种固定的休育项目。在追求过程中，他们注重自我价值的实现，不想再扮演任何角色，就想做回真实的自己，充分享受体育运动带给自己的快乐。这样的体育消费行为可以看作是一种社会逃离的表达，是一种社会压力的释放，是一种社会时尚的追求。与之不同，传统家庭，特别是具有一定文化传承的家庭，他们的体育消费行为不是社会逃离，也不是追求时尚，而是体现为一种责任与义务。在他们看来，他们希望通过自己的努力去不断维护或建构着这种传统，能够一代一代地传承下去。这也许就是"惯习和品位"的力量，作为一种结构的强嵌入，深深地烙印于 GBD 村民心中，无论社会怎么转型或变迁，它都会时时刻刻地影响着人们的行动。可以说，GBD 村民俗类体育消费活动的推动与发展离不开传统家庭的支持，同时，已发展的民俗类体育消费活动也进一步维护着这种家庭结构的传统，两者之间是相互建构的关系。

5. 阶层结构与体育消费

相对于当代中国的社会阶层结构变动整体状况而言，如陆学艺（1999）将其划分为十大社会阶层：①国家与社会管理者阶层；②经理人员阶层；③私营企业主阶层；④专业技术人员阶层；⑤办事人员阶层；⑥个体工商户阶层；⑦商业服务人员阶层；⑧产业工人阶层；⑨农业劳动者阶层；⑩城市无业、失业和半失业人员阶层。GBD 村的阶层结构比较简单，有部分私营企业主阶层主要是来自古典家具一条街和民俗文化一条街的商家，大部分村民的职业结构主要为商业服务人员、个体工商户、部分农业劳动者以及村干部等，基本属于中下阶层。当然，也有如物业公司、旅游文化发展公司、农工商总公司以及经济合作社等村办企业的经理人员阶层，这些人员基本属于村委会直接管理，有行政级别，与真正的经理人员阶层或法人代表有所不同。在此基础上，基于这样的区分来进一步分析体育消费在 GBD 不同阶层结构中的具体特征。

访谈（7）村民 E（男）：

问：你现在的职业是什么？压力大吗？生活如何？

答：我是村里物业公司的一名普通的职员，主要负责古典家具一条街的环境卫生工作，有时候，也会检修和维护一些配套设施，工作不是很辛苦，压力也不是很大。虽说收入不是很高，但是能够为村子的发展做点事情，还是挺开心的。其实，我们还有房屋租赁给流动人口获得一些收入，差不多就够了，生活还不错。

问：那你平常有什么体育消费活动吗？你怎么理解体育消费？

答：你说的体育消费，是不是就是买些运动服装或是运动鞋之类的。我们每年都会买，但是，一般都是给小孩买的，他们在学校里运动多、穿起来也方便。我们自己很少买，基本上很少去运动，也就是参加村子里的一些体育活动，跳跳舞什么的，这一般都不用穿什么运动鞋和运动服装，平常休闲的衣服就可以了。不过，家里还是有备用的，有时候周末去爬爬山，郊游什么的，我们会穿着去，比较轻便，轻松一些。

（公司职员）

访谈（8）私营企业主（男）：

问：你现在的职业是什么？压力大吗？生活如何？

答：你们看到的这个古典家具店就是我的，如果说到职业的话，也就是个个体户吧，也可以称为老板。我们来这里有几年了，一开始来的时候，压力很大，那个时候这里没有多大名气，生意也不是很好，为了节省开支，我们一家人就吃、住在这个店里。慢慢地，村子发展了，环境改善了很多，最重要的是有名气了，很多人都慕名而来买家具，我们的生意逐渐有了起色，规模也扩大了，前面还有我一家门面，生意还不错。但是，现在的竞争也激烈了，有400多家店哪，压力还是很大的。我们的收入来源主要是卖家具，不稳定，生意好的时候多赚一点，不好的时候也很担心，虽说我们在附近也买了房子，有了车子，但是心里还不是很踏实，只有埋头苦干，用心经营了。

问：那你平常有什么体育消费活动吗？你怎么理解体育消费？

答：说到体育消费啊，我觉得是去健身俱乐部或观赏比赛吧。这一两年生意不错，生活条件改善了很多，我也办了一张健身会员卡，周末的时候会开车去那里锻炼一下，一方面给自己的身体充充电，另一方面，在健身的时候可以遇到一些新朋友，这些朋友说不定就是你的未来客户。所以，我锻炼的时候都会主动认识一些朋友，说明一下自己的身份，相互交换一下名片，他有需求的时候自会来找你。我有一个大客户就是在俱乐部认识的，现在我们都是好朋友，经常约出去一起打球，还成立了一个球友会，认识了更多的朋友，他们很相信我，经常介绍朋友上我这里来买或是定做家具，我给他们最低价钱，保证质量。

（私营企业主）

访谈（9）经理阶层（男）：

问：你现在的职业是什么？压力大吗？生活如何？

答：我现在主要负责村里的旅游文化产业发展。这些年在村党支委领导下，村子的文化品牌日趋成熟，你们可能也调研了，我们村以高跷会为核心文化产业带活了尘封已久的古GBD村的漕运庙会活动。2007 年春节期间共接待海内外游人约 17 万人次，其中外国旅游团队约 5 个，实现旅游收入约 35 万元，可以说是朝阳区乡村旅游发展的新亮点。有了名气，招商引资容易很多，好多商家都看重这块风水宝地慕名而来，尤其以民俗类、文化类的产业居多，来了倒是容易，但是统一规划，协调发展的工作加重了，现在压力很大，特别是成立了民俗文化园以后，要做的事情更多了。不过，能为村子发展做些事情，苦点、累点也值，要不咱现在还是一个落后的农村哪，要什么没什么。现在，什么都不缺，还有点剩余，跟城市居民的生活也没有什么区别了。

问：那你平常有什么体育消费活动吗？你怎么理解体育消费？

答：体育消费是不是与我们的文化旅游产业有联系，我觉得村子里的高跷会就是体育消费的一种，人们通过体育活动既可以锻炼身体，又可以形成一种文化产业，推动村子的经济发展。我自己负责这些产业的发展，当然要身体力行多参与、多体会才能有感悟，确定村子的旅游产业发展方向。我有个朋友是一位健身俱乐部的老板，在村子发展文化旅游产业之前，我经常去他那里取经，还特意办了一张会员卡，每周末去俱乐部健身，顺便体验或了解如果将体育作为一种文化产业推而广之，是不是有市场，是不是能够得到人们的广泛认可。结果让人很惊讶，我发现参与其中的人们对体育是如此的着迷，他们结伴而来，在欢笑中锻炼，在鼓励中锻炼，人与人之间没有任何距离，好像有一种强大的凝聚力将他们紧紧地绑在一起。经历这些之后，我坚决支持开发具有体育文化内容的文化旅游产业，并提出了自己的建议。现在，村子里的文化产业正逐步走向正轨，未来充满更多的挑战，但是我对此很有信心，我相信这样的选择没有错。说实话，我现在应该是一位资深的羽毛球爱好者，我有一些固定球友，周末的时候会一起切磋球技，奥运会期间还一起去看比赛，我想用自己的实际行动来支持奥运。

（经理人员）

从这三个访谈材料来看，由于生活在 GBD 村的普通村民、私营企业主以及经理人员这三个阶层在体育消费认识上存在不同，使得他们在具体执行过程中也表现出较大的差异。在村民的眼中，体育消费只是一种耐用品的购买和使用，它的存在只是满足主体自我的基本需求，功能实现的目标是穿起来舒适、适合运动而已。与之不同，在私营企业主看来，体育消费重在参与，也就是真切地享受体育消费实践的过程，在这个过程中，他们不仅仅要塑造一个健康的身体，也希望能够认识更多的朋友，而后者是私营企业主更看重的，他们将体育消费的实践过程作为一种投资，来发现潜在的客户，从而巧妙地编织了一个庞大的、隐性的销售网络。可以说，体育消费的生产特性与功能性解放在私营企业主那里被发挥得淋漓尽致。同样，GBD 村的经理阶层也将体育消费阐释为一种体育消费实践过程的表达，只不过他们不是寻找客户，而是作为一种体验来寻找适合村子文化旅游产业发展的策略或构想，他们想通过自己的亲身经历来感受体育消费真正能够给他们带来什么，能够给他们的村子带来什么，事实证明，他们经过体验所作出的选择是正确的，大力发展民俗类的体育消费活动不仅塑造了一个充满希望的文化旅游产业，而且增强了村民的集体认同感，展现了一个新农村建设的风貌。

6. 社会结构与体育消费

为探究社会结构与体育消费之间的关系，从包含于组织结构、人口结构、性别结构、家庭结构、阶层结构所组成的社会结构的实体内容入手分析，发现伴随着社会结构的转型，嵌入的结构力量推动着 GBD 村的体育消费实践过程，建构了一个民俗类体育消费市场，并由此催生了一个文化旅游产业。同样，随着民俗类的体育消费活动的不断展开，GBD 村的社会结构也在悄然发生转变，比如流动人口的比例不断增加，村民的职业结构日趋多元化，阶层结构的分化越来越不明显等，可以说，体育消费与社会结构之间存在着一种相互建构的关系。

具体来看，社会结构对于体育消费的建构过程主要来自组织结构和家庭结构的力量。组织结构的力量主要体现为在某种依赖架构下所形成的一种制度化的权威。也就是说，村民对村委会的多方面依附，使得党政领导可以通过培养少数忠诚分子来发展出稳固的垂直关系。这是至关重要的，由此可以产生关系网，使得上级领导与他们的基本群众之间的私人忠诚和感情自然而然得以产生，并且与对党和国家的忠诚交织在一起，保证了领导与下属间的稳定性、领导的权威性，从而更有利于开展工作。GBD 村早期的民俗类体育消费活动的开展主要借助于这种制度化的权威，通过发挥村委会各部门党员干部的骨干作用，积极发动群众，动之以情，晓之以理，一步一步地将发展民俗类的体育消费活动与对党的忠诚、对党和国家的贡献紧密联系在一起，并给予一些人奖励与优先提拔的承诺，从而迅速提高了村民的自觉性，即使不情愿也服从了这种制度的权威。随着民俗类体育消费活动的广泛开展，并取得了一定成绩之后，村民开始从不情愿到情愿、从服从到主动参与转变，组织结构的力量慢慢地也从制度化向非制度化转变，组织方式也从统一管理向村民自治转变，于是，各种民俗类体育消费活动应运而生，并逐渐形成一个庞大的民俗类体育消费市场。应该说，早期的这种制度化的权威是非常有效的，如果没有这样的组织结构力量，GBD 村的民俗类体育消费活动也不可能有今天的成就。

另外，从家庭结构来看体育消费的建构过程，GBD 村的传统家庭的作用是不容忽视的。因为传统家庭比较注重孝亲、尊祖等家庭伦理，也就是说，家庭成员的关系以资历排辈分，长辈就是领导，有绝对的权威性，晚辈就是被领导，要绝对地服从，如果不服从将会有传统家规来予以惩戒。这种家庭伦理在今天看来可能是封建的、不可理喻的，但是它对于维系一个家族的稳定性与整体性，特别是传承"家学"文化仍然有着重要的现实意义。以高跷世家张家为例，他们家的高跷文化作为一种"家学"已经传承至第五代，家族中的每一个家庭成员都有责任、有义务来维持这个家族的共同事业。学会高跷、表演高跷并成为高跷好手是家庭权威之下一种绝对服从，这种服从一方面是学一技之长以成才，另一方面则是代表着一种家族的历史，肩负整个家族的荣誉。因为生活在一起的人们都知道这个家族的存在，有时会以此为骄傲和自豪，这可以说是全村上下对张家高跷文化的集体认同，对传统家庭的认同，所以，绝对服从是家族内的成员不得不要面对的，只有这样才能保证"家学"的一脉相承，才能确立整个家族在村子中的社会地位。正是考虑到这种家庭伦理的广泛影响，当由村委会要求张家负责复兴 GBD 村的高跷文化活动时，张家义不容辞，充分发挥了传统家庭的作用以及整个家族的影响力，不仅复兴了高跷会，还带动了其他民俗类体育消费活动的开展，可以说，传统家庭结构对于 GBD 村民俗类体育消费活动的建构有着重要的作用。当然，GBD 村的人口结构、性别结构和阶层结构也对体育消费活动有一定建构的作用，比如人口结构中的常住人口是建构 GBD 村民俗类体育消费活动的主体，阶层结构中的经理阶层是建构 GBD 村民俗类体育消费活动的支持者等，只不过，相对于 GBD 村的组织结构与家庭结构而言，这些结构在建构初期并没有表现出较高的结构嵌入，而是随着体育消费活动的不断建构，逐渐地发挥其重要的推动作用，不仅如此，随着社会结构转型的不断深入，这些结构在建构 GBD 民俗类体育消费活动的同时，也建构着其他类别的体育消费活动，使得 GBD 村的体育消费活动逐步呈现多元化的特征。

反过来看，体育消费对于社会结构的建构主要表现为职业结构和阶层结构两个方面。对于职业结构而言，民俗类的体育消费活动本身是以具有特色的传统节日习俗活动为载体而逐步展开，这就决定了参与此类消费活动的主体主要是由一群有一定文艺基础、喜爱文艺演出的爱好者组成的，起初可能只是业余性质的，不过随着 GBD 村文化旅游产业的发展，他们将会从业余爱好者向文艺工作者转变，其中也可能会出现经纪人、策划人、演艺管理人员等，这些转变将彻底改变 GBD 村原有的职业结构，村民不再仅仅依靠租赁服务为生计，将会有更多的职业选择，职业结构将日趋多元化。另外，在民俗类体育消费活动的带动下，

不仅仅是文化旅游产业，其他如餐饮、娱乐、休闲产业也将会在 GBD
村扎根发展，这些不同产业所要求的不同职业岗位，将进一步加剧
GBD 村职业结构的分化，村民的职业角色将进一步转换。在职业结构
不断分化的基础上，GBD 村的阶层结构分化也将越来越不明显，主要
表现为私营企业主阶层、个体工商户阶层、商业服务阶层的数量将进一
步增加，而城市无业、失业和半失业人员阶层和农业劳动阶层的数量将
进一步减少，因为他们可以在 GBD 村找到更多的工作机会，既可以选
择全职工作，也可以选择兼职工作，他们的身份不再是失业者或农民，
他们已经进入了商业服务阶层，乃至个体工商户阶层。

三　资本嵌入：体育消费的区隔过程

从 GBD 村的社会结构转型特征来看，村民既是建构这些具体的社
会结构的主体，同时也是建构过程中的受益群体，他们随同社会结构的
改变而改变，不仅获得了较高的经济资本，一定的社会地位，也获得了
一种全新的城市化的生活方式。但是，细致分析之后可以发现这些获得
的基础是不稳定的，一方面村民的经济资本获得途径比较单一，基本上
是基于"寄生性经济"通过出租房屋获得的；另一方面村民生活的背
后依然缺乏行之有效的制度性保障，如缺乏以养老保险、医疗保险、劳
动保护、失业保险、残疾保障、社会福利体系为主体的社会保障体系，
缺乏以国家承担为主的公共投资体制等，这些困境是村民不得不面对和
考虑的，所以，尽管他们在建构过程中有了一定的经济资本保证，但是
仍然迫切需要一种新的经济增长点来不断地扩展自己的经济资本贮量以
应对这些困境，于是，GBD 村的民俗文化产业应运而生。可以说，经
济资本的嵌入使得这些社会结构的建构者逐渐形成一个利益共同体，并
深刻影响着他们的体育消费意识、消费行为以及消费方式，通过这些影
响不仅帮助开启了一个具有特色的民俗类体育消费市场，也激活了
GBD 村的文化旅游产业。

然而，在这个市场之中，或者说在这些体育消费实践活动之中，对
经济资本、社会地位有着同样强烈要求的私营企业主阶层，他们也属于
既得利益的阶层，他们无须再投入更多的广告成本就可以共享由此类体
育消费市场所带来的品牌推广效应，并从中发展了购买自己产品的消费
群体和销售网络。尽管他们受益其中，但是他们却较少身体力行地参与

这类体育消费市场的共建，他们有着不同于村民的体育消费意识、体育消费方式和体育消费行为，并逐渐表现为一种区隔。这时，体育消费作为一种独特的消费实践活动，正成为区分 GBD 村民与其他社会阶层地位的符号与象征。前者是结构与资本的强嵌入过程，是作为一种品位来区分，更多地表现为集体认同的过程；后者是结构与资本的弱嵌入，是作为一种时尚来区分，更多地表现为自我认同的过程。

1. 体育消费意识的区隔

尽管 GBD 村的村民已经初步完成了"城市人"身份的转换，但是，他们在生活方式上仍然保留着传统的、保守的或者说是懒散的、不积极的惯习，这些惯习直接影响着他们的体育消费意识，不追求时尚与潮流、不追求品牌与享受，只认可符合自己身份、能够体现出 GBD 村民俗文化传统的体育消费活动。最重要的是，在他们的消费意识中，积极参与其中不仅可以锻炼身体、增进村民间的了解，而且能够推动村子的文化产业发展，间接地获得一定经济资本的保证。这可以说是 GBD 村的社会结构与经济资本强嵌入的一种具体体现，它们深刻地影响着村民的体育消费意识，塑造了一种具有"品位"的体育消费活动。与之不同，因为没有城乡二元结构的束缚，没有城市身份的转换过程，GBD 村的私营企业阶层并不需要通过体育消费活动来完成某种"集体身份"的塑造，而且，他们也不需要借此来提高自己的经济资本贮量，他们有自己的提升途径，所以，他们的体育消费意识是自由的、不受到任何约束的，更愿意选择符合自己身份与地位的体育消费活动，比如去健身俱乐部、去打网球、羽毛球等一些带有时尚气息的消费活动，这些活动的选择可以说是 GBD 村的社会结构与经济资本的弱嵌入过程，反映了私营企业主阶层偏向于自我认同的体育消费意识，塑造了一种有别于"品位"消费之外的"时尚"消费活动。

具体来看，两者的体育消费意识的区隔过程主要体现在二个方面，一是观念层面。GBD 村民的体育消费意识更多地体现为以节俭为本、量入为出的中国传统消费观念，崇尚低档实惠型消费，反对追求高档享受型消费；而私营企业主阶层更多地体现为以享乐、纵欲、追求自我为主的西方消费观念，崇尚追求高档享受型消费。二是消费动机层面。GBD 村民的体育消费意识主要以追求健康为主，因为村民彼此之间都比较熟悉，较少存在社会交往的动机；而私营企业主阶层在体育消费实践过程中既追求健康，也重视社会交往。三是潜意识层面。GBD 村民和私营企业主都潜意识地想通过体育消费活动来建构自己的身份，只不过前者是通过塑造一种"品位"消费来实现，而后者是通过塑造一种"时尚"消费来实现。

2. 体育消费方式的区隔

GBD 村民与私营企业主在体育消费方式上的区隔过程主要体现为，一是具体活动内容的参与方式。前者比较注重直接消费的方式，这从村民的运动时间的安排中可以看出，他们有固定的时间来进行民俗类体育消费活动，比如红绸子秧歌队每天都有晨练，而且每周一、三、五晚上是固定的会演时间。相对来说，私营企业主阶层在体育消费活动中不仅采用直接消费的方式，也通过一些间接的手段或方式来进行体育消费活动，比如通过电视、网络观看自己喜爱或直接参与的比赛项目。一方面及时了解这方面的最新信息，拓宽自己的知识面，有利于促进在消费过程中与同伴、朋友间的交流；另一方面还可以从中学习一些技巧或技能，有利于提高自己的技能水平，从而能够增强自我的效能感与成就感。可以说，间接的体育消费方式表明了一种文化资本的习得过程，它不仅仅提高了体育消费者的阅读、模仿以及交流等能力，并且贯穿于体育消费者运动技能学习过程之中，提高了体育消费的质量，进一步激发了持续进行体育消费的动力。因此，从此方面来看，与私营企业者阶层的区隔就在于村民在这种文化资本的习得方面是缺失的。在他们看来，这种习得过程是不值得的，也没有必要，只需要采用简单的、重复的、直接的体育消费方式就可以将民俗类的体育消费活动进行得很好。这样的话，私营企业者如果参与其中就无法从民俗类的体育消费活动中找到这种习得过程，也就无法很好地体现出自我的价值，最终也只能选择放弃，而两者的区隔也越来越大。二是体育消费支付方式。私营企业者阶层在体育消费支付方式上往往选择会员卡的支付方式，这种支付方式简单、方便和快捷，不仅能够体现出城市时尚的气息，也能够给予人们拥有财富的想象，标明了你属于哪个俱乐部的会员身份，具有典型等级性质的符号消费特征，有建构个人身份与社会地位的功能。与之不同，村民的民俗类体育消费活动并没有涉及严格的会员制度，参与者来去自由，并不需要用会员卡来表明你属于哪个训练队伍，属于哪个层次的消费水平，在这里每一个人都是平等的参与者，与你所拥有的经济资本贮量无关，不存在具有等级性质的符号消费特征，而是一种建构集体身份的符号消费。因此，支付方式的不同，使得私营企业者是不可能在民俗类体育消费活动中来实现个人身份与社会地位的建构，只能选择能够实现这一目标的体育消费活动，同样，村民对于这种带有识别和辨认功能的会员卡支付方式也有一定排斥，他们并不想被识别出自己的经济资本贮量以及自己的身份（办理会员卡往往要填写个人信息），所以，宁愿选择一种较为安全的消费方式来进行体育消费，也较少尝试这些时尚的体育消费，最终，两者之间逐渐形成了一种消费方式的区隔。

3. 体育消费行为的区隔

GBD 村民与私营企业主在体育消费行为上的区隔过程主要体现为，一是运动身体的表达不同。除非集体会演时，一般情况下 GBD 的村民在进行体育消费的时候，对于运动的装束并不是很讲究，他们很随意地将自己的身体形象与运动联系在一起，根本不在乎自己运动的身体能够演绎什么丰富的内容。与 GBD 的村民不同，私营企业主阶层在进行体育消费之前往往会花费较长的时间来做一些准备工作，比如根据体育消费的项目来选择合适的运动服装、运动鞋以及运动装备，当然可能还会准备一些运动补养品以及要更换的衣服，他们精心准备有时到了十分挑剔的程度。这样的行为其实是对自己即将运动的身体进行彻底的时尚包装，他们想让人们知道自己的存在，而且是以运动时尚的方式存在，因为这种时尚代表着健康、充满活力与朝气的生活。二是运动空间的选择不同。在参与体育消费的过程中，私营企业主阶层对于运动空间的选择往往是挑剔的，不仅仅要求一个私人拥有的物理空间，而且还要是一个社会互动的空间。在这个运动空间里，要有友好的服务人员、周到的服务、洁净的地板、适宜的温度以及敞亮的运动区域，这样他们才能感觉到时尚的、现代化的气息，才有强烈的归属感，才能够体现其阶层地位。与私营企业主阶层不同，GBD 村民往往会选择村子的中心广场作为参与体育消费的运动空间。在他们看来，这个空间首先是不涉及任何经济资本支出的，是大家集体共享的，最重要的是安全的、熟悉的、有继承性的。因为，这个空间有传统的历史，记载着他们的祖辈在这里进行民俗文化活动的辉煌过去，他们走进这个空间进行体育消费就是踏着先人的脚印在前行，有着特别的感情，有着强烈的使命感与归属感。这可以说是带有祭祖色彩的体育消费行为，既反映了村民对于 GBD 悠久体育文化的集体认同和传播过程，也反映了一种社会互动的关系。

那么，从运动空间所反映的社会互动关系来看，尽管私营企业主与村民同为体育消费者，但是两者之间的区隔就在于后者的体育消费行为反映了村民更多的角色扮演，而这些角色是私营企业主不能理解的、也不认同的。在他们心目中，那些传统的、复古式的体育消费行为只不过是对于历史文化的机械式复制，根本不存在体育消费的过程。而真正的体育消费是通过经济资本的有效支出将自己打造成为一个时尚的、现代体育消费者，不会与任何乡土的气息相联系来影响这种形象。因此，他们的体育消费行为从采取行动、产生方案到问题解决的过程都体现出一种精于算计的资本转化过程，也就是投入一定的经济资本来获得由运动的身体、运动的空间所孕育的包含健与美、休闲与娱乐、时尚与品位的各种符号表达，从而完成自己个人身份的建构。其实，在这里不能说村民的体育活动不存在体育消费过程，这些活动也有一定的经济资本投入，只不过是以节省化的方式表现出来，而且最重要的是村民的体育消费行为从采取行动、产生方案到问题解决的过程是一种与之截然相反的资本转化过程。在村民看来，成为一个体育消费者是次要的，他们不仅仅只是享受参与其中的快乐，而是借此促成一个文化产业，重新获得更多的经济资本，从而完成集体身份的建构。可以说资本转化过程的不同，才是两者体育消费行为真正区隔的所在。

四　建构社会：体育消费的生产过程

尽管城中村的不同社会阶层在体育消费实践过程中有一定的区隔，特别是在土生土长的本地村民与外来私营企业主之间表现最为明显。但是随着社会结构变量对于体育消费的建构作用不断增强，一些民俗类的体育消费实践活动逐渐演化为一种生产过程，并产生了建构社会的反作用力。也就是说，体育消费实践活动逐渐从早期的结构与资本建构转变为建构新的结构与资本要素。这时，一些被生产出来的体育文化产品开始带来前所未有的市场机会，这些市场机会对于村民以及对"经济资本获得有着同样诉求"的私营企业主阶层而言都是意想不到的，于是，双方逐渐统一了认识，结成一个利益共同体，共同努力来维持这个"同荣共生"的体育消费市场。具体地，私营企业主阶层虽然不会身体力行地直接参与到这一市场的共建中去，但是他们会提供一定的赞助或资金来从中协助与支持，表现为一种间接参与的过程。而本地村民则是身体力行地直接参与到这一市场的共建中去，他们会定期训练，适时表演，使得体育消费实践活动逐渐成为一种符号与象征，一种组织认同和阶层认同的符号化活动，他们在体育消费的同时也在提供一种服务，既服务于自己的，也服务于整个村子的民俗文化产业发展。最终，GBD 村的体育消费实践活动既表现为一种服务性的生产特征，也使得 GBD 村的各种社会结构力量有了明显的区分性，私营企业主阶层与原村民阶层划分更加明显。

第六章　结构与资本：转型时期
体育消费结构特征模型
构建与分析

第一节　基于"密集度"和"卷入度"
概念的因变量分析

一　不同密集度的体育消费行为测量

"密集度"是一个相对的概念，是指在一年之内家庭商品平均生产的每月物品消费金额与每月时间消耗的比值。当这个比值大于 1 时，消费活动将倾向于物品密集型；当这个比值小于 1 时，消费活动则倾向于时间密集型。这一概念已经在第四章和第五章的内容中有过论述并应用分析。因此，基于不同密集度的体育消费行为测量也将继续根据第五章内容中有关体育消费类型与体育消费次数之间的交互分析结果来予以设定。也就是采用收费方式的体育消费在一个月内的总体消费时间较少，从而表现为较多物品密集型的特征，而采用不收费方式的体育消费在一个月内的总体消费时间较多，从而表现为时间密集型的特征。并以此特征表现为基础，根据是否收费选择的方式在不同体育消费内容中的具体体现，将选择收费方式的体育消费内容定义为物品密集型体育消费行为；设定变量赋值为 1，将选择不收费方式的体育消费内容定义为时间密集型体育消费行为，设定变量赋值为 0，从而将体育消费行为与体育消费内容有机地联结在一起，共同构建基于"密集度"的体育消费结构特征模型。

二　不同卷入度的体育消费行为测量

"卷入度"也是一个相对概念，是指人们参与体育消费实践活动的涉入程度，具体表现为人们在购买决策、实际参与过程中投入的时间与精力的多少。因此，可以根据投入的多少或程度的大小，分为高卷入度与低卷入度两种体育消费行为或体育消费实践活动。这在第三章和第五章的内容中也有过详细的论述并应用分析。因此，研究将继续根据第五章内容中运用"两因素体育消费行为"的方法来测量体育消费行为的卷入度。如表6-1所示，通过加权求和来计算体育消费行为的指数，不同的指数范围代表不同的体育消费行为等级，共有五个等级，依次是高、较高、一般、较低和低。在基础上，依次赋值为5、4、3、2、1来代表体育消费行为的卷入度，也就是指不同卷入度的体育消费行为变量。

表6-1　　　　　　　　加权合并后的体育消费行为指数

消费次数等级	体育消费次数加权值	体育消费时间等级	体育消费时间加权值	体育消费行为指数计算	体育消费行为指数	体育消费行为等级
Ⅰ	5×7	Ⅰ	5×4	5×7+5×4=55	55—52	Ⅰ（高）
Ⅱ	4×7	Ⅱ	4×4	4×7+4×4=44	51—41	Ⅱ（较高）
Ⅲ	3×7	Ⅲ	3×4	3×7+3×4=33	40—30	Ⅲ（一般）
Ⅳ	2×7	Ⅳ	2×4	2×7+2×4=22	29—19	Ⅳ（较低）
Ⅴ	1×7	Ⅴ	1×4	1×7+1×4=11	18—11	Ⅴ（低）

注：（1）体育消费次数等级：1. 少于一个月一次；2. 大约一个月一次；3. 一个月几次；4. 一个星期几次；5. 几乎每天。

（2）体育消费时间等级：1. 10分钟左右；2. 30分钟左右；3. 50分钟左右；4. 70分钟左右；5. 90分钟以上。

第二节　基于社会结构、文化资本和经济资本的自变量分析

一　文化资本

根据布迪厄的资本理论、Collins（1979）以及 Holt（1997，1998）的评论，大家都认为，所有的文化消费包括体育消费都要求一种像知识

与技能一样的偏好与品位，那就是包含着教养与教育文化水平的文化资本。在这里，文化资本所指的就是制度化的学历水平。根据这一定义，White 和 Wlison（1999）、Thomas C. Wlison（2002）都用教育文化学历水平来作为测量文化资本的工具分析不同社会阶层的体育参与或体育消费。但是，也有其他学者如 DiMaggio（1982）、DiMaggio 和 Mohr（1985）、Dimaggio 和 Useem（1978）以及 Holt（1997）都认为，布迪厄的文化资本不仅仅只包含制度化的教育文化水平，还包含着一些高级的文化活动以及一些抽象的形式，比如艺术活动、生活方式、态度、语言、风格等。其实，应该可以想象到，这些抽象的形式不仅代表着并能够潜移默化地影响着个体的文化资本量增加，也就是说，个体的文化资本具有动态变化的特征。因此，本书将在此基础之上，从个体的最初学历水平、现有的学历水平以及专业资格证书数量三个方面来测量个体的文化资本，从而希望能够真实地反映它的内在本质特征。

二　经济资本

同样，根据布迪厄的资本理论，White 和 Wlison（1999）、Thomas C. Wlison（2002）都用家庭收入水平来作为测量经济资本的工具分析不同社会阶层的体育参与或体育消费。但是，李培林和张翼（2005）通过 1999 年的重庆调查数据，分析了"个人月收入"和"家庭收入"对于消费分层的影响，发现"个人月收入"这一变量可以通过"家庭人均月收入"这一变量对所处的消费阶层产生显著影响，所以，仅仅采用家庭收入水平这一单一指标测量经济资本有待于商榷。不仅如此，居民的消费支出结构也是评估其经济资本量大小的重要指标，特别是支出结构中的文化消费支出，这一支出水平与体育消费有着重要的紧密联系。综合分析之后，本书将从个人月收入水平、家庭收入水平以及消费支出结构三方面来测量个人的经济资本，从而希望能够真实反映出它的内在本质特征。

三　社会结构

社会结构这一变量比较复杂，尽管帕森斯对其做出了确切的定义，认为社会结构是由规范、制度、组织和角色四方面结构要素组成的，但是这些要素比较抽象，并不能够用于定量分析。因此，本书将应用李培林（1991）、陆学艺（1997）以及美国当代结构主义理论大师彼特·布劳（1991）关于社会结构的实体内容的研究，也就是说，社会结构可以由一定的结构参数加以定量描述，包括从水平方向对社会位置进行区分的类别参数，如性别、宗教、种族、职业等，以及从垂直方向对社会位置进行区分的等级参数，如收入、财富、教育、权力等。[①] 结构参数就是社会结构与社会行动者的属性。这两类参数之间可以相互交叉，也可以相互合并，从而对社会结构这一变量进行合理的解释。具体的结构参数设定为：

（1）职业结构。包含三个层次：①同农业相联系的各种职业为主的人口职业结构；②同工业相联系的各种职业为主的人口职业结构；③以服务为特征的各种职业为主的人口职业结构。其中，基于样本抽样的限制，本书只区分为后两种职业结构，并将其设定为虚拟变量。

（2）年龄结构与性别结构。性别结构分为男性与女性，设置为虚拟变量；年龄结构分为 20 岁以下、21—30 岁、31—40 岁、41—50 岁、51—60 岁共 5 个等级，设置为等距变量。

（3）收入结构与阶层结构。收入结构（元/月）分为 2000 元以下、2001—3500 元、3501—5000 元、5001—6500 元和 6501 元以上共 5 个等级，设置为等距变量；阶层结构分为社会上层、中上层、中中层、中下层和社会底层共 5 个等级，设置为等距变量。[②]

（4）组织结构与教育文化结构。组织结构分为国有企事业单位和非国有企事业单位，设置为虚拟变量；教育文化结构分为初中毕业及其他、高中或中专毕业、大学专科毕业、大学本科毕业和研究生毕业共 5 个等级，设置为等距变量。

---

① 彼特·布劳著：《不平等和异质性》，王春光、谢圣赞译，中国社会科学出版社 1991 年版。

② 自塞特斯开创性地使用这一调查内容以来，它已成为阶层结构研究的一个经典性的题目。塞特斯在其问卷中这样提问："如果你必须用中层、下层、工人层、上层这几个名称来说明你的社会阶层，你属于哪一个？" See R. Centes, *The Pschology of Social Classes: A Study of Class Consiousnes*, Princeton: Priceton University Press, 1949, p. 233.

第三节 基于体育消费意识和消费支出的中介变量分析

一 体育消费意识

无论是研究体育消费形成与生长的微观机理，还是宏观解读转型时期的体育消费特征，体育消费意识无疑是一个重要的解释性中介变量。正如 Funk 和 James（2001）依据体育消费者的认知过程，通过建立心理区间模型来研究体育消费者、体育运动与运动员之间的关系时所提到的"体育观看者和体育迷对于特定于体育运动和运动队可能形成不同的心理联系，而这些心理联系往往是从体育消费意识开始"。如图 6 - 1 所示，心理区间模型主要是由意识、吸引力、依恋和忠诚四大通用界限组成的，并且在模型的垂直方向上有层级性的特征，意识是最初开始的。除此之外，还注意到 Funk 和 James（2001）在模型中提到"体育消费意识与体育社会化或媒体之间的联系"，也就是说，体育消费意识最初可能是浅显的，但随着社会化过程或者是媒体的作用，这一变量会变得相对复杂。因此，本书在充分考虑到社会化过程或媒体作用的基础上，将体育消费意识作为潜在变项，是由学习意识、社会认同意识、健康与技

图 6 - 1 Funk 和 James 的体育消费者行为模型

能意识、社会身份意识以及社会交往意识共 5 项观测变项组成。这 5 项观测变项值是由前面经由信度与效度检验之后的体育消费意识问卷测量所得，每题都是 5 分题，从非常符合（得 5 分）到非常不符合（得 1 分）。

二　体育消费支出

体育消费支出往往是由经济资本驱动、以货币支出的形式出现的，而货币支出、经济资本驱动则是体育消费实现的前提条件，因此，体育消费支出可以说是宏观解读转型时期体育消费特征的重要解释性中介变量。来自澳大利亚国家统计局 1998—1999 年关于澳大利亚住户在体育与休闲娱乐方面的消费支出情况调查显示，在 1998—1999 年间，澳大利亚居民总共在有选择的体育与休闲娱乐方面的支出为 4092.6 美元，平均每周体育消费支出为 11.02 美元。可见，体育消费支出的货币支出形式是比较具体的、客观的。不仅如此，如表 6 - 2 和图 6 - 2 所示，体育消费支出大体主要集中于对体育运动设备、服装和鞋帽的消费支出，运动设施的消费支出以及体育培训方面的消费支出等内容。因此，以此为依据，本书的体育消费支出作为潜在变项，主要也是从这三个方面入手设计了包含运动服装、鞋帽消费支出，运动设备消费支出以及运动设施与培训消费支出共三道题目所形成的组合观测变项，从而用于测量体育消费者的消费支出金额情况，每题都采用从 300 元/年以下到 900 元/年以上共五个等级的等距测量。

表 6 - 2　1998—1999 年澳大利亚居民的体育休闲娱乐消费支出情况

	居民的体育消费支出 （美元/周）	居民的体育消费支出 （美元/年）
体育与休闲娱乐运动的交通工具	1.33	493.9
体育与休闲娱乐运动的各种设备	4.39	1630.4
体育与休闲娱乐运动的各种服务	5.30	1968.3
总计	11.02	4092.6

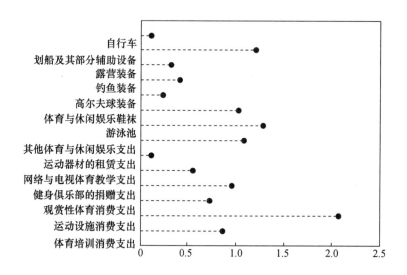

图 6 - 2　1998—1999 年澳大利亚居民的体育休闲娱乐消费具体支出内容分布

第四节　转型时期体育消费结构
特征模型的构建

一　理论模型和测量模式的假设

基于前面的体育消费社会学想象，当社会行动者进行体育消费实践活动时，"嵌入的社会结构变量" 不仅直接影响着社会行动者的资本范畴，而且还协同它所影响的资本范畴通过 "潜移默化" 的规范作用影响着社会行动者的体育消费意识、体育消费支出以及体育消费行为的变化，改变了体育消费的结构特征。如图 6 - 3 所示，也就是说，"嵌入的社会结构变量" 和 "资本变量" 对于体育消费的结构特征有着较高的建构作用。为此，在此理论模型基础上，进一步提出了 5 条测量模式假设：

（1）经济资本与文化资本的占有量与嵌入的社会结构变量之间有一定的相关关系，相互影响。

（2）经济资本与文化资本的占有量与嵌入的社会结构变量对于体

育消费意识有一定的影响。

（3）经济资本与文化资本的占有量与嵌入的社会结构变量对于体育消费支出有一定的影响。

（4）经济资本与文化资本的占有量与嵌入的社会结构变量对于体育消费行为有一定的影响。

（5）体育消费意识与体育消费支出作为中介变量对于体育消费行为有一定的影响。

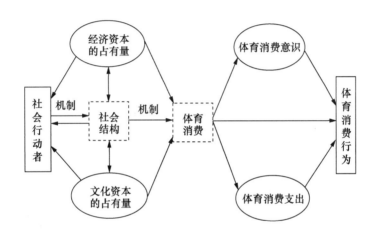

图 6 - 3　转型时期体育消费结构特征的理论模型

二　路径分析模型的构建与规定

路径分析模型是理论模型的进一步转化，是具体化的、可供假设检验的理论模型。因此，在路径分析模型的构建过程中，不仅要指明存在的潜在变项以及潜在变项和观测变项之间的关系，还要规定潜在变项与测量误差之间的关系，这样才可以进行后续模型的识别与拟合。如图 6 - 4 所示，社会结构为外因潜在变项，由性别、年龄、阶层、职业、收入、教育和组织七个外因观察变项所建构；经济资本为外因潜在变项，由个人收入、家庭收入和支出结构三个外因观测变项所建构；文化资本为外因潜在变项，由最初教育水平、证书数量和现有教育水平三个外因观测变项所建构；体育消费支出为内因潜在变项，由运动服装、运动设

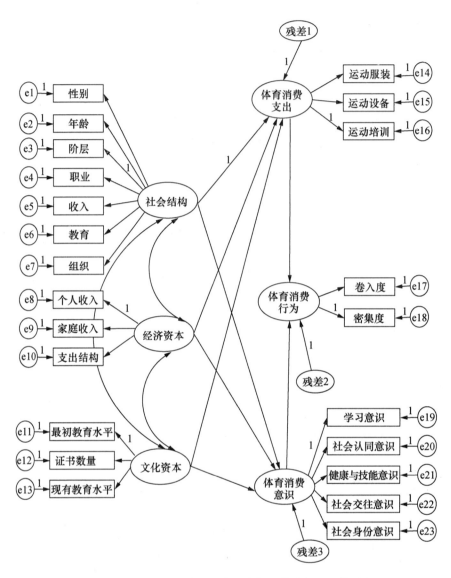

图 6-4 转型时期体育消费结构特征的路径分析模型

备和运动培训三个内因观测变项所建构；体育消费行为为内因潜在变项，由基于"密集度"和"卷入度"两个内因观测变项所建构；体育消费意识为内因潜在变项，由学习意识、社会认同意识、健康与技能意识、社会交往意识和社会身份意识共五个内因观测变项所建构。另外，从路径分析模型中箭头所指的作用方向可以看出，社会结构、经济资本与文化资本这三个潜在的内因变项是两两相互作用的关系，它们直接或间接地作用于体育消费支出、体育消费行为和体育消费意识这三个潜在的内因变项，这些正好反映出前面的 5 条测量模式假设。

在初步构建完成路径分析模型之后，有必要对模型的假设模式做进一步的规定，这可以说是接下来进行模型识别与拟合的基本原则。

（1）在其所建构的潜在因素上，每一个观察变项皆有一个不是零的负荷量，但对于其他的潜在因素之负荷量可以为 0。

（2）观察变项与其所连接的测量误差之间不相关。

（3）潜在变项与潜在变项的残差项之间不相关。

（4）潜在变项的残差项与测量误差项之间不相关。

三 路径分析模型的拟合与修正

路径分析模型的拟合与修正过程是比较复杂的，首先，要根据前面所论述过的 t - 法则对整个模型进行识别，即 t≤p（p+1）/2 是模型可识别的一个必要非充分条件，t 是估计的自由参数，p 是总的测量指标。依照此法则，本书构建的路径分析模型 t = 60 ≤ 23（23 + 1）/2 = 276，表明模型能够被识别，可以进行接下来的模型拟合与评价。其次，要根据三种模型适配检定标准和回归加权系数报表，通过不断排查和删除违法估计现象的变量来修正模型。如表 6 - 3 和附录 B 中的图 B - 1 所示，转型时期体育消费的特征模型 1 各统计检定指标都没有达到模型可以接受的水平，而且社会结构这一潜在变项与其观测变项之间的临界比率有很多未能达到显著水平，需要通过删除一些观测变项来解决这一问题。如表 6 - 3 和附录 B 中的图 B - 2 所示，通过删除社会结构这一潜在变项中的部分观测变项，得到了修正后的模型 2。模型 2 中社会结构这一潜在变项与其观测变项之间的临界比率都已达到显著水平，但是各统计检定指标仍没有达到模型可以接受的水平。另外，从社会结构与经济资本、文化资本的相关关系来看，经济资本、文化资本与社会结构之间的标准化相关系数较低，并且出现了负相关的现象，这与相关的理论及其理论假设有矛盾的地方，可能与观测变项之间的共线性有关，需要进一步对模型进行修正。

通过不断修正，最终得到了转型时期体育消费的路径分析模型 3 和模型 4，如表 6 - 3、图 6 - 5 和图 6 - 6 所示，模型 3 和模型 4 中的各统

表 6 - 3　　　　　　　不同路径分析模型的拟合与评价结果

统计检定量和 统计指标		模型 1	模型 2	模型 3	模型 4	模型 5	模型 6
		数值	数值	数值	数值	数值	数值
绝对 适配 检定	χ^2	16207. 35	10525. 49	1936. 56	1917. 92	1171. 89	1089. 02
	GFI	0. 684	0. 749	0. 896	0. 897	0. 935	0. 939
	RMSEA	0. 199	0. 188	0. 089	0. 088	0. 070	0. 068
	RMR	0. 295	0. 289	0. 106	0. 107	0. 086	0. 085
	SRMR	0. 182	0. 081	0. 072	0. 069	0. 062	0. 058
增量 适配 检定	AGFI	0. 607	0. 675	0. 860	0. 861	0. 905	0. 911
	NFI	0. 346	0. 449	0. 807	0. 809	0. 883	0. 892
	RFI	0. 254	0. 353	0. 768	0. 770	0. 849	0. 858
	IFI	0. 349	0. 452	0. 818	0. 819	0. 894	0. 902
	CFI	0. 257	0. 452	0. 817	0. 819	0. 893	0. 902
精简 适配 检定	PNFI	0. 303	0. 382	0. 670	0. 672	0. 681	0. 682
	AIC	16315. 18	10621. 49	2024. 56	2005. 92	1277. 89	1197. 02
	χ^2/df	73. 005	64. 972	15. 249	15. 102	9. 931	9. 308

注：χ^2 越小越好，至少大于 0. 05 显著水平；GFI 大于 0. 90；RMSEA0. 05 以下优，0. 5—0. 8 良好；RMR 最好低于 0. 05，或 0. 025 以下，越低越好；临界值是 0. 08；SRMR 最好低于 0. 05，或 0. 025 以下，越低越好；临界值是 0. 08；AGFI 大于 0. 90；NFI 大于 0. 90；RFI 大于 0. 90；IFI 大于 0. 90；CFI 大于 0. 90；PNFI 大于 0. 5；AIC 越接近 0 越佳；χ^2/df 严格规定小于 2. 0 或 3. 0，一般规定为小于 0. 5。

计检定指标基本上接近了标准要求的临界值，属于宽松策略下的可接受模型[①]，但仍有进一步修正的空间，特别是当两个观测变项的误差变量存在某种程度的共变关系时，会直接影响到模型的适配效果。因此，为获得严格限制策略下的最佳适配模型，也就是模型 5 和模型 6，有必要重新设定存在共变关系的误差变项，从而释放和修正参数估计。在这里需要强调的是，严格限制策略下的模型 5 和模型 6 的修正过程是以模型 3 和模型 4 为基础的，也就是说，模型 3 和模型 4 是可接受的初始模型。如图 6 - 5 和图 6 - 6 所示，从总体来看，包含有阶层、职业和年龄结构

---

① 在前面社会学研究中，由于所分析社会现象的复杂性，一般 CFI、NFI 和 GFI 等大于 0. 8 以上，就可以承认模型的合理性了。Bagozzi, R. P. 和 Y. Yi (1988) 也认为，一些研究认为 0. 9 的指标是比较保守的，如果大于 0. 8 也应是比较不错的拟合。

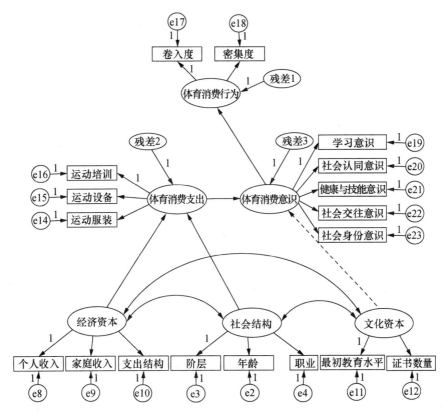

图 6 - 5　转型时期体育消费结构特征的路径分析模型 3*

的社会结构变量与经济资本、文化资本相互作用，共同影响着社会行动者的体育消费意识、体育消费支出以及体育消费行为的变化，改变着体育消费的结构特征，表现为以体育消费意识与体育消费支出作为中介变量对于体育消费行为的间接影响，这也正好反映了前面所提出的 5 条测量模式假设。但是，仔细甄别之后可以发现，当模型假定为体育消费者的卷入度是恒定的时候，那么，由密集度所表征的体育消费行为如图 6 - 5 所示，经济资本与社会结构变量对于以体育消费支出和体育消费意识为中介变量的体育消费结构特征有正向的建构（见虚线部分），而文化资本对于以体育消费意识为中介变量的体育消费结构特征有负向的建构（见虚线部分），这说明可能有压迫变项的产生，有必要做进一步

---

* 转型时期体育消费结构特征的路径分析模型 1，2 见附录。

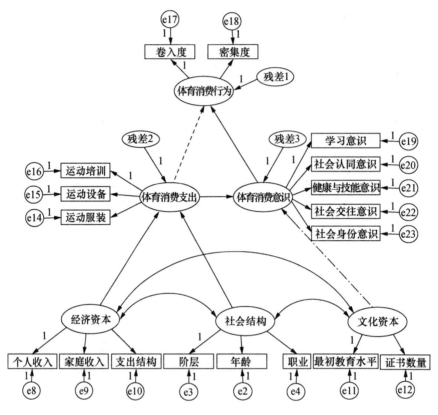

图6-6 转型时期体育消费结构特征的路径分析模型4

的侦测。由于侦测过程比较复杂，就不在研究中显示，经过侦测结果发现，体育消费支出扮演着压迫角色，也就是说，体育消费支出使得文化资本对于体育消费意识的影响由正向建构转为负向的结果。同样地，当模型假定为体育消费者选择基于密集度区分的体育消费活动是恒定的时候，那么由卷入度所表征的体育消费行为如图6-6所示，文化资本对于以体育消费意识为中介变量的体育消费结构特征仍然表现为负向的建构（见虚线部分），而以体育消费支出为中介变量影响体育消费行为的路径也呈现为负向建构，但是这一结果与日常生活的反映是一致的，因为如果体育消费支出过多的话，体育消费者将会减少参与的次数与时间，从而表现为最大理性化的选择。当然，这只是一种简单的分析与估测，至于要真正把握转型时期体育消费特征的内在联系，有必要根据修正后的模型5和模型6的显示结果做进一步细致的分析。

第五节　转型时期体育消费结构
特征的路径分析结果

本书主要的理论建构，认为"嵌入的社会结构变量"和"资本变量"对体育消费的结构特征有影响，是因为消费者处于不同社会结构之中并与之相伴而生的经济资本与文化资本量的差异导致其在体育消费实践过程中的投入不同而产生的。这些投入创造了消费者在体育消费支出与体育消费意识上的优势，引起体育消费结构特征发生变化，从而间接影响着其体育消费行为的发生过程。也就是说，"嵌入的社会结构变量"和"资本变量"对于体育消费的结构特征有着直接的影响，对于体育消费行为有着间接的影响，这种影响是通过以体育消费支出和体育消费意识为中介机制发生作用的。在这里，消费者的体育消费行为在模型中起到至关重要的作用，代表着反映结构变化的一种结果，所以，研究分别基于"密集度"和"卷入度"两种体育消费行为对转型时期的体育消费特征模型进行解读。

一　基于"密集度"的转型时期体育消费结构特征的效果分析

首先，假设消费者无论是选择物品密集型还是时间密集型的体育消费实践活动，其卷入的程度是一致的。那么，经检验之后发现，在各变量达到显著水平，符合理论预测的基础上，基于"密集度"区分的体育消费行为在模型中的 $R^2 = 0.03$。也就是说，由"嵌入的社会结构变量"和"资本变量"通过改变体育消费的结构特征来影响体育消费行为这一过程变化的解释率为3%，如图6-7所示，整个过程总共涉及五条影响路径：

（1）［经济资本］→［体育消费支出］→［体育消费行为］，其效果为 $0.45 \times 0.11 = 0.050$。

（2）［社会结构］→［体育消费支出］→［体育消费行为］，其效果为 $0.21 \times 0.11 = 0.023$。

（3）［文化资本］→［体育消费意识］→［体育消费行为］，其效果为 $-0.18 \times 0.08 = -0.014$。

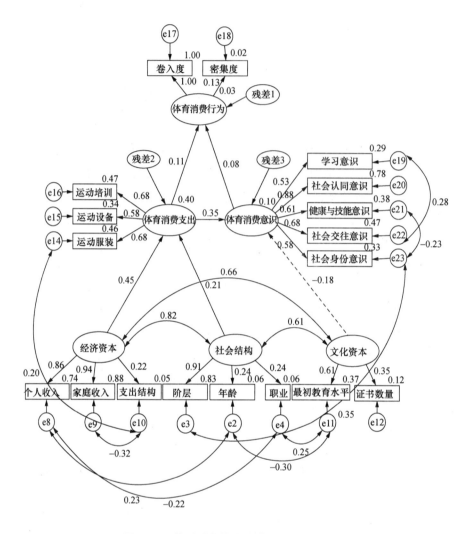

图6-7 转型时期体育消费结构特征模型5

（4）［经济资本］→［体育消费支出］→［体育消费意识］→［体育消费行为］，其效果为 $0.45 \times 0.35 \times 0.08 = 0.013$。

（5）［社会结构］→［体育消费支出］→［体育消费意识］→［体育消费行为］，其效果为 $0.21 \times 0.35 \times 0.08 = 0.006$。

从这五条路径中可以看出，经济资本是影响体育消费结构特征的第一要素，总效果为0.063；其次是社会结构要素，总效果为0.029；最后是文化资本要素，总效果为-0.014。在这里，经济资本与社会结构对于体育消费结构特征的作用为正向建构，符合理论的推测，验证了研究假设，就不再进一步进行论述了。要说明的是文化资本的作用方向为负向建构，这看似与日常生活的推理有所不同。

但是，不能就此断定这一结果不合理。因为，就表征文化资本的教育文化程度而言，根据前面的研究，从不同教育文化结构的体育消费意识的得分来看，随着教育文化程度的提高，人们的体育消费意识并没有随之增强。也就是说，两者的线性关系并不明显，而且得分最高的是高中与中专毕业学历的人群，较低的有研究生学历的人群，这也就不难理解文化资本对于体育消费意识的负向建构现象了。

二　基于"卷入度"的转型时期体育消费结构特征的效果分析

同样地，检验前要假设消费者无论在体育消费实践活动中的卷入程度如何，其在物品密集型与时间密集型之间的选择是一致的。那么，经检验之后发现，在各变量达到显著水平，符合理论预测的基础上，基于"卷入度"区分的体育消费行为在模型中的 $R^2 = 0.05$。也就是说，由"嵌入的社会结构变量"和"资本变量"通过改变体育消费的结构特征来影响体育消费行为这一过程变化的解释率为5%，如图6－8所示，整个过程总共涉及五条影响路径：

（1）［经济资本］→［体育消费支出］→［体育消费行为］，其效果为 $0.45 \times -0.24 = -0.108$。

（2）［社会结构］→［体育消费支出］→［体育消费行为］，其效果为 $0.22 \times -0.24 = -0.053$。

（3）［文化资本］→［体育消费意识］→［体育消费行为］，其效果为 $-0.20 \times 0.09 = -0.018$。

（4）［经济资本］→［体育消费支出］→［体育消费意识］→［体育消费行为］，其效果为 $0.45 \times 0.37 \times 0.09 = 0.015$。

（5）［社会结构］→［体育消费支出］→［体育消费意识］→［体育消费行为］，其效果为 $0.22 \times 0.37 \times 0.09 = 0.007$。

从这五条路径中可以看出，经济资本是影响体育消费结构特征的第一要素，总效果为 -0.093；其次是社会结构要素，总效果为 -0.093；最后是文化资本要素，总效果为 -0.018。在这里，经济资本、社会结构和文化资本统一表现为对体育消费结构特征的负向建构，看似与理论

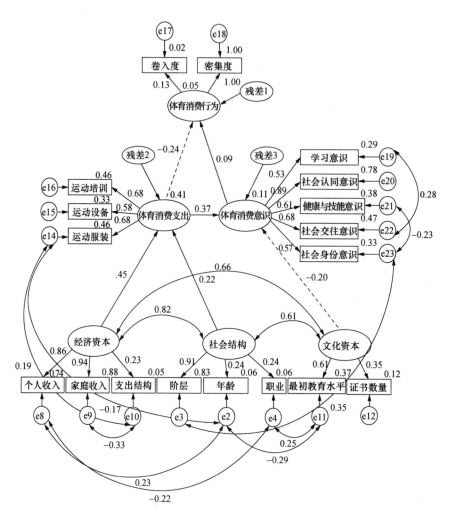

图6-8　转型时期体育消费结构特征模型6

的假设不符，但仔细剖析可以发现这种以体育消费支出为中介变量的路径却是直接体现了转型时期的体育消费"时间稀缺性"特征。因为，按照"经济人"假设以及现实生活的反映，在参与某种体育消费实践过程中，人们的理性选择往往会倾向于以较低的支出来换取最大的效用满足，这时的卷入程度也相对较高，从而达到一种均衡。但是，如果要选择体育消费支出较多的运动项目时，人们往往会倾向于通过减少参与的次数与时间来实现最大的效用满足，从而达到一种均衡。所以，基于体育消费支出对于由"卷入度"区分的体育消费行为的负向影响，才导致了经济资本与社会结构对转型时期体育消费的结构特征呈现负向建构。与之不同，两个变量基于体育消费意识路径下的建构依然是正向的，符合理论的预测。所以，研究最后在肯定经济资本、文化资本与社会结构对于体育消费结构特征有一定影响的同时，也应该看到体育消费结构要素对于体育消费行为的重要影响。

三 路径分析的最终结果与限制

通过基于"密集度"和"卷入度"两种不同的体育消费行为测量来分析转型时期体育消费结构特征效果，可以发现前期的测量模式假设基本上都得到了验证，只不过影响的路径不同，有的是直接影响，有的是间接影响。但为了科学、准确地反映转型时期体育消费结构特征效果，研究还是修正与完善了假设（2）、假设（3）、假设（4）和假设（5）的内容，从而得到最终的路径分析结果：

（1）经济资本与文化资本的占有量与嵌入的社会结构变量之间有一定的相关关系，相互影响。

（2）经济资本和嵌入的社会结构变量对于体育消费意识有一定的间接影响，而文化资本对于体育消费意识有一定的直接影响。

（3）经济资本与嵌入的社会结构变量对于体育消费支出有一定的直接影响，而文化资本对于体育消费支出没有影响。

（4）经济资本与文化资本的占有量与嵌入的社会结构变量对于体育消费行为有一定的间接影响。

（5）体育消费意识与体育消费支出作为中介变量对于体育消费行为有一定的直接影响。

从研究结果可以看出，以体育消费意识和体育消费支出为中介机制，经由经济资本的驱动、社会结构变量的嵌入以及文化资本的影响可以促使体育消费结构特征发生变化。这一变化过程不仅反映出在微观层面上体育消费形成与生长的机理，也反映出在宏观层面上体育消费与社会结构转型之间的有机联系以及运行机制。因此，本书认为，基于前面的体育消费社会学想象所构建的转型时期体育消费结构特征的理论模型有着较高的解释性。也就是说，当社会行动者进行体育消费实践活动时，"嵌入的社会结构变量"不仅直接影响着社会行动者的资本范畴，而且还协同它所影响的资本范畴通过"潜移默化"的规范作用影响着社会行动者的体育消费意识、体育消费支出以及体育消费行为的变化，改变了体育消费的结构特征。在此基础上，体育消费的结构特征在转型时期的特征影响下，一方面表现为第五章内容所论述的"阶层化"的结构性表征；另一方面表现为第四章内容所论述的"时间稀缺性"的时间性表征，从而为真实地体现时间、结构与资本对转型时期体育消费的解读奠定了理论基础。

诚然，在构建转型时期体育消费结构特征模型的过程中，涉及理论假设与可操作性变量转化的问题，仍有较多不可忽略的变量没有予以分析，例如社会化过程中家庭结构的影响，学校组织结构的影响、其他团体组织结构的影响等，以及情境因素、人格及自我控制倾向等。这些多元而且复杂交错的因素，在本书中无法进一步地解析探讨，是其最大的限制，有待于未来研究的继续。另外，需要重点说明的是家庭结构和体育消费方式两个变量，这两个变量都在第五章内容中有过论述，特别是体育消费方式变量不仅是探讨微观层面上体育消费形成与生长的重要解释性变量，而且也是宏观层面上体育消费的结构要素，但是这两个变量都没有在模型中出现。其原因是这两个变量都是定类变量，需要转化为虚拟变量或定距变量才能进入模型，但是转化之后的解释性不足，比如家庭结构可以分为只有夫妇的家庭、夫妇与孩子的家庭、母亲与孩子的家庭、父亲与孩子的家庭、其他亲属家庭、非亲属家庭和单身家庭，如果仅用核心家庭与非核心家庭两个虚拟变量或依据家庭成员数量划分定距变量都无法解释清楚这些类别。同样地，按照社会生产方式划分的现金支付、会员卡支付、信用卡支付等体育消费方式变量也存在这样的问题。因此，为保证模型的科学性与准确性，研究采用删除的方式来对待，但实际上也失去了模型构建的完整性，这可以说是研究另一个最大的限制。不过，本书还是考虑到了具有是否收费性质的体育消费方式与基于"密集度"划分的体育消费行为之间的有机联系，毕竟依据前面的论述，当体育消费方式表现为具体的消费活动内容时，体育消费行为可以成为体育消费方式的外在表现形式来共同反映体育消费的结构特征。因此，体育消费方式这一变量相对于家庭结构变量而言，限制性相对要小一些。总体而言，研究需要从理论与方法上进一步地完善才是突破研究限制的最佳策略。

第七章　全书总结

第一节　研究的结论、创新、不足与展望

一　研究结论

（1）体育消费是一种"过程性"的概念。它既可以作为一种行为过程的体育消费，也可以作为一种活动过程的体育消费，只不过前者更多地反映了体育消费者在体育产品刺激下而产生的一种心理和行为过程，而后者则更多地反映了体育消费者在宏观与微观体育消费环境影响下而出现的一种综合活动过程。在这里，无论是作为一种活动过程的体育消费还是作为一种行为过程的体育消费，经济资本驱动、货币支出是其实现的前提条件，反映了体育消费的商品或物质特性；体育参与是其实现的核心表达，反映了体育消费的效用实现特性；休闲消费则是其实现的边界表达，反映了体育消费的内容特性。当把这些特性整合在一起来分析，可以发现体育消费是一种"过程性"的概念，也就是说，它的整个发生过程至少要涉及三个层面，一是名义体育消费，指的是通过一定的货币支出购买所得的实物型和非实物型体育消费资料的消费实践过程；二是实质体育消费，指的是消费主体在体育参与过程中通过一定的身体参与和时间消耗促使不同体育消费资料获得功能性解放，满足主体需求的消费实践过程；三是体育消费表现为从名义体育消费到实质体育消费的转变过程。这个过程性概念可以通过引入"密集度"的概念来予以表达，也就是指在一年之内家庭商品平均生产的每月物品消费金额与每月时间消耗的比值；当这个比值大于1时，消费活动将倾向于物品密集型；当这个比值小于1时，消费活动则倾向于时间密集型。这样

的概念体系及其表达是关于体育消费操作性定义与测量的直接体现。

（2）体育消费是一种"结构性"的概念。它是由体育消费意识、体育消费资料、体育消费行为和体育消费方式四种结构要素组成的。其中，体育消费资料是体育消费结构要素中的最基本要素，主要功能是一方面为体育消费意识提供"价值对象"，另一方面为体育消费行为和体育消费方式提供"效用"；体育消费意识是体育消费结构要素中的主导要素，主要功能是一方面为体育消费资料提供"需求"，另一方面为体育消费行为提供"期望"；体育消费行为和体育消费方式都是体育消费结构要素中的外显表达要素，只不过前者更多地与社会生产方式联系在一起，主要表现为体育消费的社会发展特征，而后者更多地与社会活动内容联系在一起，主要表现为体育消费的具体实践过程。但是，两者不无联系，当体育消费方式表现为具体的消费活动内容时，体育消费行为也成为体育消费方式的外在表现形式，两者可以共同反映体育消费的活动过程。它们的主要功能是一方面为体育消费资料提供"效用实现"的表达，另一方面为体育消费意识提供"满足感"的表达。最后，从整个结构功能特征来看，这四种结构要素相互作用，共同影响着"结构性"概念下体育消费形成与生长的过程，使得体育消费的形成过程表现为低卷入度和高卷入度两种路径状态，使得体育消费的生长过程表现为初级、中级和高级三种不同生长阶段。

（3）集合于这两种概念体系之下，特别是作为一种结构性的概念，转型时期的体育消费具有"阶层消费"的特征。基于社会结构变量与体育消费内容、方式、意识以及行为的交互分析表明：第一，具有不同的职业结构、阶层结构、收入结构和教育文化结构的人们能够从体育消费内容的选择上反映出体育消费的"阶层消费"特征；第二，只有职业结构才能够从体育消费方式的选择上反映出体育消费的"阶层消费"特征；第三，具有不同阶层结构和收入结构的人们能够从体育消费意识方面反映出体育消费的"阶层消费"特征，特别是阶层结构变量所体现的体育消费"阶层化"特征最明显，阶层地位越高，体育消费意识越强；第四，具有不同职业结构、阶层结构、收入结构和教育文化结构的人们能够从体育消费行为方面反映出体育消费的"阶层消费"特征。

基于不同资本组合与体育消费内容、方式、意识以及行为的交互分析表明：第一，拥有不同资本总量的人们能够从体育消费内容的选择上反映出体育消费的"阶层消费"特征；第二，拥有不同资本总量的人们不能够从体育消费方式的选择上反映出体育消费的"阶层消费"特征；第三，拥有不同资本总量的人们能够通过体育消费意识反映出体育消费的"阶层消费"特征，具体表现为，拥有的资本总量越高，体育消费意识越强；第四，拥有不同资本总量的人们并不能够完全地通过体育消费行为来反映出体育消费的"阶层消费"特征。

从总体来看，社会结构变量是转型时期体育消费阶层化的主要动力，不同资本组合的嵌入是其次要动力。

（4）集合于两种概念体系之下，特别是作为一种结构性的概念，转型时期的体育消费具有"社会建构性"的特征。当社会行动者进行体育消费实践活动时，"嵌入的社会结构变量"不仅直接影响着社会行动者的资本范畴，而且还协同它所影响的资本范畴通过"潜移默化"的规范作用影响着社会行动者的体育消费意识、体育消费支出以及体育消费行为的变化，改变了体育消费的结构特征。也就是说，体育消费在"嵌入的社会结构变量"和"资本变量"的建构下表现为"社会建构性"特征。从基于"密集度"区分的转型时期体育消费结构特征模型可知，体育消费行为在模型中的 $R^2 = 0.03$，也就是说，由"嵌入的社会结构变量"和"资本变量"通过改变体育消费的结构特征来影响体育消费行为这一过程变化的解释率为 3%，解释变异较低。同样地，体育消费意识在模型中的 $R^2 = 0.10$，解释变异也比较低。但是，体育消费支出在模型中的 $R^2 = 0.40$，解释变异较高，这说明尽管"嵌入的社会结构变量"和"资本变量"对于体育消费行为、体育消费意识以及体育消费支出有一定的建构作用，但是转型时期体育消费所显现的"社会建构性"特征主要还是通过体育消费支出表现出来的，其次是体育消费意识，最后才是体育消费行为。另外，在基于"卷入度"区分的转型时期体育消费结构特征模型中，体育消费行为在模型中的 $R^2 = 0.05$，体育消费意识在模型中的 $R^2 = 0.11$，体育消费支出在模型中的 $R^2 = 0.41$，虽然每个变量的解释变异效果都有一定的增加，但是从 R^2 的效果大小排列来看，同样体现为基于"密集度"区分的体育消费结构特征，也就是说，在社会转型时期，尽管"嵌入的社会结构变量"和

"资本变量"对于体育消费行为、体育消费意识以及体育消费支出都有一定的建构作用，但是转型时期体育消费所显现的"社会建构性"特征主要还是通过体育消费支出表现出来的，其次是体育消费意识，最后才是体育消费行为。只不过两者的区别在于经济资本与社会结构变量对于由"密集度"区分的转型时期体育消费结构特征有正向建构作用，而对于由"卷入度"区分的转型时期体育消费结构特征有负向建构作用，文化资本则都表现为负向建构作用。

（5）集合于两种概念体系之下，特别是作为一种结构性的概念，转型时期的体育消费具有一种"建构社会性"和"服务性生产"的特征。从城中村的个案研究可知，在社会转型时期，城中村居民的生活中不仅有了较多不同类型的体育消费实践活动，而且有些具有地方传统特色的体育消费实践活动已经成为城中村社会结构建构的新生力量，并逐渐被塑造为一种符号与象征，表现出"建构社会性"特征。不仅如此，通过这些体育消费实践活动，还可以发现这种"建构社会性"将结构与资本进行了有机的整合，使得城中村体育消费表现出不同于其他体育消费实践活动所独有的"服务性生产"特征。具体地，也就是以城中村村民为主体的体育消费者，有着强烈的集体认同感，目的是经济资本的获得与集体身份的建构，这完全有别于村中其他社会阶层的体育消费意识以及行为。在他们看来，进行体育消费的同时也在提供一种服务，既服务于自己的，也服务于整个村子的民俗文化产业发展。他们定期训练，适时表演，共同努力将一些民俗类的体育消费实践活动逐渐演化为一种生产过程。生产出来的产品就是体育文化产业。因此，整个过程体现为一种"服务性生产"的特征。

（6）最终，转型时期的体育消费所呈现的"阶层消费"特征部分地证实了假设（1）和假设（2）的内容；所呈现的"建构社会性"特征证实了假设（3）的内容；所呈现的"社会建构性"、"建构社会性"和"服务性生产"三个综合特征证实了整个新范式下的社会学想象与理论假设。

二　研究创新

1. 理论创新

本书在总结帕森斯的结构功能主义、吉登斯的结构化理论以及布迪厄的资本理论基础上，提出了适用于分析转型时期体育消费特征的结构—资本理论。应用此理论，通过构建的理论分析框架以及实证研究，不仅准确、科学地剖析了转型时期的体育消费结构特征，而且清楚地揭示了社会结构、资本以及社会行动者三者之间的内在联系。这表明该理论具有较高的解释性和合法性，可以用于进一步拓展分析转型时期的其他社会问题，从而对完善社会转型理论、推进应用社会学研究领域的发展有着重要的理论价值。

2. 概念创新

本书在探讨体育消费的属性，厘清体育消费相关概念以及边界的基础上，提出了全新的体育消费概念体系。也就是，广义的体育消费是指消费者在选择、购买、使用和处理体育产品与服务过程中所引起的一切现象和关系的总和。前半部分是定义的外延，后半部分是定义的内涵，也就是说无论是作为买方的消费者，还是作为提供体育产品与服务的卖方—经营组织机构都是为保证一系列现象和关系的发生和运行而提供相应的服务的一种决策过程和身体活动；还可以是指消费者选择、购买、保用和处理体育产品与服务的一种决策过程和身体活动；还可以是指消费者选择、购买、使用和处理体育产品与服务的一种社会现象和身活动；还可以是指消费选择、购买、使用和处理体育产品与服务的一种文化现象和身体活动。

并且，本书又在此基础上提出了体育消费的"过程性"和"结构性"操作性定义，引入了"密集度"和"卷入度"来测量体育消费从名义体育消费到实质体育消费的转变过程，评估体育消费资料、体育消费意识、体育消费方式以及体育消费行为四种结构要素的变化规律。

3. 内容创新

（1）本书基于体育消费类型与体育消费次数之间的交互分析结果，也就是采用收费方式的体育消费在一个月内的总体消费时间较少，从而表现为较多物品密集型的特征，而采用不收费方式的体育消费在一个月内的总体消费时间较多，从而表现为时间密集型的特征。并以此为依据，对其与不同体育消费内容进一步进行交互分析与标准化残差分析，凡是出现有显著性差异（P < 0.05）的体育消费内容，根据比例大小，将倾向于选择收费方式的体育消费内容定义为物品密集型体育消费，包括游泳、网球、高尔夫、跳舞、真人 CS 拓展训练、爬山与露营、钓鱼

休闲、瑜伽与塑体、保龄球、漂流与极限、骑马、滑雪和现场看比赛共13 个消费项目；将倾向于选择不收费方式的体育消费内容定义为时间密集型体育消费，包括乒乓球、足球、篮球、慢跑和电视看比赛共 5 个消费项目。如果没有出现有显著性差异的体育消费内容，既可以认定为物品密集型也可以认定为时间密集型体育消费，包括排球、武术、羽毛球与力量训练 4 个体育消费项目。

（2）本书采用加权求和的评价方法，构建了"两因素体育消费行为指数"。首先，将体育消费次数和体育消费时间各划分为五等级：其一，体育消费次数等级：①少于一个月一次；②大约一个月一次；③一个月几次；④一个星期几次；⑤几乎每天。其二，体育消费时间等级：①10 分钟左右；②30 分钟左右；③50 分钟左右；④70 分钟左右；⑤90 分钟以上。然后，分别设定体育消费次数和体育消费时间的加权值，通过加权求和来计算体育消费行为的指数，不同的指数范围代表不同的体育消费行为等级，共有五个等级，依次是高、较高、一般、较低和低。在这里可以根据研究需要，设定等级Ⅲ为参照标准，以体育消费行为指数 30 为临界值，大于或等于 30 的体育消费行为指数为高卷入度体育消费，而小于或等于 29 的体育消费行为指数为低卷入度体育消费。

（3）本书提出了由学习意识、社会认同意识、健康与技能意识、社会身份意识和社会交往意识五个维度构成的体育消费意识高阶假设模型。

（4）本书通过结合我国的行业分类特点，在综合考虑收入、职业结构和社会地位分层的基础上，根据布迪厄的阶层化理论对我国转型时期的社会各阶层进行系统分析，从而探索性地将社会各阶层划分为由我国党政机关组织管理下的雇主和雇员两大社会阶层，雇主阶层主要由占有高经济资本、高文化资本的职业经理阶层和占有高经济资本、低文化资本的私营企业主阶层组成；雇员阶层主要由占有中等经济资本和文化资本的新雇员阶层、占有低经济资本和高文化资本的专业性技术服务阶层以及占有低经济资本和低文化资本的产业工人、非专业性服务阶层组成，最终我国的社会阶层划分为职业经理阶层、私营企业主阶层、新雇员阶层、专业性服务阶层和非专业性服务阶层共五大社会阶层。

4. 方法创新

本书通过应用多种多元统计分析量化方法，特别是应用结构方程模型的初阶、高阶验证性因子分析、路径分析法分别构建了初阶体育消费意识模型、高阶体育消费意识模型、基于"密集度"的转型时期体育消费特征模型以及基于"卷入度"的转型时期体育消费特征模型，从而清楚地、科学地表明了转型时期的体育消费结构特征。

三　研究不足

（1）抽样问题。限制于时间、研究经费等条件因素，本书在样本数量上略显不足，只按照每组比较研究样本量为 30 个的原则抽取了 550 个样本，未能达到跨省市研究所要求的 1000 个样本以上。另外，在抽样方法上，本书只是遵循一定的科学原则对于北京、济南和贵阳三个城市区域的样本分布以及样本在阶层上的分布进行了分层抽样处理，未能充分地考虑经济与社会发展水平的不同和地区性跨文化差异的影响，特别是农村区域，也就是由村委会建制的人口样本。当然，研究中也有涉及城中村的个案研究来弥补其不足，但是就反映中国社会转型时期而言，未能科学地抽取到农村区域的人口样本还是略显不足。

（2）阶层划分的问题。阶层划分是一个复杂的问题，因为一个人的阶层地位是由教育文化水平、收入、职业、社会声望等多元指标组成并评价的，单一维度的指标对于一个人阶层地位的评价并不准确。所以，本书初步设想是在总结我国行业分类特征以及职业结构的基础上，通过进一步分析不同行业从业人群的收入以及教育文化水平两个综合指标来进行科学的阶层划分。但是，在具体的划分过程中才发现，要想科学整合所有的多元指标来进行评价也并非易事，这是涉及社会学、经济学与统计学综合应用的系统过程，既要考虑到整个阶层划分的结构效度，也要考虑到其内容效度。比如，研究中产业工人阶层中的电力、燃气和水供应行业在文化资本构成与经济资本总量方面要明显高于产业工人阶层内部的其他行业，与专业性服务阶层差不多，理应划入这一阶层，但是这一行业在企业性质与从业人员的社会身份等特征上又与产业工人阶层相近，这时如何取舍就决定了整个阶层划分框架的效度。当然，还有一些随着工业化、现代化的发展而涌现的新的职业群体，比如农民工群体，他们的职业属性与行业定位都比较模糊不清，如何区分与定位都会直接影响到整个阶层划分的效度。对于这些问题非常遗憾的是，本书未能全面、系统、科学地进行逐一分析与归类，只能以此研究为基础期待进一步深入研究。

（3）引入"密集度"概念的适用性问题。"密集度"是一个相对的概念，是指在一年之内家庭商品平均生产的每月物品消费金额与每月时间消耗的比值。当这个比值大于 1 时，消费活动将倾向于物品密集型；当这个比值小于 1 时，消费活动则倾向于时间密集型。如果根据此定义原则，在引入这个概念分析转型时期的体育消费特征时，就需要调查出一年之内家庭商品平均生产的每月体育产品与服务消费金额具体是多少，以及每月时间消耗的具体金额是多少，进而才能估算其比值，确定此类体育消费活动是物品密集型还是时间密集型。但是，这样的调查本身具有一定的难度，特别是对于非官方性或集体性调查而言，数据反馈的误差较大，会严重降低其调查的真实性，所以，本书只能采用体育消费类型与体育消费次数的交互分析结果来进行大体估测，虽然未能准确地体现出"密集度"概念的定义原则，其科学性有一定的不足，有待于进一步检验，但是可以保证数据反馈结果的真实性。顾此失彼，本书只能选取较为折中的办法。

（4）编制的《城镇居民体育消费意识问卷》的适用性问题。依据前面所分析的，体育消费意识是一个比较复杂的概念，往往会随着社会化过程以及媒体的作用而发生改变，这样的话，要想准确地确定体育消费意识的各个维度就并非一件很容易的事情。而且，体育消费意识在作为直接参与体育健身和户外活动的体育消费者与作为观众的体育消费者之间也是有一定区分的，前者可能会有较为强烈的健康与技能意识，而后者可能就不会有这方面的意识存在，甚至可能还不会有社会交往、社会认同等意识。不仅如此，体育消费意识在不同体育消费内容之间也会有一定的区分，这也是需要注意的。不过，国外的相关研究，如 Trail 和 James（2001）在编制与修订《观赏性体育消费动机量表》时，发现人们在观赏比赛的过程中也会有社会交往意识、社会认同意识、学习意识以及健康意识的产生，只不过是以另外一种方式呈现的，并在强度上与直接参与体育健身和户外活动的体育消费者有一定差别。这说明体育消费意识在两类体育消费者之间是有重叠的，区分性也是比较模糊的。

另外，Shoham 和 Gregory（2000）在调查研究人们的预期效用与参与篮球、游泳、慢跑以及自行车四项体育运动之间的联系时，发现包含惊奇、冒险的学习意识以及社会身份意识是在参与这些体育运动过程中所共同反映的。这说明体育消费意识在不同体育消费内容之间是否有区分性也有待于商榷，如果没有的话，就完全可以统一地进行测量。

尽管如此，不可否认的是本书所编制的《城镇居民体育消费意识问卷》在编制与测量过程中只是考虑到在体育消费操作性定义下如何识别出体育消费的效用实现所可能涉及的体育消费意识各个维度，太注重于作为一个效用实现表达的体育消费意识测量，而忽视了不同体育消费者与不同体育消费内容对其所产生的影响，缺乏一定的针对性也是既存的事实。这在模型中也有一定的反映，由基于密集度和基于卷入度的体育消费结构特征模型可知，体育消费意识对于体育消费行为的作用力分别为 0.08 和 0.09，相对较低，其原因可能也在于此，未能有效甄别出具有共同性表征的体育消费意识测试项。因此，关于体育消费意识的研究有进一步修正与完善的空间。

四　研究展望

（1）体育消费结构性概念的完善。基于由体育消费意识、体育消费行为、体育消费资料和体育消费方式四种结构要素组成的体育消费结构性概念，本书较为全面、系统地剖析了体育消费与社会结构、资本之间的内在有机联系，阐释了转型时期体育消费的"阶层消费"特征，但是，仍有进一步完善的地方。其中，就体育消费意识而言，所编制的由 27 个测试项组成的《城镇居民体育消费意识问卷》比较偏重于作为参与者的体育消费者参加体育健身和户外体育消费活动的心理研究，而对于作为观众的体育消费者而言，此研究的适用性较差，有较多的测试项目需要重新编制与修正才能用于测量。进一步的研究可以借鉴 Wann（1995）、Milne 和 McDonald（1999）、Trail 和 James（2001）、Funk（2001）相继开发的 SFMS（球迷动机量表）、O－MSC（体育消费动机量表）、MSSC（观赏性体育消费动机量表）、运动兴趣目录（SII）来编制适合中国城镇居民的《观赏性体育消费意识量表》，并与《城镇居民体育消费意识问卷》进行比较分析，以便能够甄别出具有共同性表征的体育消费意识测试项，从而完善体育消费意识的测量。另外，就体育消费行为而言，需要进一步解决引入"密集度"概念的适用性问题，也就是重新设计一个独立的、更为合理的问卷来调查中国城镇居民一年之内家庭商品平均生产的每月体育产品与服务消费金额具体是多少，以及每月时间消耗的具体金额是多少，这样才能更科学地区分是物品密集型还是时间密集型的体育消费活动。当然，此项工作最好由官方资助或官方直接调查统计，这样的话，数据才具有更高的真实性、科学性和共享性，有利于此研究领域的进一步发展。

（2）结构—资本理论的应用与发展。结构—资本理论可以说是本书应用分析转型时期体育消费特征的一个理论创新，其核心内容是当社会行动者进行体育消费实践活动时，"嵌入的社会结构变量"不仅直接影响着社会行动者的资本范畴，而且还协同它所影响的资本范畴通过"潜移默化"的规范作用影响着社会行动者的体育消费意识、体育消费方式以及体育消费行为的变化，改变了体育消费的结构特征，反过来，这些改变的结构性特征既作为反复组织起来的实践的条件，又作为这些实践的结果直接影响着社会结构和社会行动者，使得社会结构也随之发生了改变。在这里，由社会结构、资本与社会行动者之间的内部有机联系所形成的结构—资本理论不仅可用于分析体育消费的结构特征，也可以分析其他消费形式的结构特征，或者是其他有关的社会、经济问题。下一步的研究主要是拓展此理论的适用性与应用性，检验其科学性与合法性，从而进一步完善结构—资本理论，建立相关的研究体系。比如，在个案研究中发现，GBD村村民的体育消费活动更多地表现为一种社会结构与资本的强嵌入过程，而村中的其他社会阶层的体育消费活动更多地表现为一种社会结构与资本的弱嵌入过程，这可以说体现了社会结构与资本之间的新联结关系，为结构—资本理论增添了新的内容，有待进一步深入研究。

（3）阶层体育消费理论的新发展。基于本书的研究结果，可以发现转型时期的体育消费具有"阶层消费"的特征，无论是基于社会结构变量还是不同资本增量和资本占有量范畴下，体育消费结构特征出现分化，体育消费内容、体育消费行为、体育消费方式和消费意识表现出一定的差异性。那么，在此特征影响下，下一步的研究方向就是阶层体育消费理论研究，也就是研究体育消费与不同社会阶层的价值观、生活方式、基本消费观念以及消费方式等几个方面之间的联系，这可以说是基于市场营销背景下的市场细分研究，不仅可以为体育市场营销管理提供更为精确的理论指导，也极大地拓展了体育消费的研究领域，有利于实现科学研究综合化、推进新兴的体育经济学、体育营销学、体育传媒等跨学科建设。

（4）区域体育消费研究的新视角。基于对中国社会转型时期的体育消费整体考察与研究，本书将北京、济南和贵阳三个抽样区域的样本合并为一个整体样本来予以分析，并没有考察每个区域之间的差异，而事实上，这三个区域有跨文化的差异，例如京城文化、齐鲁文化以及西部山区文化都是有区别的，所以，区域体育消费研究作为一个新的视角，有待于未来进一步研究。不仅如此，随着中国社会结构转型，以北京的"浙江村"、"韩村河"，闽南的"美法村"、"塘东村"为代表的"城中村"的出现，使得城乡二元消费格局面临挑战，这种新二元结构实际上代表了边缘的小地方、小城镇与城市中心区域之间的对抗与调适，旨在表达大众消费主义文化冲击下边缘社区的消费状况，这可以说也属于区域体育消费研究的范围。所以，从某种程度上讲，区域体育消费研究内容比较丰富，研究方法涉及社会学、经济学、人类学以及营销学等多学科知识，有理由给予更多的期待。

第二节 具体建议

一 建立城镇居民休闲时间分布数据库，促进合理引导的制度性建设

基于国外的经验，包含有体育运动、体育与娱乐、户外休闲、儿童游戏以及艺术活动等休闲娱乐参与调查往往是作为衡量人们生活质量的重要指标，与决定整个国家与地区经济、社会与文化发展等指标放在同等重要的地位上被予以重视，这不仅是人们基本权利的重要体现，也是国家与地区责任的实现路径。通过这些数据的及时反馈与分析，中央与地方政府可以清楚地了解人们的休闲娱乐需求，制定相关政策，促进或者规范一些休闲娱乐活动，保证人们的休闲娱乐生活水平稳步提高。具体地，国外休闲娱乐参与调查既包括参与活动的类别调查，也包括参与活动的时间调查。比如一年之内或一个月之内的休闲活动有哪些，这是最普遍的活动类别调查。与之不同，记录一天或两天之内参与具体活动的起止时间调查，称为"时间预算"调查，这种调查始于1962年户外休闲娱乐资源评价委员会（ORRRC）全国规模的参与调查，可以有效甄别不同年龄、性别、职业、家庭和社会阶层的休闲娱乐参与情况，特别是适合分析社会转型与休闲娱乐活动发展之间的关系研究，所以后来被较多西方国家广泛采用。反观我国，有关休闲娱乐参与的调查主要采取活动类别调查，而时间预算调查则较少，这使得我国在转型时期制定相关政策，促进城镇居民休闲娱乐活动参与方面缺乏依据，带有一定的盲目性。比如，2007年12月国务院批准调整五一黄金周的通知之后，一度引起了广泛的争议，甚至2009年3月广东省政府以推行国民休闲旅游计划为由，单方面颁布并恢复了五一长假制度，尽管最终结果还是未能实施，但仍然得到了多数人的广泛认可。出现这样的情况，甚至出现带有制度性冲突的局面，不能不说与其缺乏较为全面的、系统的、科学的城镇居民休闲娱乐参与调查有着直接的联系。因此，基于时间预算调查的反映特征，我国政府完全有必要构建与设计时间预算调查方案，并随之展开全国规模的调查，建立城镇居民休闲时间分布数据库，这样才可以更好地因地制宜、有的放矢地合理引导转型时期人们的休闲娱乐需求，制定相关的政策法规。

二　推动转型时期社会阶层结构合理化，促进城市体育消费均衡增长

现代化的、合理化的社会阶层结构是支撑中国社会转型从生活必需品时代顺利进入耐用品消费时代的社会结构条件。根据陆学艺先生（1999）主持的社会阶层调查课题研究表明，中国的整个社会阶层结构仍然是一种传统的上头小底部大的"金字塔形"结构，这样的结构仍然代表着一种工业化初期的结构形态，并与之经由工业化国家社会发展历史证明的、现代化的"橄榄形"阶层结构相去甚远，这显然与中国的社会、经济和文化发展水平不符。因为自1997年以来，中国第一产业比重已经低于20%，第二产业比重已经上升为高于第三产业而在GDP结构中占有最大比重，这标志着中国社会正进入工业化中期阶段。

那么，出现这样的错位与不协调，归根结底还是人们的收入水平和消费水平比较低，特别是中下阶层居民的有效消费需求不足所导致的。所以，要推进转型时期社会阶层结构合理化，有必要提高中下阶层收入水平的同时也提高人们的消费水平，合理引导他们的消费需求，改善他们的消费结构，毕竟消费促进生产的作用是毋庸置疑的。从本书来看，处于城市社区的不同阶层的体育消费在体育消费内容选择、体育消费意识、体育消费方式以及体育消费行为上都有一定的差异，这些差异在一定程度上反映了符合中国社会转型时期阶层结构的社会现实特征。比如中上阶层的人们普遍具有较高的体育消费意识，既注重自我身体的健康发展，也注重社会身份的表达，倾向于选择持卡式的体育消费方式，以物品密集型的体育消费为主，体育消费行为的卷入程度较高；而中下阶层的人们也普遍具有较高的体育消费意识，只不过他们主要是以时间密集型的体育消费为主，较为注重的是自我身体的健康发展，但是体育消费行为的卷入程度并不高。所以，有必要进一步引导中下阶层的体育消费意识，使得他们的体育消费内容选择从时间密集型朝着物品密集型转变，增强他们的体育消费行为的卷入程度，在塑造健康身体的同时增进社会认同感，从而促进阶层结构合理化和现代化，保持城市体育消费的均衡增长。

三 加强转型时期服务性体育消费生产，促进农村体育消费快速增长

作为一种无形的产出，服务性体育消费生产不同于传统的体育产品制造过程，而是以体育劳务为主，通过主动性服务来塑造一种具有丰富服务内涵的"体育产品系统"，这种产品系统代表着一种产业结构升级的趋向。因为按照人类生产活动的进程，把全部经济活动划分为三个产业：第一产业以农业、畜牧业为主，其产品基本上是直接从自然界取得的；第二产业以工业为主，其产品主要是对工农业产品的加工与制造；第三产业是以服务为主，其产品表现就是服务性活动。随着中国社会转型从生产性社会向着消费社会转变，人们进入"休闲时代"的进程加快，一大批快速涌现的旅游业、体育文化娱乐业以及其他休闲服务的产业必将进一步推动以服务业为主的第三产业的结构升级，其实，明确服务业的发展已经成为国家"十一五"期间的战略定位。所以，从此意义上来讲，进一步加强服务性体育消费生产过程，完善此类"体育产品系统"显得尤为重要。从本书的个案分析来看，服务性体育消费生产已经扎根于"城中村"的文化产业建设之中，并直接发挥着重要的推动作用。人们在服务性体育消费生产的过程中，不仅可以获得一定的经济资本，也可以在实现体育消费基本效用的同时进一步完成集体身份的建构。这种建构过程是非常重要的，可以进一步推动村民对于服务性体育消费生产的认同，并积极参与体育文化产业的建设。随着村中体育文化产业的发展，以体育文化产业为核心的产业集群将会形成，这时，不同社会阶层的体育消费意识、体育消费方式与行为将汇集于此，在多元的体育消费意识、体育消费方式与行为的影响下，那种具有地方传统特色的、保守的集体消费意识、消费方式与消费行为将会融合于大众消费主义文化之中，最终可以直接实现农村体育消费的快速增长。因此，加强转型时期农村服务性体育消费生产，塑造一个具有地方特色的体育文化产业，是实现农村体育消费快速增长的必由之路。

四 健全与完善转型时期社会保障制度，促进社会阶层体育消费公平

健全与完善社会保障制度是一项国家责任与公民基本权利的重要体现。但是，进入20世纪90年代以来，市场化机制的加强使得原来的"高福利、广就业、低工资"的福利制度被打破，面向城镇居民的就业、养老、子女教育、住房等社会保障相继由居民个人来承担部分或全部费用和风险。于是，人们不得不更加注重经济资本的积累和有效利用来应对未来生活的不确定性，具体表现为增加预防性储蓄，减少即期消费。在此影响下，人们在体育消费内容选择、体育消费意识、体育消费方式以及体育消费行为上都会受制于这种制度性的约束。其实，这场制度性的变迁并没有真正突破计划体制下单位制、户籍制的束缚，较之体制外的人来说，体制内的人们依然较多地受益于现有的社会养老保险与医疗保险制度，并没有发生什么根本性的变化。说到底只不过由这种外生制度性的变迁激发了一些市场机会，很多人锐意求新，主动适应，使得一大批无论是来自体制内，还是体制外的私营企业阶层、个体工商户阶层快速涌现，他们才是这场渐进式改革的真正受益群体。快速积累的财富使得他们不仅完全有能力支付这种制度性变迁的机会成本，而且随之不断健全与完善的社会保障制度，比如社会养老保险与医疗保险制度也使得他们进一步受益其中。因此，在现阶段，他们在体育消费内容选择、体育消费意识、体育消费方式以及体育消费行为上都不予考虑这种制度性的约束而自行其道，反倒是那些真正在体制之外的社会阶层并没有被完全纳入社会保险体系之中，这会直接影响到他们参与体育消费的未来预期。如果能够进一步健全与完善社会保障制度，从具体实施上变单位保险为社会保险，让每一个中国公民不会因为单位、户籍或者其他资格限制而没有机会享受到社会保障，那么，不同社会阶层的体育消费公平性才能得到进一步的体现，中国体育消费的未来发展之路才会步入一个稳定、和谐、快速的运行轨道之中，进而推进中国社会的顺利转型。

附　录

路径分析图 A

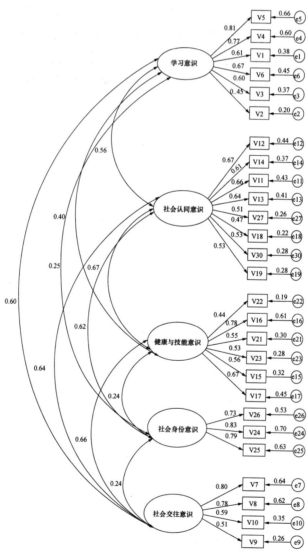

图 A-1　初阶体育消费意识的结构方程模型

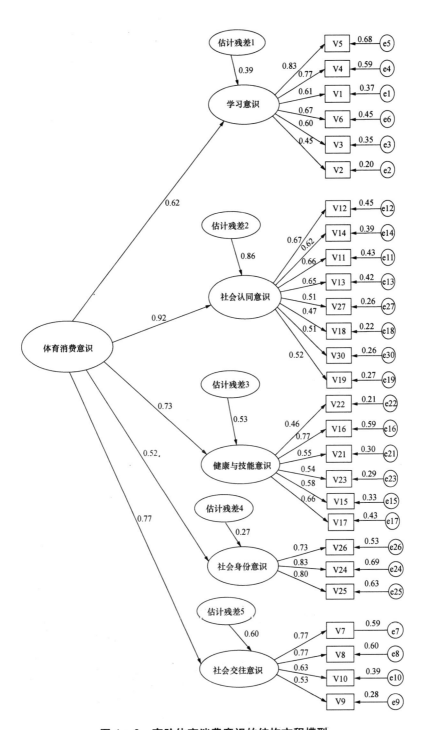

图 A－2 高阶体育消费意识的结构方程模型

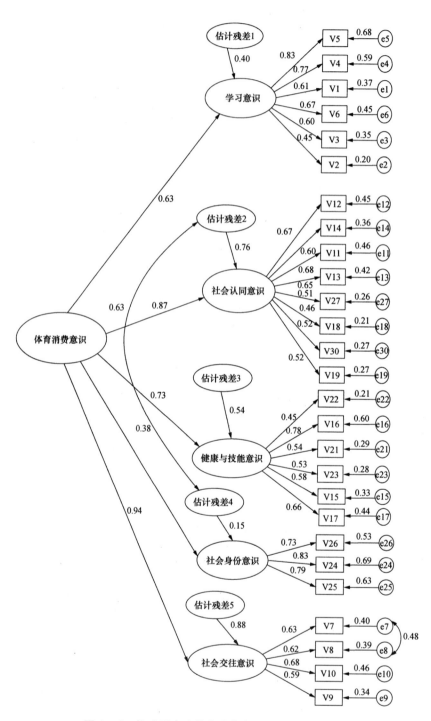

图 A−3 修改后高阶体育消费意识的结构方程模型

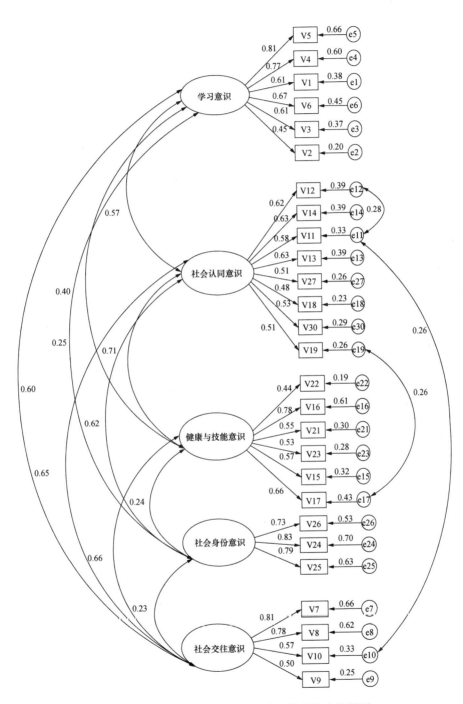

图 A-4 修改后初阶体育消费意识的结构方程模型

路径分析图 B

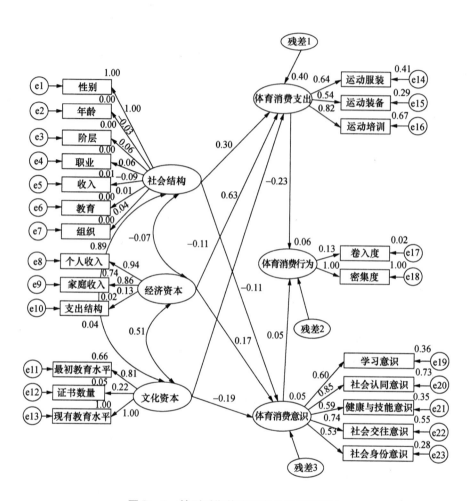

图 B-1　转型时期体育消费的特征模型 1

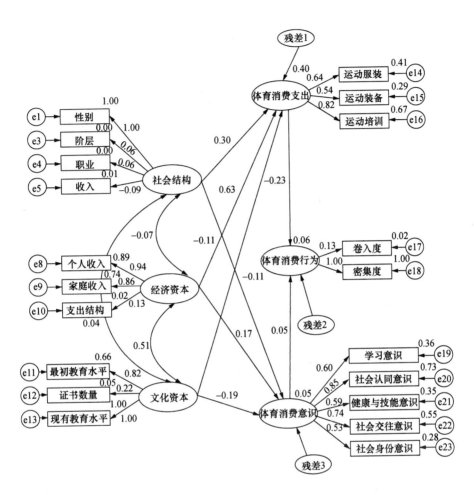

图 B－2　转型时期体育消费的特征模型 2

参考文献

一 英文文献

[1] Armstrong, K. L. , & Peretto Stratta, T. M. "Market analyses of race and sport consumption", *Sport Marketing Quarterly*, 2004, 13 (1): 7 – 16.

[2] Bagozzi, Richard P. , Zynep Gurhan – Canli & Priester, Joseph R. , *The Social Psychology of Consumer Behviour*, University of Michigan, US: Open University Press, 2002.

[3] Becker, G. S. , "A theory of the Allocation of Time", *Economic Journal*, 1965, 76 (9): 493 – 517.

[4] Bell, D. , "The end of Scarcity", *Satueday Review of the Society*, 1973.

[5] Blau, P. M. , & O. D. Duncan, *The Structure of Organizations*, New York: Wiley, 1967.

[6] Bourdieu, P. , *Distinction: A Social Critique of the Judgement of Taste*, Harvard University Press, 1984: 466.

[7] Bourdieu, P. , "Sport and Social Class", *Social Science Information*, 1978, 17: 828.

[8] Booth, D. & Loy, J. , "Sport, Status and Style", *Sport History Review*, 1999, 30: 1 – 26.

[9] Brauer, R. L. , *Facilities Planning: The User Requirements Method*, AMACOM, NewYork, NY, 1992.

[10] Brohm, J. M. , *Sport: A Prison of Measured Time*, London: Ink Links, 1978.

[11] Collins, R. , *The Credential Society: An Historical Sociology of Edu-*

cation and Stratification, New York: Academic Press, 1979.

[12] Clowes, J. & Tapp, A., "From the 4 Ps to the 3 Rs of marketing: u-sing relationship marketing to retain football club supporters and im-prove income", *International Journal of Sports Marketing & Sponsor-ship*, 1998, 3: 18 – 25.

[13] Clowes, J. & Tapp, A., "Looking Through the Hourglasses of Fan Segmentation: Research Findings and Marketing Implications for Live Spectator Sports", *International Journal of Sports Marketing & Spon-sorship*, 2003, 5 (1): 57 – 73.

[14] Churchill, G. A., Jr., "A Paradigm for Developing Better Measures of Marketing Constructs", *Journal of Marketing Research*, 1979, 16: 64 – 73.

[15] David Shilbury, Shayne Quick & Hans Westerbeek, *Strategic Sport Marketing* (3th Edition), St. Leonards, NSW: Allen & Unwin Aca-demic, 2009: 43.

[16] Dean, D. H., "Brand endorsement, popularity, and event sponsor-ship as advertising cues attaching consumer pre – purchase attitudes", *Journal of Advertising*, 1999, 28 (3): 1 – 12.

[17] DiMaggio, P. and Useem, M., "Social Class and Arts Consumption: The Origins and Consequences of Class Differences in Exposure to the Arts in America", *Theory and Society*, 1978, 5: 141 – 161.

[18] DiMaggio, P., "Cultural Capital and School Success: The Impact of Status Culture Participation on the Grades of U. S. High School Students", *American Sociological Review*, 1982, 47: 189 – 201.

[19] DiMaggio, P. and Mohr, J., "Cultural Capital, Educational Attain-ment and Marital Selection", *American Journal of Sociology*, 1985, 90: 1231 – 1261.

[20] Donath, B., "How powerhouse brands got that way", *Marketing News*, 2000, 35 (11): 11 – 12.

[21] Donnelly, P. & Harvey, J., "Class and gender: Intersections in sport and physical activity", In P. White & K. Young (Eds.), *Sport and*

gender in Canada, Don Mills, ON: Oxford University Press, 1999.

[22] Dukes, R. L. and Coakley, J., "Parental Commitment to Competitive Swimming", *Free Inquiry in Creative Sociology*, 2002, 30 (2): 185 – 197.

[23] Felt, J., "How sports sponsorship can help your brand", *Managing Intellectual Property*, 2003, 12 (5): 24 – 26.

[24] Featherman, David L., F. L. Jones & Robert M. Hauser, "Assumption of social mobility research in the US: the case of occupational status", *Social Science Research*, 1975 (4): 329 – 360.

[25] Funk, D. C., Mahony. D. F., Nakazawa, M., & Hirakawa, S., "Development of Sport Interest Inventory (SII): Implications for measuring unique consumer motives at sporting events", *International Journal of Sports Marketing and Sponsorship*, 2001, 3: 291 – 316.

[26] Funk, D. C., Ridinger, L. L., & Moorman A. M., "Exploring origins of involvement: Understanding the relationship between consumer motives and involvement with professional sport teams", *Leisure Science*, 2004, 26: 35 – 61.

[27] Gene Bammel, *Leisure and Human Behavior* (second edition). Dubuque: 2460 Kerper Boulevard, Wm. C. Publishers, 1992: 158 – 159.

[28] Giddens, A., *Modernity and Self – Identity: Self and Society in the late Modern Age*, Cambridge: Polity Press, 1990.

[29] Glasser, W., *Positive Addictions*, New York: Harper & Row, 1976.

[30] Goodal, T. L. and Goodbey, G. C., *The Evolution of Leisure: Historical and Philosophical Perspective*, State College, PA: Venture Publishing, 1988: 104.

[31] Greenwell, T. C., Fink, J. S., & Pastore, D. L., "Assessing the influence of the physical sports facility on customer satisfaction within the context of the service experience", *Sport Management Review*, 2002, 5: 129 – 148.

[32] Harvey, A. S., Marshall, K., & Frederick, J. A., Where Does

Time Go? Statistics Cananda, Ottawa, 1991.

[33] Hiscock, J. , "The big Match", *Marketing*, 2003, 22 – 23.

[34] Hill, P. B. , & Robinson, H. , "Fanatic Consumer Behavior: Athletics as a Consumption Experience", *Psychology & Marketing*, 1991, 8 (2): 79 – 99.

[35] Holt, D. B. , "Distinction in America: Recovering Bourdieu's Theory of Taste from its Critics", *Poetics*, 1997, 25: 93 – 120.

[36] Holt, D. B. , "Does Cultural Capital Structure American Consumption", *Journal of Consumer Research*, 1998, 25: 1 – 25.

[37] Holbrook, M. B. , "An audiovisual inventory of some fanatic consumer behavior", *Advances in Consumer Research*, 1987, 14: 144 – 149.

[38] Howat, G. , Murray, D. , & Crilley, G. , "The relationships between service problems and perceptions of service quality, satisfaction, and behavioural intentions of Australian public sports and leisure center customers", *Journal of Park and Recreation Administration*, 1999, 17 (2): 42 – 64.

[39] Holbrook. M. B. , "An audiovisual inventory of some fanatic consumer behavior", In M. Wallendorf & P. Anderson (Eds.), *Advances in Consumer Research*, Provo. UT: Association for Consumer Research, 1987.

[40] James, J. D. , & Ross, S. D. , "Comparing sport consumer motivations across multiple sports", *Sport Marketing Quarterly*, 2004, 13 (1): 17 – 25.

[41] Jarvie, G. & Maguire, J, *Sport and Leisure in Social Thought*, London: Routledge, 1994.

[42] John Horne, *Sport in Consumer Culture*, New York, N. Y. : Palgrave Macmillan, 2006: 26.

[43] John Horne, *Understanding Sport: An Introduction to the Sociological and Cultural Analysis of Sport*, Taylor & Francis, 1999: 259.

[44] Kaiser, H. F. , "An Index of factorial simplicity", *Psychometrka*, 1974, 39: 31 – 36.

[45] Kasky, J. ,"The best buys for fans", *Money*, 1994, 23 (10): 158 - 160.

[46] Kelly, J. R. , *Leisure*, 3rd ed, Needham Heights, MA: A Simon (Schuster Company, 1996, 357) .

[47] Kohli, Ajay K. , Bernard J. Jaworski, & Ajith Kumar, "Markor: A Measure of Market Orientation", *Journal of Marketing Research*, 1993, 30: 467 -477.

[48] Kremer, John M. , *Young People's Involvement in Sport*, New Yark: Routledge, 1997: 91.

[49] Lascu, D. , Giese, T. , Toolan, C. , Mercer, J. & Guehring, B. , "Sport involvement: a relevant individual difference factor in spectator sports", *Sports Marketing Quarterly*, 1995, 4 (4): 41 -46.

[50] Laberge, S. , & Sankoff, D. , "Physical activities, body habitus, and lifestyles", in J. Harvey and H. Cantelon, eds. , *Not just a game*, Ottawa: University of Ottawa Press, 1998.

[51] Levin, A. M. , Joiner, C. , & Cameron, G. ,"The impact of sports sponsorship on consumers' brand attitudes and recall: the case of NASCAR fans", *Journal of Current Issues & Research in Adverstising*, 2001, 23 (2): 23 -32.

[52] Levine, M. , Making marketing research hustle: The essential sweat of attendance building and fund raising, Paper presented at the annual Athletic Business Conference, Las Vegas, 1987.

[53] Lundstrom, W. J. & Lamont, L. M. ,"The development of a Scale to Measure Consumer Discontent", *Journal of Marketing Research*, 1976, 8: 153 -156.

[54] Matsuoka, H. , & Hujimoto, J. , A comparative analysis of motivation of spectating professional soccer and baseball, Proceedings of the 12th Annual Conference of Japanese Society of Sports Industry, Tokyo, Japan, 2003: 66 -67.

[55] Madrigal, R. ,"Cognitive and affective determinants of fan satisfaction with sporting event attendance", *Journal of Leisure Research*, 1995,

27: 205 – 227.

[56] McCraken, Grant, *Culture and Consumption: New approaches to the Symbolic Character of Consumer Good and Activities*, Bloomington: Indiana University Press, 1988: 11 – 15.

[57] McDonald, M. A., Sutton, W. A., & Milne, G. R., "Teamqualtm: Measuring service quality in professional team sports", *Sport Marketing Quarterly*, 1995, 4 (2): 9 – 15.

[58] Mckendrick, Neil, John and J. H. Plump, *The Birth of a consumer society: The Commercialization of Eighteenth – Century England*, Bloomington: Indiana University Press, 1982: 3.

[59] Mcneal, James U., *On becoming a consumer: development of consumer behavior patterns in childhood*, Oxford, UK: Butterworth – Heinemann, 2007, 10.

[60] Meenghan, T., "Sponsorship – legitimizing the medium", *European Journal of Marketing*, 1991, 25 (11): 5 – 10.

[61] Meenghan, T., "Understanding sponsorship effects", *Psychology & Marketing*, 2001, 19: 95 – 122.

[62] Meenaghan, T., "Ambush marketing – Corporate strategy and consumer reaction", *Psychology and Marketing*, 1998, 15: 5 – 23.

[63] Meenaghan, T., "Understanding sponsorship effects", *Psychology and Marketing*, 2001, 15: 5 – 23.

[64] Miller, Daniel (Ed.), *Acknowledging Consumption*, Florence, KY, USA: Routledge, 1995: 163.

[65] Milne, G. R., & McDonald, M. A., *Sport marketing: Managing the exchange process*, Sudbury. MA: Jones and Bartlett Publishers, 1999.

[66] Murray, D., & Howat, G., "The relationships among service quality, value, satisfaction, and future intentions of customers at an Australian Sports and Leisure Centre", *Sport Management Review*, 2002 (5): 25 – 43.

[67] Mullin. B. J., Hardy. S & Sutton, W. A., *Sport Marketing*, Cham-

paign, IL: Human Kinetics, 1993.

[68] Nunnally J. C., *Psychometric Theory*, McGraw – Hill, N. Y., 1978.

[69] Oliver, R. L., & Swan J. E., "Consumer perceptions of interpersonal equity and satisfaction in transactions: A field survey approach", *Journal of Marketing*, 1989, 53 (2): 21 –35.

[70] Oliver H. M. Yau, *Consumer Behavior in China: Customer Satisfaction ans Cultural Values*, T. J. Press (Padstow) Ltd., Padstow Cornwall, 1994.

[71] Parasuraman, A., Zeithaml, V. A., & Berry, L. L., Servqual: A multiple – item scale for measuring customer perceptions of service quality, Marketing Science Institute Working Papers, 1986: 86 – 108.

[72] Parasuraman, A., Zeithaml, V. A., & Berry, L. L., "Servqual: A multiple – item scale for measuring customer perceptions of service quality", *Journal of Retailing*, 1988, 64 (1): 12 –40.

[73] Parsons. T, Social System, Glencoe: Free Press, 1951: 42 –227.

[74] Paul Hoch, *Rip off the Big Game: The Exploitation of Sports by the Power Elite*, Gardea City, N. Y.: Anchor Books, 1972.

[75] Pope, N. L. & Voges, K., "The impact of sport sponsorship activities, corporate image and prior use on consumer purchase intention", *Sport Marketing Quarterly*, 2000, 9 (2): 96 – 101.

[76] Poter, R., *English Society in the Eighteenth Century*, 2nd edition, Harmondsworth, penguim, 1990.

[77] Rosalind H. Williams, *Dream World: Mass Consumption in Late Nineteenth – Century France*, Berkeley: University of California Press, 1982a: 28 –58.

[78] Rook. D. W., "The ritual dimension of consumer behavior", *Journal of Consumer Research*, 1985 (12): 251 –264.

[79] Ronald Paul Hill, Harold Robinson, "Fanatic Consumer Behavior: Athletics as a Consumption Experience", *Psychology & Marketing*, 1991, 8 (2): 79 –99.

[80] Robinson, J. & Godbey, G. C., *Time for life: the Surprise Ways*

Amercans Use Their Time, Pennsylvania University Press, University Park, Pennsylvania, 1997.

[81] Sandler, D. M. & Shani, D. , "Sponsorship and the Olympic games: the consumers' perspectives", *Sport Markeing Quarterly*, 1993, 2 (3): 38 –43.

[82] Scheerder et al. , "Social sports stratification in flanders 1969 – 1999", *International Review of the Sociology of Sports*, 2002, 37/22: 19 – 245.

[83] Schwarz, Eric C. & Hunter, Jason D. , *Advanced Theory and Practice in Sport Marketing*, Oxford, UK: Butterworth – Heinemann, 2008: 90.

[84] Shank, M. D. , *Sports Marketing: A Strategic Perspective*, Prentice Hall: New Jersey, 1999.

[85] Shannon, L. R. , " Sports marketing: An examination of academic marketing publication", *The Journal of Services Marketing*, 1999, 13 (6): 517 –34.

[86] Sholam, A. , "Predicting Future Sport Consumption: The Impact of Perceived Benefits", *Sport Marketing Quarterly*, 2000, 9 (1): 8 – 14.

[87] Solomon, M. , *Consumer Behaviour*, UK: Pearson Education, 2006: 105.

[88] Stotlar, D. K. , "Sponsorship and Olympic Games", *Sport Markeing Quarterly*, 1993, 1 (1): 35 –43.

[89] Tabachnick, B. G. , & Fidell, L. S. , *Using Multivariate Statistics* (5th Ed), Needham Heights, MA: Allyn and Bacon, 2007.

[90] Tapp. A. & Clowes, J. , "The role of direct marketing in football clubs: A case study of Coventry City Football Club", *The Journal of Database Marketing*, 1999, 6: 339 –356.

[91] Tapp. A. & Clowes, J. , "From 'Carefree Casuals' to 'Professional Wanderers', Segmentation possibilities for Football Supporters", *European Journal of Marketing*, 2002, 36: 1248 –1269.

[92] Tomlinson, M., Buttle, F., & Moores, B., "The fans as customer: Customer service in sports marketing", *Journal of Hospitality and Leisure Marketing*, 1995, 3 (1): 19 – 36.

[93] Trail, G. T., & James J. D., "The motivation scale for sport consumption: Assessment of the scale's psychometric properties", *Journal of Sport Behavior*, 2001, 24 (1): 108 – 127.

[94] Tribe, John, "Economics of Recreation, Leisure and Tourism", *The Elsevier Science & Technology*, 2005: 12.

[95] Tsuji, Y., Bennett, G., & Zhang, J. J., "Consumer Satisfaction With an Action Sports Event", *Sports Marketing Quarterly*, 2007, 16 (4): 199 – 208.

[96] Turco, D. M., "Event Sponsorship: Effects on Consumer Brand Loyalty and Consumption", *Sport Marketing Quarterly*, 1993, 3 (3): 35 – 37.

[97] Turco, D. M., "The Effects of Sport Sponsorship on Product Recall and Corporate Image", in Grant, K. & Walker, l. (eds.), *World Marketing Congress*, Melbourne: Academy of Marketing Science, 1999.

[98] Van Leeuwen, L., Quick, S., & Daniel, K., "The Sport Spectator Satisfaction Model: A Conceptual Framework for Understandingthe Satisfaction of Spectators", *Sport Management Review*, 2002, 5: 99 – 128.

[99] Wann, D. l., "Preliminary Validation of the Sport Fan Motivation Scale", *Journal of Sport & Social Issues*, 1995, 19: 377 – 396.

[100] Wakefield, K. L., & Blodgett, J. G., "The Effect of the Servicescape on Customers' Behavioral Intentions in Leisure Service settings", *Journal of Services Marketing*, 1996, 10 (6): 45 – 61.

[101] Westerbeek, H. M., Marketing Across Cultures: an Investigation into place – specific Dimensions of Service Quality in Sport, PhD thesis, Deakin University, Melbourne, Australia, 2001.

[102] Westerbeek, H. M., & Shilbury, D., "A Conceptual Model for Sport Services Marketing Research: Integrating Quality, Value and Satisfaction", *International Journal of Sports Marketing & Sponsor-*

ship, 2003, 5 (1): 11 – 21.

[103] White, P. and Wilson, B., "Distinctions in the Stands: An Investigation of Bourdieu's 'Habitus', Socioeconomic Status and Sport Spectatorship in Canada", *International Review for the Sociology of Sport*, 1999, 34: 245 – 64.

[104] Wilson, T. C., "The Paradox of Social Class and Sports Involvement: The Roles of Cultural and Economic Capital", *International Review for the Sociology of Sport*, 2002, 37 (1): 5 – 16.

[105] Yong Jae Ko, Kyoungtae Kim, Cathryn L. Claussen, Tae Hee Kim, "The Effects of Sport Involvement, Sponsor Awareness and Corporate Image on Intention to Purchase Sponsors' Products", *International Journal of Sports Marketing & Sponsorship*, 2008, 9 (2): 79 – 94.

[106] Zhang, J. J., Pease, D. G., Smith, D. W., Lee, J. T., Lam, E. T. C., & Jambor, E. A., "Factors Affecting the Decision Making of Spectators to Attend Minor League Hockey Games", *International Sports Journal*, 1997, 1 (1): 39 – 53.

[107] Zhang, J. J., Smith, D. W., Pease, D. G., & Mahar, M. T., "Spectator Knowledge of Hockey as a Significant Predictor of Game Attendance", *Sport Marketing Quarterly*, 1996, 5 (3): 41 – 48.

[108] Zhang, J. J., Smith, D. W., Pease, D. G., & Lam, E. T. C., "Dimensions of Spectator Satisfaction with Support Programs of Professional Hockey Games", *International Sports Journal*, 1998, 2 (2): 1 – 17.

二 中文文献

[1] 安东尼·吉登斯:《社会的构成》,生活·读书·新知三联书店1997年版。

[2] 白杉:《透视我国体育消费现状》,《新疆体育》1999年第6期。

[3] 鲍明晓:《体育产业——新的经济增长点》,人民体育出版社2000年版。

[4] 保罗·福塞尔著:《格调:社会等级与生活品位》,梁丽真、乐涛、石涛译,中国社会科学出版社1998年版。

［5］彼特·布劳著：《不平等和异质性》，王春光、谢圣赞译，中国社会科学出版社 1991 年版。

［6］布鲁默：《时尚》，《社会学季刊》1969 年第 10 期。

［7］蔡明哲：《社会发展理论——人性与乡村发展取向》，台湾巨统图书公司 1987 年版。

［8］蔡军：《对我国城市居民体育消费的研究》，《体育科学》1997 年第 4 期。

［9］陈杰、徐红：《抽样调查中样本量的设计和计算》，《武汉职业技术学院学报》2006 年第 1 期。

［10］戴慧思：《中国都市消费革命》，社会科学文献出版社 2000 年版。

［11］邓昔平：《体育消费文化浅探》，《湖南财经高等专科学校学报》2004 年第 3 期。

［12］邓崇清：《休闲与休闲消费》，《改革与战略》2000 年第 5 期。

［13］丁明叶、葛晓松：《体育消费与全民健身》，《文教资料》2006 年第 12 期。

［14］段辉巧：《数字化时代的体育消费及营销方式》，《体育文化导刊》2006 年第 11 期。

［15］冯丽云、孟繁荣、姬秀菊著：《消费者行为学》，经济管理出版社 2004 年版。

［16］《简明大不列颠百科全书》（第 9 册），中国大百科全书出版社 1986 年版。

［17］景天魁：《中国社会发展与发展社会学》，学习出版社 2000 年版。

［18］加里·S. 贝克尔著：《人类行为的经济分析》，王业宇、陈琪译，生活·读书·新知三联书店 2004 年版。

［19］高林洲：《蚌埠市城市居民体育消费的调查与研究》，《安徽体育科技》1999 年第 1 期。

［20］高丙中、纳日碧力戈：《现代化与居民生活方式的变迁》，天津人民出版社 1997 年版。

［21］韩鲁安、杨春青、薛云：《天津市部分居民体育娱乐消费现状的调查与研究》，《天津体育学院学报》1999 年第 4 期。

［22］韩雪：《论体育消费心理文化》，《上海体育学院学报》2001 年第

5 期。

[23] 黄芳铭：《社会科学统计方法学：结构方程模式》，五南图书出版公司 2004 年版。

[24] 胡敏中：《论马克思主义的自然时间观与社会时间观》，《探索与争鸣》2006 年第 2 期。

[25] 贾振佳：《经济增长与体育消费》，《商业研究》2002 年第 7 期。

[26] 蒋广学、朱剑：《世界文化词典》，湖南出版社 1990 年版。

[27] 赖特·米尔斯著：《社会学的想象力》，陈强、张永强译，生活·读书·新知三联书店 2001 年版。

[28] 李培林：《另一只看不见的手——社会结构转型》，社会科学文献出版社 2005 年版。

[29] 李寅、张萍、杨庆玲：《论社会发展与体育消费》，《吉林体育学院学报》1993 年第 4 期。

[30] 李雷、张再宁：《体育消费与体育产业间关系的研究》，《南京体育学院学报》2001 年第 2 期。

[31] 李文波：《休闲体育消费研究：一种文化与社会学的解读》，《江西社会科学》2004 年第 9 期。

[32] 李新：《青海省城镇居民体育消费现状调查及对策研究》，《北京体育大学学报》2005 年第 5 期。

[33] 李新家：《时间经济学》，暨南大学出版社 1992 年版。

[34] 林祖明：《从社会经济与社会文化探索我国体育的消费水平》，《财贸研究》1995 年第 1 期。

[35] 林白鹏、藏旭恒：《消费经济辞典》，经济科学出版社 2000 年版。

[36] 刘祖云：《社会转型解读》，武汉大学出版社 2005 年版。

[37] 刘亮、胡和平：《从体育消费看体育的价值功能》，《上海体育学院学报》1999 年第 3 期。

[38] 刘志强等：《21 世纪我国现代体育消费行为及对策研究》，《西安体育学院学报》2004 年第 3 期。

[39] 刘可：《论大学生体育消费的文化特征》，《浙江体育科学》2007 年第 2 期。

[40] 连桂红、刘建刚：《谈我国体育消费的现状及促销对策》，《中国

体育科技》1998 年第 5 期。

[41] 陆学艺、李培林：《中国社会发展报告》，辽宁出版社 1991 年版。

[42] 陆学艺：《社会学》，知识出版社 1991 年版。

[43] 栾开封：《加深认识促进体育消费》，《体育文史》2000 年第 2 期。

[44] 罗子明：《消费者心理学》，清华大学出版社 2007 年版。

[45] 罗钢、王中枕：《消费文化读本》，中国社会科学出版社 2003 年版。

[46]《马克思恩格斯选集》（第二卷），人民出版社 1995 年版。

[47] 曼昆著：《经济学原理》（下册），梁小民译，生活·读书·新知三联书店 2001 年版。

[48] 曼纽尔·卡斯特：《网络社会的崛起》，社会科学文献出版社 2001 年版。

[49] 迈克·费瑟斯通著：《消费文化与后现代主义》，刘精明译，译林出版社 1999 年版。

[50] 聂辉建：《小康社会与体育消费可持续发展的选择》，《商业研究》2007 年第 1 期。

[51] 尼科·斯特尔：《知识社会》，上海译文出版社 1998 年版。

[52] 牛晓梅：《论大众消费文化视野下的休闲体育消费》，《广州体育学院学报》2007 年第 4 期。

[53] 帕森斯（Parsons, T.）、斯梅尔瑟（Smelser, N. J.）著：《经济与社会：对经济与社会的理论统一的研究》，刘进等译，华夏出版社 1989 年版。

[54] 齐奥尔·格西美尔：《时尚的哲学》，费勇等译，文化艺术出版社 2001 年版。

[55] 仇军：《中国体育人口的理论探索与实证研究》，北京体育大学出版社 2002 年版。

[56] 邱皓政：《量化研究与统计分析——SPSS 中文视窗版数据分析范例解析》，重庆大学出版社 2009 年版。

[57] 乔治·维加雷洛：《从古老的游戏到体育表演——一个神话的诞生》，乔咪加译，中国人民大学出版社 2006 年版。

［58］ Robert Bocock 著：《消费》，张君玫、黄鹏译，巨流图书公司 1995 年版。

［59］ 鲍德里亚著：《消费社会》，刘成富、全志钢译，南京大学出版社 2008 年版。

［60］ 汝信：《社会科学新辞典》，重庆出版社 1988 年版。

［61］ 尚·布希亚著：《物体系》，林志明译，上海人民出版社 2001 年版。

［62］ 邵淑月、陈梦周、张智会：《我国体育消费的内涵、影响因素及其特点研究》，《天津体育学院学报》1996 年第 4 期。

［63］ 孙立平：《转型与断裂——改革以来中国社会结构的变迁》，清华大学出版社 2004 年版。

［64］ 斯图尔特·霍尔：《表征——文化表象与意指实践》，商务印书馆 2003 年版。

［65］ 谈群林：《广东省居民体育健身娱乐消费现状调查研究》，《体育世界·学术》2006 年第 6 期。

［66］ 谭延敏、张铁明、刘志红、董启林：《小城镇不同社会阶层居民体育消费特征及发展对策研究》，《南京体育学院学报》2007 年第 3 期。

［67］ 王建平：《中国城市中间阶层消费行为》，中国大百科全书出版社 2007 年版。

［68］ 王秋石：《微观经济学原理》，经济管理出版社 2001 年版。

［69］ 王宁：《消费社会学——一个分析的视角》，社会科学文献出版社 2001 年版。

［70］ 王雅林：《中国社会转型研究的理论维度》，《社会科学研究》2003 年第 1 期。

［71］ 王雅林、何明升：《信息化：生存与超越》，黑龙江出版社 2004 年版。

［72］ 汪明旗、饶爱蓉：《江西省城市居民体育消费现状调查研究》，《首都体育学院学报》2006 年第 3 期。

［73］ 吴晓梅：《体育消费——新的经济增长点》，《兰州大学学报》（社会科学版）2001 年第 29 期。

［74］星野克美著：《符号社会的消费》，黄恒正译，远流出版社 1988 年版。

［75］熊飞：《审美文化视野中的当代体育消费》，《四川体育科学》 2007 年第 3 期。

［76］《现代社会学体系 5·韦伯社会学论文集》，日本青木书店 1971 年版。

［77］徐钟仁：《论体育消费》，《体育论坛》1989 年第 3 期。

［78］许永兵：《消费行为与经济增长——以中国城镇居民为例的实证 研究》，中国社会科学出版社 2007 年版。

［79］许俊柱、牛芳、尹军：《对安徽省城市居民体育消费现状的调查 及对策研究》，《四川体育科学》2003 年第 1 期。

［80］许磊：《宁夏中型城市居民体育消费现状及对策研究》，《体育世 界·学术》2006 年第 8 期。

［81］晏辉：《论社会转型的实质、困境与出路》，《内蒙古大学学报》 （社会科学版）1998 年第 1 期。

［82］杨永德：《“体育消费”内涵试析》，《武汉体育学院学报》1991 年第 1 期。

［83］杨小林：《体育消费议》，《湘潭大学学报》（社会科学版）1989 年第 4 期。

［84］杨锡让：《实用运动生理学》，北京体育大学出版社 1998 年版。

［85］叶育登、胡记芳：《温州体育产业发展所面临的问题与对策》， 《温州大学学报》2005 年第 6 期。

［86］尹世杰、蔡德容：《消费经济学原理》，经济科学出版社 2000 年版。

［87］尤卡·格罗瑙：《趣味社会学》，向建华译，南京大学出版社 2002 年版。

［88］于振峰、王庆伟、许高航、何丽娟、叶伟、任圆春：《北京市居 民体育消费现状调查研究》，《体育科学》2001 年第 1 期。

［89］于波：《浙江省城镇居民体育消费现状调查研究》，《科技信息》 2007 年第 3 期。

［90］喻坚：《对我国体育消费文化的研究》，《体育文化导刊》2001 年

第 4 期。

[91] 喻坚：《论扩大我国体育消费需求的文化障碍》，《哈尔滨体育学院学报》2002 年第 1 期。

[92] 俞吾金：《物、价值、时间和自由——马克思哲学体系核心概念探析》，《哲学研究》2004 年第 11 期。

[93] 张景安、马惠娣：《中国公众休闲状况调查》，中国经济出版社 2004 年版。

[94] 张岩：《略论体育消费》，《成都体育学院学报》1993 年第 4 期。

[95] 张尚权：《体育劳务初探》，《体育科学》1987 年第 1 期。

[96] 张剑渝、祝莉：《体育消费、体育市场与体育产业》，《财经科学》2001 年第 4 期。

[97] 张玉景：《濮阳体育消费与体育产业》，《濮阳教育学院学报》2000 年第 3 期。

[98] 张红兵：《对我国都市体育产业与体育消费的发展现状试析》，《科技信息》2006 年第 10 期。

[99] 张永军、张树军：《试论体育消费的文化心理功能》，《天津体育学院学报》2006 年第 6 期。

[100] 张铁明、谭延敏：《河北省小城镇居民体育锻炼的特征》，《体育学刊》2005 年第 3 期。

[101] 赵小林、郑学会：《河北省乡镇居民体育消费现状调查与分析》，《商场现代化》2006 年第 9s 期。

[102] 钟天朗：《我国体育消费发展趋势研究》，《成都体育学院学报》1990 年第 4 期。

[103] 朱柏宁、阮国定、李汉伟等：《上海市居民体育消费状况的调查及思考》，《体育学刊》1998 年第 2 期。

[104]《资本论》（第 1 卷），人民出版社 1975 年版。

后　记

　　时过境迁，一转眼博士毕业已近六年，求学之北京也已变为工作之贵阳。想想，这六年来，为生活、为工作、为家庭、为太多的事情，几经耽搁的第一本专著终于在自己博士论文的基础上修改完善并准备出版，内心既激动又喜悦，似再有修成正果，下山而来，久违当年博士毕业的欢愉。

　　现提笔写后记，追忆求学北京的岁月，真的非常感激清华大学给予我机会，让我在这个众人向往的学习圣地，与诸多优秀的学姐、学长、学弟和学妹们一起相互勉励，共同成长，共同感受诸多名师的教诲，循循善诱，开启了自己的智慧之门，终于找到了自己毕生都要追求的一个研究方向——体育消费研究。虽说这个领域的研究在包含房地产、交通、文化、教育和旅游等消费经济学领域中处于边缘，不受到重视，但是随着人们对于健康诉求的不断提升，体育消费将会深刻影响并改变人们的生活，逐渐成为人们生活中最重要的组成部分。现如今，国务院已经出台了《关于加快发展体育产业促进体育消费的若干意见》，已经将体育消费上升到提高中华民族身体素质，培养新的经济增长点的国家战略层面。体育消费研究也将会成为消费经济学领域中的新生力量，呈现赶超式发展态势，得到关注与重视。同时，体育消费研究也将会带动体育经济学领域的发展，提升体育学科的科学性，促进体育科学研究大发展。

　　所以，不负当初之选，立志于此，潜心研究，已有《体育消费形成与生长的微观机理解读》和《消费社会视域下体育消费文化生产模型的构建与分析》两篇论文发表在《体育科学》权威期刊上，还有围绕着体育消费为主题共有 10 篇论文发表在国家级核心期刊上，这些都已经整理在本书之中，只为体育消费研究略尽自己微薄之力，点燃同行之热情,众人拾柴火焰高,推进体育消费研究更上一个台阶。

最后,衷心感谢导师仇军教授对我博士论文的精心指导,对后期专著出版提出的宝贵建议,他的言传身教将使我终身受益。

特别感谢首都体育学院的颜天民教授和王文生教授;北京体育大学的高峰教授、靳英华教授以及熊晓正教授对本书提出的宝贵建议。他们广博的知识、严谨的治学态度以及敏锐的洞察让我茅塞顿开,精益求精,文章质量更上一个台阶。

非常感谢贵州师范大学的卢塞军教授、郝国栋、魏晓微老师以及研究生辛衍波、杨海燕、许筱迪等;山东财政学院体育教育学院的李刚老师;GBD 村村委会宣传办公室刘新主任;清华大学数学系的张勇博士、自动化系的摆亮博士以及体育部的研究生邢瑜、何莉、钟建伟等对于本书中所涉及的问卷调查与访谈调查给予的支持与帮助,不胜感激。

最后感谢我的妻子杨晓慧女士对我永恒不变的支持与鼓励。谨以此文献上作为我们共同的财富,见证我们共同的努力。

本课题承蒙国家社会科学基金资助,特此致谢。

代刚

2016 年 5 月 4 日于贵阳